더 큰 나를 위한 리더십 05

알베르트 아인슈타인

세상을 위해 거꾸로 생각하라

Translated from the English Language edition of
Albert Einstein: A Biography, by Alice Calaprice and Trevor Lipscombe

originally published by Greenwood Press,
an imprint of ABC-CLIO, LLC, Santa Barbara, CA, USA.
Copyright © 2005 by the author(s).
Translated into and published in the Korean language
by arrangement with ABC-CLIO, LLC through PLS Agency Seoul.
Korean translation edition right © 2010 Shinwon Publishing Co., LTd. Korea.
All rights reserved.

No part of this book may be reproduced or transmitted in any form or
by any means electronic or mechanical including photocopying, reprinting,
or on any information storage or retrieval system,
without permission in writing from ABC-CLIO, LLC.

이 책의 한국어판 저작권은 PLS에이전시를 통해 ABC-CLIO, LLC와의 독점계약으로
신원문화사에 있습니다. 저작권법에 의해 한국 내에서 보호를 받는 저작물이므로
무단전재와 무단복제를 금합니다.

더 큰 나를 위한 리더십 05

알베르트 아인슈타인

세상을 위해 거꾸로 생각하라

앨리스 캘럽라이스, 트레버 립스콤베 지음
송지현 옮김

좋은 책 좋은 독자를 만드는
㈜신원문화사

아인슈타인의 어록

나는 항상 혼자였다. 그러나 눈에 보이지 않지만 진리와 아름다움 그리고 정의를 위해 힘쓰는 공동체와 함께하고 있다는 것을 깨닫고 비로소 고독에서 벗어날 수 있었다.

-1930년, '나의 신조 나는 무엇을 믿는가' 중에서

특정 분야나 취미에 애정을 갖는 것이 의무감을 갖는 것보다 훨씬 더 좋은 가르침을 준다고 확신한다. 최소한 나에게는 그렇다.

-1940년, 작가 필립 프랑크에게

아무도 내 이론을 이해하지 못한 것 같은데 왜 다들 날 좋아하는 걸까?

-1944년 12월 3일, 《뉴욕 타임즈》 인터뷰에서

내게 특별한 재능이 있는 것은 아니다. 다만 열정적으로 탐구할 뿐이다.

-1952년, 작가 칼 실리그에게

목차

프롤로그 왜 아인슈타인인가? 6

제1장 천재의 탄생 13
제2장 생각 훈련하기 39
제3장 일과 사랑 55
제4장 1905년, 기적의 해 77
제5장 스위스에서 보낸 학자로서의 삶 109
제6장 초기 베를린 생활 : 전쟁과 평화주의 145
제7장 일반 상대성 이론을 향해서 175
제8장 후기 베를린 생활 : 혼돈과 히틀러의 등장 205
제9장 다시 그 길 위에서 251
제10장 미국에서 자리 잡다 273
제11장 평화주의자의 마지막 순간 315
제12장 실험가 아인슈타인 339

에필로그 전설이 된 아인슈타인 368
연혁표 알베르트 아인슈타인 일생의 중요한 사건들 371
부 록 아인슈타인의 특별한 뇌 381

왜 아인슈타인인가?

유행처럼 많은 팝 아이돌들은 반짝 인기를 끌었다가 금세 곧 사라진다. 그들은 상대적으로 단시간에 사람들의 이목을 끌고 짧은 기간 동안 사람들에게 많은 영향_{항상 긍정적인 영향만 주는 것은 아니다}을 미친다. 그러나 이 영향력은 곧 다른 사람들이 대신하게 된다.

한 세기에 한 번 또는 두 번 정도 어떤 특정 분야에서 아이돌과는 달리 영속적인 영향을 미치는 사람들이 나타나곤 한다. 이들은 우리가 평범하게 생각하는 것들에 도전하며 사회에 거대하고 엄청난 영향을 끼친다. 그리고 긍정적인 방향으로 세상을 변화시킨다. 이들 중 한 사람이 바로 알베르트 아인슈타인이다. 시사 잡지 《타임》은 그를 인도주의적 모습을 가진 최고의 과학자이자 '20세기의 인물'로 선정하기도 했다. 이는 아인슈타인에게 큰 영예가 될 뿐 아니라, 우리에게 인간의 무한한 능력과 나약함을 동시에 보여 준 그의 모습을 다시 떠올리게 만든다. 아이작 뉴턴 이후로 물리학계에 거대한 변화를 초래한 사람은 없었다. 그런 상황 속에서 나타난 사람이 바로 아인슈타인이었다.

그의 많은 업적 중에서도 주목할 대목은 우리에게 시공간을 바라보는 새로운 관점을 제공했다는 점이다. 그리고 빛보다 빠른 것은 결코 존재할 수 없으며, 미래를 여행하는 일이 수학적, 물리학적으로 가능하다는 것을 증명해 보였다. 그는 때때로 열정적으로 세계 평화를 위해 노력하기도 했다. 이처럼 아인슈타인은 위대한 과학자 그 자체였다.

우리는 왜 아인슈타인에게 매료되는 것일까? 그는 '기적의 해'였던 1905년 동안 특수 상대성 이론을 발전시켰다. 그 후로 100년이 훌쩍 지났지만 우리는 여전히 그를 기억한다. 무엇이 그를 아직도 기억하게 하는 것일까?

확실히 그의 천재성은 그에게 특별함을 더해 준다. 결국 그는 물리학에서 다른 사람들이 발견하지 못한 것을 발견했다. 그는 명석한 두뇌와 그가 이룬 업적들뿐 아니라 다양하고 평범한 성격으로 더욱 주목받을 수 있었다. 카리스마, 겸손함, 은근한 유머, 항상 정의를 추구하는 용기, 음악과 동물 그리고 아이들에 대한 사랑이 바로 그가 주목받을 수 있었던 모습들이다. 여기에는 항상 쾌활했던 모습도 포함될 것이다.

우리는 또한 그의 특징도 잘 알고 있다. 눈을 깜빡이고 엉킨 머리카락을 흔들거나 평소 양말을 신지 않던 모습 그리고 아이스크림콘을 좋아하는 그의 모습을 잘 알고 있다. 그는 항상 완벽하고 한결같은 사람은 아니었다. 특히 남편으로서나 아버지로서는 더욱 그랬다. 가끔은 나약한 모습을 보여 주기도 했지만, 그런 모습들이 세계를 위해 이룬 그의 업적의 가치를 떨어뜨리지 않았다. 단점도 있지만 인도주의적인 그의 모습 하나하나가 아인슈타인이라는 사람을 만들었다. 카리스마와 지적 능력, 현명함 그리고 깊이가 있는 아인슈타인을 말이다.

좋은 과학자나 수학자가 되기 위해서 꼭 천재일 필요는 없다. 아인슈타인이 말했듯 세상에 대한 끊임없는 호기심이 필요하다. 그는 과학을 열정적으로 탐구했고, 종종 사람들이 중요하게 생각하지 않는 것들에도 관심을 가졌다. 스포츠든 과학이든 아니면 단순한 취미 활동이든, 재능 있는 사람들 대부분이 자신의 능력에 집중하는 것처럼 말이다. 아인슈타인은 초년에 물리학적인 업적들을 쌓았고 말년에는 정치, 사회 그리고 교육 문제를 해결하기 위해 노력했다.

이 책은 아인슈타인의 전 생애와 함께 그의 다사다난했던 인생 전반을 크게 두 부분으로 나누어 다룬다. 제4장과 제7장 그리고 제12장에서는 그가 물리학계에서 이룬 업적에 대해 다루었고, 나머지 부분에서는 그의 삶 전체에 일어났던 격동적이고도 흥미로운 사건들을 다루었다.

독자들은 아인슈타인이 훌륭한 과학자이자 세계의 평화와 안보를 위해 노력했던 인도주의자였음을 알게 될 것이다. 그는 직업, 인종 그리고 나이와 상관없이 모든 사람들을 존중했다. 직업이 무엇인지는 중요하지 않다고 생각했다. 그에게 가장 중요했던 것은 공동체를 위해 최선을 다해야겠다는 의무감을 갖는 것이었다.

아인슈타인은 상대성 이론을 발표한 후에 항상 영예로운 삶을 살았다. 노벨상을 통해 국제적인 명성을 얻을 수 있었지만, 그는 여기서 그치지 않고 더 많은 일을 했다. 자세히 그의 삶을 살펴보는 것도 분명 의미 있는 일일 것이다.

ALBERT EINSTEIN

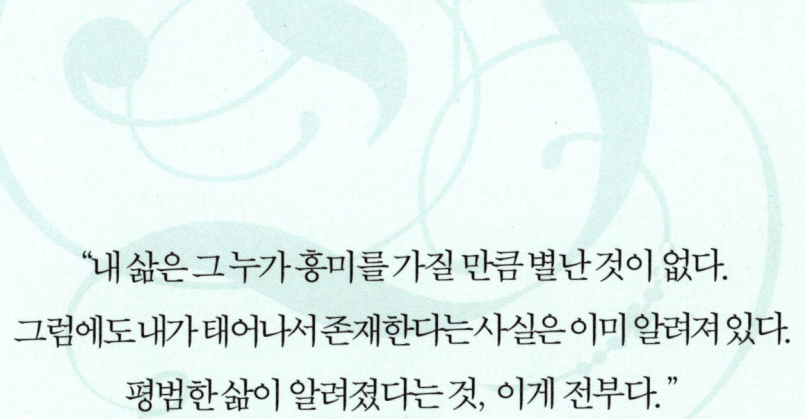

"내 삶은 그 누가 흥미를 가질 만큼 별난 것이 없다.
그럼에도 내가 태어나서 존재한다는 사실은 이미 알려져 있다.
평범한 삶이 알려졌다는 것, 이게 전부다."

1935년 4월 13일, 프린스턴 고등학교 신문 《더 타워》에 실린 기사

천재의 탄생

아인슈타인의 집은 독일 남부에 위치한 울름의 반호프 거리에 자리 잡고 있었다. 1879년 3월 14일, 그 집에서 큰 동요가 일어나고 있었다. 사내아이가 태어난 것이다. 사내아이의 부모인 헤르만과 파울리네는 몹시 뿌듯했다. 코안경을 착용하고 콧수염을 기른 헤르만은 유쾌하고 편안한 모습이었다. 그는 침대에 누워 있는, 자신보다 한참 어린 아내와 아기를 사랑스럽게 바라보았다. 모든 아버지들이 그렇듯 그 또한 자신의 첫아들이 행복한 삶을 살길 무척이나 바라고 있었다. 곧 부모는 아기의 머리에 온 관심을 집중했다. 머리가 유난히 크고 모가 나

있어서 출산이 어려울 수 있다는 의사의 진단을 받았기 때문이었다. 그러나 다행히도 아기의 머리는 정상이었고 의사는 이 사실을 부인에게 확인시켜 주었다. 그들은 자신들의 첫아기에게 이름을 지어 주었다. 그 이름은 바로 '알베르트 아인슈타인'이었다.

아인슈타인의 부모님

1876년, 아인슈타인의 부모는 독일 남부 뷔르템베르크 주에 위치한 울름에서 남서쪽으로 48킬로미터 정도 떨어진 마을에서 신혼을 보냈다. 부차우보다 훨씬 더 작은 마을이었다. 헤르만의 가족은 1750년대부터 이미 여기에 살고 있었지만, 파울리네의 가족은 아니었다. 파울리네의 가족은 큰 도시였던 슈투트가르트의 근교 칸슈타트에 살고 있었고, 울름에서 북서쪽으로 80킬로미터 정도 떨어진 마을이었다.

결혼할 당시 파울리네는 18살, 헤르만은 29살이었다. 둘 다 유대인이었지만 고집스럽게 유대교 전통을 고수하진 않았다. 유대교에서는 가족의 이름을 따서 아이의 이름을 짓는 것이 일반적이었다. 하지만 그들은 아브라함이라는 할아버지의 성만 따서 아이의 이름을 지었다. 아이의 이름을 전통적인 방법으로 짓지 않은 이유는 아이가 더 넓은 세상 속에서 사람들과 잘 융화되길 바라는 마음에서였다. 유대교 전통을 철저하게 지키는 삶을 살진 않았지만 이 가족은 몇 세기 동안 교육과 인도주의적 면에서 유대인들의 깊은 존경을 받아 왔다.

헤르만은 사업 실패를 경험하기도 했지만 마음은 언제나 태평스러운 남자였다. 2년 전쯤, 대성당 남쪽에 위치한 곳에 작은 전기설비 공장을 세웠던 헤르만 가족은 부지런했지만 부유하진 않았다. 그래서 파울리네 가족은 헤르만 가족에게 재정적인 도움을 주기도 했다. 헤르만은 그의 가족이 조금이라도 더 편안한 생활을 할 수 있도록 노력하고 있었다.

당시 유럽과 미국인들은 전기를 상용화시키기 위해 시장을 개척하고 있었다. 전기는 이미 2,500년 전부터 존재하고 있었다. 그리스 최초 철학자인 밀레토스의 탈레스는 호박을 문지르자 호박이 빛을 끌어당긴다는 사실을 알아냈다. 고대 그리스인들은 빛을 끌어당기는 호박을 엘렉트론이라고 불렀다. 이렇게 전기는 계속 존재하고 있었지만 전보나 전화에만 사용될 뿐이었다. 그러나 아인슈타인이 태어난 지 1년이 되던 해 '멘로 공원의 마법사'라 불리던 토머스 에디슨이 전기 전구를 발명해 특허를 받았고, 독일의 사이먼 사는 베를린에서 첫 번째 전기 전차를 선보일 예정이었다. 전기의 상용화가 시작된 것이다.

헤르만은 유머감각은 있었지만 경영감각은 부족했다. 그의 낙관적인 성격도 연구나 판매실적을 높이기에는 부족했다. 그가 경영했던 작은 회사는 아인슈타인이 첫 번째 생일을 맞이하기도 전에 문을 닫아야만 했다. 절망적인 상황이었지만 좌절하지 않았던 헤르만은 성공을 하기 위해서는 더 큰 도시로 이사를 가야 한다고 생각했다. 1880년 6월, 그는 엔지니어인 형 야코프와 상의한 끝에 남부 독일 바이에른 주의 주도 뮌헨으로 이사를 가기로 결심했다. 가톨릭 신자들이 넘쳐 나고 발전된 이 큰 도시에서 헤르만과 야코프 두 형제는 작은 전기 화학 공장을 열었다. 당시 아인슈타인이 1살이 되던 때였다. 어린 나이에 고향을 떠난 탓에 아인슈타인은 자신의 고향인 울름에 대한 기억이 거의 없었다.

아인슈타인이 태어나기 몇 년 전까지만 해도 뷔르템베르크와 바이에른은 서로 분리되어 있었다. 그러나 1871년에는 다른 독일의 주들과 함께 프로이센 왕국으로 흡수되어 새로운 독일 제국의 일부가 되었고, 프로이센 출신의 오토 본 비스마르크가 새로운 독일 제국을 통치했다. 따라서 비스마르크의 통치에는 자연스럽게 프로이센의 전통적인 모습이 드러날 수밖에 없었다. 프로이센 사람들은 권력을 가진 사람들이라면 당연히 존경을 받아야 한다고 생각했다. 새로운 제국의 형성은 곧 새로운 생활 방식의 유입을 의미했다. 태평스러운 남부 사람들에게는 권위적이고 복종적인 분위기가 낯설 수밖에 없었다. 동시에 새로운 학교 교육 방법도 도입되었는데, 이 교육 방법은 후에 아인슈타인에게 큰 영향을 미치게 되었다.

그 사이 아인슈타인의 어머니인 파울리네는 뮌헨에서 작은 집을 얻었다. 헤르만의 사업이 어떻게 될지 지켜보면서 말이다. 결론부터 말하면, 실패를 바탕으로 경영을 한 덕분에 사업을 시작한 지 5년도 채 되지 않아 교외에 위치한 더 큰 집으로 이사를 갈 수 있을 정도로 사업은 번성하고 있었다. 그러나 작은 집에서의 생활이 더 행복했다. 특히 이사를 간 지 1년 반이 지난 1881년 11월, 아인슈타인의 여동생 마야가 태어났을 때는 더더욱 그러했다. 아인슈타인의 부모는 아인슈타인에게 함께 놀 수 있는 동생이 생겼다고 알려 주었다. 그러나 2살 반 정도밖에 되지 않은 아인슈타인은 여동생 마야를 장난감으로 생각하고 "근데 바퀴는 어디 있죠?"라는 말만 했다고 한다.

어린 시절의 아인슈타인

어린 시절의 아인슈타인에게서는 천재성을 발견할 수 없었다. 그는 말도 느렸을 뿐 아니라 여동생 마야가 태어났을 때까지도 말이 서툴렀다. 그러나 얼마 지나지 않아 그동안 하지 못했던 말을 보상이라도 하듯 완벽한 문장을 만들어 말하기 시작했다. 그는 말을 내뱉기 전에 혼자 중얼거리곤 했기 때문에, 어떤 사람들은 그가 두 번 말을 한다고 생각하기도 했다. 그는 한 번은 작게, 한 번은 크게 말을 했다. 어떤 의사들은 아인슈타인이 10살이 될 때까지 제대로 말을 못할 수 있다는 진단을 내리기도 했다. 지금 생각해 보면 당시 아인슈타인은 난독증이 있었던 것 같다. 게다가 그는 자신이 했던 말을 잘 기억하지도 못했다. 아인슈타인은 어느 인터뷰에서 심리학자에게 "나는 단어를 생각하지 않았습니다. 뭔가 생각이 떠오르면 나는 그 다음에야 내 생각을 표현할 단어를 떠올렸으니까요"라고 말한 적이 있다. 아마도 이것이 그가 만들어 낸 '생각 실험'의 바탕이 되었을지도 모르겠다.

어린 아인슈타인은 혼자 노는 일이 많았다. 혼자 블록을 쌓고 퍼즐을 맞추면서 노는 아이였다. 얌전한 듯 보였지만 아인슈타인에게도 괴팍한 면이 있었다. 일단 화가 나면 그의 코끝은 하얗게 변하고 얼굴빛은 모조리 다 노란색으로 변할 정도로 흥분했다. 그는 화가 나면 감정을 조절하지 못해서 바이올린 선생님을 향해 의자를 집어 던진 적도 있었다. 또 어떤 때는 여동생 마야의 머리를 어린이용 곡괭이로 내리찍기도 했고, 볼링공을 던지기도 했다.

그는 마야를 괴롭히기도 했지만 마야가 기억하는 아인슈타인은 포기하지 않고 카드로 집을 무려 14층까지 쌓는 인내심 많은 오빠였다. 그는 항상 부모님이나 다른 사람들이 가져온 새로운 물건에 호기심을 가졌다. 그리고 끈기와 인내를 가지고 그 물건들을 탐구했다. 그 역시 자신이 또래들보다 더 영리하진 않았지만 호기심이 많은 소년이었다고 기억했다. 또한 유년 시절의 호기심이 성인이 되어서까지 이어졌다고 덧붙였다. 그는 그의 동료에게 다음과 같은 편지를 썼다.

"나는 남들보다 너무 느리게 성장해서 어른이 될 때까지도 시간과 공간에 대한 궁금증이 생기지 않았다네. 그래서 나는 다른 어른들이 할 수 있는 것보다 더 깊게 문제를 파헤쳤지."

그는 연구를 하면서 다양한 문제를 해결한 것은 어른이 아닌 어린 아이의 모습 덕분이었다고 말했다.

아인슈타인의 성마른 행동은 진단을 내릴 수 없는 스트레스성 때문이라는 의견도 있다. 그러나 영국 캠브리지 대학교에서 자폐증에 대한 연구를 하는 한 교수는 아인슈타인의 어린 시절과 말년에 보여 준 행동들이 일종의 아스퍼거 증후군과 흡사하다고 이야기한다. 이는 '고 지능 High-functioning' 장애로 일종의 자폐증을 뜻한다.

그에 대한 추측이 난무하는 가운데 아인슈타인을 연구하는 사람들은 그에게 정신적인 문제는 없다고 보고 있다. 물론 그는 가끔 아스퍼거 증후군처럼 보이는 행동을 하기도 했다. 사람들과 함께 생활하는 데 서툴렀고 어색해했으며, 글을 쓰거나 말하는 것을 어려워했다. 그는 강의를 방해하는 행동으로도 악명이 높았다. 물론 이 행동들은 아스퍼거 증후군과 비슷한 면이 있다. 그러나 이는 누구나 평생을 살면서 한 번쯤은 보일 수 있는 모습일 뿐이다. 아스퍼거 증후군처럼 보이는 아인슈타인의 행동 역시 오랜 세월이 지나면서 그가 보여 준 많은 행동들 중 하나일 가능성이 높다는 것이다. 또한 캘리포니아 대학교의 정신과 의사는 아스퍼거 증후군을 앓고 있는 사람은 유머감각이 없다고 말한다. 그러나 아인슈타인은 풍부한 유머감각으로 유명했으며 이는 그의 매력 중 하나로 손꼽히기도 한다. 말년에 그는 그의 고양이인 타이거가 비가 오는 날이면 우울해 보인다면서 "나의 친구여, 무엇 때문에 우울한지 알고 있지만 나는 비를 멈출 수가 없구려" 같은 위로를 하기도 했다.

아인슈타인이 5살이 되던 해였다. 어느 날, 아버지 헤르만이 주머니에서 아인슈타인의 인생에 커다란 영향을 끼치게 될 물건 하나를 꺼냈다. 바로 나침반이었다. 오로지 북쪽만 향하는 나침반의 바늘은 아인슈타인에게 경외감과 신기함으로 다가왔다. 5살이라는 어린 나이에 자연의 힘을 깨달았던 것이다. 마법처럼 한 방향만 가리키는 나침반의 성질은 그에게 깊은 인상을 남겼고, 아인슈타인은 후에 이때의 기억을 종종 회상하곤 했다. 같은 해, 아인슈타인은 뮌헨 주립학교에 입학하기에는 어린 나이였기 때문에 가정교사와 함께 집에서 공부를 시작했다.

아인슈타인이 6살이 되던 1885년 가을, 그는 가톨릭 주립학교에 입학했다. 당시 그는 2학년으로 입학했던 것으로 보인다. 그는 반에서 유일한 유대인이었다. 종교적 가르침은 학교 커리큘럼 중 하나였기에 그는 성경 속 이야기와 인물들을 배울 수 있었다. 집에서는 먼 친척에게 유대교 전통에 관한 교육을 받았다.

종교에는 무관심했던 아인슈타인의 부모는 그렇게까지 할 필요성을 느끼지 못했지만 친척들은 자손들이 조금이나마 유대교 전통에 대해 배우길 바랐다.

이 시기 동안 아인슈타인은 신에게 기도하는 것에 관심을 갖기 시작했다. 《살아 있는 철학자 전집》에 적힌 자전적 기록을 보면 "그래서 나는 굉장히 광적인 신자가 되었다. 그러나 그 광적이던 신앙심도 12살이 지날 즈음 끝나 버렸다"라고 적혀 있다. 그는 '광적인'이라는 단어를 사용하면서 그 종교에서 점차 멀어지고 있는 자신을 표현했다. 그는 자신을 넓은 시야에서 바라본다면 '독실한' 사람이었다고 이야기하면서, 자신이 받은 고통에 대해 설명했다. 그는 자신을 불가지론자라고 말했다. 이와 관련된 이야기는 제8장에서 자세히 다루도록 한다.

아인슈타인은 6살부터 14살이 될 때까지 바이올린 수업을 받았다. 음악은 때때로 성미가 급한 아이를 진정시키는 효과가 있었다. 그는 음악에 소질이 있었으며 음악을 듣거나 바이올린 연주를 하고 나중에는 피아노 연주도 시작했다. 그는 삶의 마지막 순간까지 음악을 즐기며 살았다. 1929년에 했던 인터뷰에서는 다음과 같이 말했다.

"만일 내가 물리학자가 되지 않았다면 음악가가 되었을지도 모르죠. 저는 제 삶을 음악적인 측면에서 바라보고 음악에서 즐거움을 찾곤 했습니다."

어떤 사람들은 아인슈타인이 꽤 훌륭한 음악가였다고 이야기하지만 또 다른 사람들은 그가 음악에 대한 열정이 없었다고 이야기한다. 한 바이올리니스트는 그가 벌목꾼처럼 바이올린을 연주했다고 혹평했다. 그와 함께 연주하던 어느 유명한 피아니스트도 그에게 "제발, 아인슈타인! 박자 셀 줄 모르니?"라고 말한 걸 보면 그렇게 훌륭한 실력은 아니었을지도 모르겠다.

아인슈타인이 물리학보다는 바이올린 연주로 더 유명했다고 생각하는 베를린의 한 음악 평론가는 아인슈타인에 대해 다음과 같이 말했다.

"아인슈타인의 연주 실력은 굉장합니다. 그러나 세계적으로 유명해질 만큼은 아니죠. 그만큼의 재능을 가진 사람들은 이미 많습니다."

그가 직업을 다시 선택한다면 배관공이나 영업 사원을 선택했을지도 모른다. 심지어 과학도들에게 등대지기로 살아가는 것은 많은 이점이 있다는 말을 하기도 했다. 그는 이런 직업을 갖게 된다면 자신이 가지고 있는 몇 가지 진지한 생각들을 다 마칠 수 있을 것이라고 믿었다.

1888년, 아인슈타인이 9살이 되던 해 가을이었다. 아인슈타인은 9년 과정으로 이뤄진 독일의 중등학교인 김나지움에 입학했다. 뮌헨에 위치한 김나지움은 그가 18살이 되었을 때 대학을 입학하는 데 초석이 되는 곳이기도 했다. 여기서 아인슈타인은 유대인 친구들 몇 명을 만났지만, 그들에게 어떤 특별한 우정의 감정을 가지진 않았다. 그는 혼자 있는 것을 좋아했으며 선생님들이나 다른 아이들에게 관심이 없었다. 이런 그의 모습을 못마땅하게 여긴 선생님은 '아인슈타인은 아무것도 될 수 없을 것이며, 선생님에 대한 반 학생들의 존경심을 떨어뜨리는 한낱 보잘것 없는 존재'라고 악담을 하기도 했다. 여기에 덧붙여 아인슈타인에게 기억력이 나쁘다는 말을 하기도 했다.

독일의 선생님들은 엄격했고 권위주의적이었다. 그리고 어떤 상황에서도 최고의 존경을 받아야 한다고 생각했다. 독일의 교육 정책은 학생들의 숨통을 조였고, 구체적이고 자세한 학교 방침은 외워서 실천해야만 했다. 수업 준비를 하지 않은 학생은 전교생 앞에서 모욕을 당하거나 필요하다면 처벌을 받는 것이 당연시됐다. 아인슈타인은 독일에서의 학교생활을 이렇게 기록했다.

"학생들에게 존경심을 강요하는 모습은 끔찍했다. 학생들을 하나의 무리로 묶어서 행진하게 하면서 만족해하던 그 모습은 정말이지 경멸할 수밖에 없었다. 이러한 대우는 학생들의 지각 능력과 성실함, 자신감을 파괴할 수 있다. 이기적인 선생님들은 학생들을 무시하고 그들에게 모욕감을 주면서 학생들의 정서를 파괴했다. 이러한 행동은 학생들이 어른이 될 때까지도 부정적인 영향을 끼칠 수 있다."

아인슈타인은 군국주의적이고 엄격한 학교 규율에 불쾌함을 느꼈고, 이에 대한 강한 반발감이 있었다. 그가 평화주의자가 된 것은 어쩌면 너무도 당연한 일이었다. 엄격하고 좁은 시야로 접근하는 교육 방침은 아인슈타인의 독립적인 사고로는 이해할 수 없는 방식이었다. 아인슈타인처럼 선생님의 애완동물이 되길 거부하는 학생들은 타당하지 못한 권위를 내세우는 것에 대해 부정적이었다.

긍정적 영향을 준 사람들

아인슈타인에게도 좋은 선생님이 있었다. 그 선생님은 역사와 라틴어 그리고 그리스어를 가르치던 그의 담임선생님이었다. 그는 방과 후에 시간을 따로 내서라도 선생님과 함께하고 싶어 할 정도로 담임선생님을 따랐다. 김나지움은 독일에서도 크고 좋은 학교 중 하나였다. 그리고 그가 입학했을 당시, 김나지움은 자유로운 분위기의 계몽적인 학교로 명성 있는 곳이었다. 그럼에도 그가 학교에 대해 불쾌하고 부정적인 감정을 갖게 된 것은 학교 자체의 문제보다는 그의 성격이나 개인적인 경험 때문이다. 그는 선생님한테 꾸중을 들을 때면 대들기도 했는데, 그러면서 당시 독일의 압박적인 분위기를 혐오했을 가능성이 크다.

아인슈타인이 김나지움을 졸업할 때까지, 그는 학교 정규 수업과는 별도로 물리학과 수학, 철학을 공부할 정도로 관심이 있었다. 엔지니어인 아인슈타인의 삼촌 야코프와 의학도였던 탈메이는 일주일에 한 번씩 아인슈타인의 집에서 함께 저녁을 먹고는 했다. 1889년부터 1894년까지 이들과의 저녁 식사는 계속되었는데 이 기간은 아인슈타인에게 큰 영향을 끼친 기간이기도 하다.

야코프와 탈메이는 아인슈타인의 재능을 인정해 주었고, 작은 나침반에서부터 종교에 이르기까지 끊임없이 이어지는 그의 호기심을 더욱 자극해 주었다. 탈메이는 이 호기심 많은 어린 소년이 흥미를 느낄 만한 과학 서적을 가져다주기도 했다. 그는 과학 서적뿐 아니라 철학 서적 한 꾸러미를 가져다주었는데 이 책들 중 2권은 세상에 대해 더 알고 싶어 하는 아인슈타인의 호기심을 채워 줄 만한 책이었다. 탈메이는 아인슈타인이 훨씬 어렸음에도 그를 동등하게 대해 주었으며, 덕분에 아인슈타인은 생각하는 사람으로 성장할 수 있었다. 게다가 수학뿐 아니라 모든 자연 과학에도 관심을 갖게 되었다.

아인슈타인이 12살이 되었을 때, 그는 과학과 수학 서적을 통해 지식을 쌓을 수 있었다. 과학적인 사상은 성경에 나오는 기적 같은 사건들에 대해 의문을 갖게 만들었다. 신앙심이 사라지면서 그는 종교에 대해 배우는 것을 그만두었다. 그는 어린 아이들이 배우는 세상 외에 뭔가 다른 무언가가 있다고 생각했다. 그래서 그는 비록 후에 종교적 믿음을 품긴 했지만, 당시는 그 어떤 종교적 사상도 받아들이지 않겠다고 생각했다. 지금까지 그는 과학과 수학을 공부하면서 내면에 있는 종교에 대한 반감을 표현했다.

그는 특히 야코프 삼촌에게 받은 《기하학의 성서》에 큰 감명을 받았다. 책의 명쾌한 해설은 그에게 큰 인상을 남겼고, 수년 전 아버지가 보여 준 나침반에 이어 '두 번째 경외감'을 경험하게 한 책이었다. 그 후에도 그는 최신 서적을 접하면서 기하학과 미적분학에 능숙하게 되었다. 아인슈타인은 수학 이론을 증명하고 어려운 문제를 풀 수 있게 되었을 뿐 아니라 기하학의 피타고라스 정리를 증명할 수 있었다. 그는 문제를 해결하면서 행복함을 느끼는 자신을 발견할 수 있었다. 반 아이들과는 여전히 가까워지지 않았지만 그는 그저 자신이 살던 시대 이전에 생존했던 아이작 뉴턴처럼 명쾌하고 명확한 고전 기하학 이론에 매료되어 있었다. 수학에 푹 빠졌던 어린 시절을 떠올리면서, 아인슈타인은 1935년에 뉴저지의 프린스턴 고등학교 신문 인터뷰에서 다음과 같이 이야기했다.

"12살짜리 소년이 초등 수학을 접하면서 정답을 찾는 데 짜릿함을 느꼈다. … 나는 점점 더 자연 또한 상대적으로 간단한 수학적 이론으로 설명할 수 있을 것이라는 확신이 들었다."

아인슈타인이 성실한 학생이 아니었다는 소문이 있기도 하지만 이는 소문일 뿐이다. 그에게 부정적이었던 선생님들의 평가도 한몫했을 것이다. 그러나 가장 큰 원인은 아인슈타인이 다니던 학교의 성적 평가 방식 때문이다. 과거에는 1에서 6까지의 점수 중에서 '1'이 최고점이었지만, 후에는 정반대로 바뀌었다. '1'이 가장 낮은 점수로 바뀐 것이다. 아인슈타인은 항상 수학과 물리학에서는 높은 성적을 거두었고 다른 과목도 평균 점수 정도는 받았다. 그러나 그는 외국어를 잘 못했다. 사실, 아인슈타인은 미국에 온 후에도 영어를 제대로 배운 적이 없었다. 그때 그는 이미 중년에 다다랐을 때였으니 어쩌면 당연한 결과였을지 모른다.

당시까지도 그에게는 '천재'의 기미가 나타나지 않았다. 그의 재능은 그가 20대 중반 이후에 물리학계에서 중요한 연구를 할 때까지도 나타나지 않았다. 당시 그는 시간과 공간을 완전히 다른 시각으로 바라보고 있었다.

아인슈타인이 13살이 되었을 때, 물리학과 음악에 대한 관심이 더욱 깊어졌다. 아인슈타인은 독일의 철학자 임마누엘 칸트의 '순수 이성 비판'을 연구했다. 칸트의 도덕적 자유 의지 이론은 아인슈타인에게 반향을 일으켰다. 책의 결론 부분에는 "생각하면 할수록 점점 더 커지는 놀라움과 두려움에 휩싸이게 하는 것이 있다. 밤하늘의 빛나는 별과 내 안의 도덕률이 그것이다"라는 유명한 구절이 있는데, 이는 아인슈타인의 마음에 새겨졌다.

  이 시기에 바이올린 레슨에 권태를 느낀 친구들이 레슨을 그만두기 시작했다. 그러나 아인슈타인은 스스로 실용 음악을 공부하기 시작했다. 음악을 듣고 연주하면서 그는 더 깊은 만족감을 얻을 수 있었다. 아인슈타인의 삶을 통 틀어서 그가 가장 좋아했던 음악은 바로 모차르트의 소나타였다. 순수하고 아름다운 모차르트의 음악은 그에게 우주의 아름다움을 보여 주는 것 같았다. 훗날 아인슈타인은 자신의 아들에게 이렇게 말했다.

> "모차르트 음악을 계속 들어 보렴. 나는 그 음악을 통해서 음악이란 무엇인지 더 잘 알게 되었단다."

천재의 학창 시절

1894년, 아인슈타인의 가족은 무거운 마음으로 뮌헨을 떠나기로 결심했다. 헤르만과 야코프의 회사는 가로등을 설치하고 도시에서 추진되는 다양한 프로젝트를 도우면서 번성하고 있었다. 뿐만 아니라 램프, 전기 계량기, 발전기 그리고 교외 전력 사용을 위해 필요한 장비를 만들면서 회사는 더욱 번성했다. 회사가 최고의 전성기일 때는 거의 200명 가까이 되는 사람들을 고용할 정도로 회사가 확장되기도 했다. 그러나 곧 대형 전기공학 회사가 시장에 들어왔다. 그 회사는 아인슈타인 가족의 큰 버팀목이 되던 자치 시 계약을 사들이려 했다. 이에 아인슈타인의 가족은 독일에서의 사업을 포기하고 이탈리아 북부에 위치한 밀라노 근처의 파비아에서 새로운 삶을 개척하기로 했다. 아인슈타인과 마야는 기울어 가는 집안을 바라보며 슬퍼했다. 민감하고 통찰력이 있던 15살의 아인슈타인은 가족이 독일에 남아 있을 수 있게 해 주던 중요한 사업 계약이 깨졌다는 것을 알아채고 있었다.

아인슈타인의 부모는 그가 계속 김나지움에서 공부하길 바랐다. 그는 곧 7학년이 될 예정이었다. 그의 부모는 아인슈타인의 공부를 돕기 위해 그를 도시에 살고 있는 먼 친척에게 맡기고 어린 마야만 데리고 떠났다. 그는 새로운 환경이 절망스러웠다. 이 상황 자체만으로도 학교가 싫어졌다. 이제 마음이 통하는 가족들을 볼 수 없었으며 더 이상 가족이 주는 편안함을 느낄 수 없었다. 이탈리아에서 행복한 시간을 보내는 부모님의 편지를 읽으면서 아인슈타인은 고통스러웠다. 그는 급기야 부모의 동의도 없이 학교를 그만두었다. 그의 주치의는 아인슈타인이 신경 쇠약으로 고통받았다고 기록했다. 12월의 끝자락, 아인슈타인은 갑자기 밀라노 행 기차를 탔다. 밀라노는 그의 부모님이 파비아로 이사를 가기 전에 임시로 머물던 곳이었다.

파울리네와 헤르만은 현관 계단에 있는 아인슈타인을 발견했다. 밀라노에서 함께 지낼 수 있게 해 달라고 간청하는 아들을 보면서 부모는 놀랄 수밖에 없었다. 아인슈타인은 독학으로 공부해 1895년 가을에 취리히에 있는 스위스 연방 공과대학교의 입학 시험을 치르겠다고 약속했다. 그러면서 가족과 함께 지내게 해 달라고 졸라 댔다. 스위스 연방 공과대학교에 입학하겠다고 한 이유는 삼촌 야코프나 어머니의 권유였을 것으로 보인다. 아인슈타인의 어머니는 그가 전문 교수가 되길 바라는 현실적인 여성이었다. 이 대학은 과학과 기술에 관심이 있는 사람이라면 누구나 입학하고 싶어 할 정도로 유럽에서는 유명한 학교였다. 그리고 입학시험만 잘 치른다면 김나지움의 졸업 증명서가 꼭 필요한 것도 아니었다. 결국 부모는 아들을 믿기로 했다.

아인슈타인은 이탈리아에서의 생활이 행복했다. 그는 부지런히 공부를 하면서도 장비 디자인을 하는 삼촌의 일을 틈틈이 도왔다. 아인슈타인의 공부 습관은 좀 특이한 편이었다. 그는 주변이 시끄러울 때, 사람들의 무리에서 빠져나와 소파에 앉았다. 여동생 마야는 "오빠는 한 손에는 종이와 펜을 들고, 다른 손으로는 잉크스탠드를 아슬아슬하게 들고 있었어요. 생각에 너무 몰입한 나머지, 소란스러운 대화 소리에 방해를 받기는커녕 더욱 생각에 집중하고 있었어요"라며 그에 대해 말했다. 아인슈타인은 자신의 목표에 대해 진지하게 생각하고 있었다. 그의 첫 번째 에세이에서는 전자기장 현상에 대한 관심과 전기 역학에 대한 최신 이론을 마스터한 내용들이 기록되어 있다.

당시 아인슈타인이 16살에 불과했을 때, 처음으로 상대성 이론의 시초가 되는 생각을 했다. 그는 광선을 따라잡을 수 있을지 상상해 보곤 했다. 광선과 같은 속도로 갈 수 있을까? 아니면 광선보다 더 빨리 움직여서 광선을 잡을 수는 없을까? 아인슈타인은 말년에 자신의 자전적 기록에 다음과 같이 남겼다.

"만일 광선의 속도를 c진공 상태의 광선 속도라고 정한다면, 나는 광선이 지나간 공간의 자기장을 알아봐야 한다. 공간의 전류를 고주파로 변환시켜서 말이다. ⋯ 광선이 나타나기 시작해서 그 광선이 명확하게 보이면, 이쪽에 있는 관측자에게도 지구 반대편에 있는 관측자와 똑같은 법칙이 적용된다."

초당 30만 킬로미터의 광선을 타고 이동한다면 세상은 어떻게 보일까? 기차가 움직이면서 발산하는 빛이 반대편 기차에서 나오는 빛보다 빠를까? 후에 그는 이 특수 상대성 이론_{제4장에서 다룬다}으로 빛의 속도는 물체의 속도와는 상관이 없으며 적어도 진공 상태에서는 같은 속도로 이동한다는 것을 알아낸 최초의 사람이 되었다. 즉 빛의 속도에 기차의 속도가 더해지는 것이 아니라는 것이다. 이 발견은 시간과 공간을 바라보는 우리의 관점에 굉장한 영향을 주었다.

그해 여름, 아인슈타인 가족은 밀라노에서 파비아로 이사했다. 그리고 아인슈타인은 공부를 하지 않을 때면 알프스를 가로질러 하이킹을 하면서 제노바에 있는 친척을 방문하기도 했다. 그의 부모는 다음 해 가을에 밀라노로 돌아갔다.

10월, 아인슈타인은 기차를 타고 취리히로 갔다. 취리히 연방 공과대학교에 입학시험을 치르기 위해서였다. 당시 그는 입학시험을 치르는 학생들의 평균 나이보다 2살이 더 어렸다. 그러나 친지의 도움으로 좀 더 일찍 시험을 치를 수 있는 자격을 얻었다. 그는 수학과 과학 과목에서 높은 점수를 받았는데 그의 성적을 본 어떤 한 교수는 그가 취리히에 머물면서 자신의 강의를 들을 수 있게 해 주었다. 그러나 취리히 연방 공과대학교의 학장인 알빈 헤르초크는 아인슈타인이 신동이긴 하지만 대학 공부를 시작하기에는 이른 감이 있다고 판단했다. 학장은 아인슈타인이 적어도 1년 정도 준비를 하면서 언어나 역사 과목을 보충하길 원했다. 아인슈타인의 친지인 구스타프 마이어 역시 그가 고등학교에서 교육을 마치고 오는 것이 좋겠다고 제안했고, 아인슈타인의 부모도 이에 동의했다. 아인슈타인 또한 친지의 의견에 동의했다. 학교는 아르가우 캔턴 스위스 연방 주의 취리히 근처에 있는 아라우로 정해졌다. 그해, 아인슈타인은 고등학교를 졸업해 취리히 연방 공과대학교에 입학할 수 있는 자격을 갖출 수 있었다. 그의 목표는 비과학 과목과 화학 과목에서 만족스러운 결과를 얻는 것이었다. 동시에 그는 본격적으로 대학 생활을 하기 전, 자신을 좀 더 성장시키고 싶었다.

ALBERT EINSTEIN

"교육의 가치는 수많은 사실을 배우는 것뿐 아니라
교과서를 통해서는 배울 수 없는 가치 있는 것들을
생각하는 법을 훈련하는 것이다."

1921년, 대학 교육은 무의미하다는 에디슨의 의견을 언급하면서

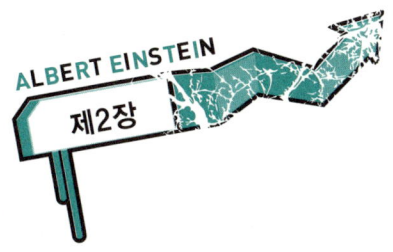

생각 훈련하기

　아인슈타인은 대학에 입학하기 위해 고등학교에서 1년을 보내고 있었다. 그에게 학교생활은 모든 면에서 훌륭했고 유익했다. 스위스의 교육 정책은 그와 굉장히 잘 맞았다. 그는 독일 교육의 권위주의적이고 딱딱하며 틀에 박힌 모습을 싫어했다. 그러나 스위스의 교육은 전혀 달랐다. 그는 보복에 대한 두려움 없이 자유롭고 친근한 스위스의 학교 분위기가 매우 마음에 들었다. 스위스의 선생님들은 학생들을 대할 때 개인의 인격을 존중했으며, 학생들이 스스로 생각과 행동을 결정할 수 있도록 도왔다. 따라서 선생님들은 자연스럽게 학생들의 존경을 받을 수 있었다. 또한 학생들은 자유롭고 편안하게 선생님을 찾아가 질문을 하거나 상담을 할 수 있었다.

스위스에서의 학교생활

스위스는 평화롭고 중립적인 나라였다. 전쟁을 하거나 정복을 하고 영토를 차지하려는 욕심이 있는 나라가 아니었다. 물론 국가 방어를 위한 군사 병력은 갖추고 있었으며 이는 거의 세계 최고의 수준이었다. 스위스의 아름다운 경치는 아인슈타인에게는 최적이었다. 그곳에서 그는 자신의 성품, 재능 그리고 정치적인 견해를 키우며 자랄 수 있었다. 새로운 환경에서 이렇게 즐거운 생활을 할 수 있었던 데에는 요스트와 그의 부인 파울리네의 친절한 보살핌 덕분이었다. 그는 스위스에서 학교를 다니는 동안 이 부부의 집에 머물렀다.

스위스 북부에 위치한 아르가우 주는 자유와 세속적 교육 시스템을 추구했으며, 물리학과 공학 실험으로 유명했다. 아라우 주는 비옥한 북 캔턴의 수도로 아레 강 연안에 위치해 있다. 아레 강은 슈허 강과 합쳐져 북쪽으로 흐르는 라인 강으로 흘러간다. 캔턴 시의 20만 명 정도의 사람들 대부분이 독일어를 사용했다. 그리고 그들은 담배를 재배하고 실크 리본을 짜거나 짚을 엮

으면서 생활했다. 취리히에서 기차로 약 1시간 반 정도 걸리는 아라우 주는 7천 명의 사람들이 거주하는 작은 마을이었다. 그가 입학을 한 학교는 인류학과 상업 그리고 기술이나 무역을 배울 수 있는 곳이었다. 아인슈타인은 64명의 다른 학생들과 함께 이 학교로 입학했다.

요스트는 김나지움에서 역사와 그리스어를 가르치는 인기 있는 선생님이었다. 그는 따뜻한 사람이었고 7명의 아이들을 둔 대가족의 다정한 가장이었다. 아인슈타인은 곧 요스트와 그의 아내인 파울리네에게 큰 애정을 갖게 되었다. 그는 부부를 또 다른 '엄마'와 '아빠'로 생각할 정도로 그 부부에 대한 애정이 각별했다. 아인슈타인은 요스트의 자유주의적인 정치관과 종교적 관점을 존경했다. 그는 제국주의적인 독일의 정치 성향이 마음에 들지 않았다.

같은 시기, 아인슈타인은 자신보다 2살이 더 많은 요스트 부부의 딸 마리를 좋아하기 시작했다. 어느 날 아인슈타인은 마리가 바이올린 연주를 굉장히 좋아한다는 것을 알았다. 그래서 그는 마리 앞에서 바이올린을 연주하면서 그녀의 관심을 끌기 위해 노력했고, 그 결과 그녀는 그의 첫 번째 여자 친구가 되었다. 그러고 보면 마리는 그의 바이올린 연주를 좋아했던 것 같다. 부활절 휴일을 부모님과 함께 보내기 위해 집으로 돌아왔을 때, 외로움을 느낀 그는 마리에게 편지를 썼다. "더 많이 사랑하는 사람이 더 많이 아픈 것 같아"라며 그녀에 대한 그리움을 담아서 보냈다. 부모들은 어린 커플의 애정을 기쁘게 지켜봤다. 비록 1년 남짓한 시간이 지난 후, 아인슈타인이 몇 가지 이유로 그 관계를 끝냈지만 말이다.

그는 아르가우를 떠난 후에도 계속 요스트 가족과 연락을 주고받았다. 그러나 1906년, 요스트 가족에게 비극이 닥쳤다. 마리의 오빠인 율리우스가 그의 엄마와 여동생 로자의 남편을 총으로 쏴 죽인 후 자살을 한 것이다. 마리의 또 다른 오빠인 파울은 1910년에 아인슈타인의 여동생 마야와 결혼했다.

아인슈타인이 아라우에 도착한 지 3개월이 지났을 때였다. 1896년 초, 아버지의 허락까지 받아 확신에 찬 이 어린 소년은 대담한 절차를 밟았다. 독일 시민권을 포기하기로 마음먹은 것이다. 아인슈타인은 스위스에서 지낸 지 3개월 정도밖에 되지 않았지만 이미 스위스를 고향으로 여기고 있었다. 그는 독일에서의 좋은 기억이 없었다. 이는 아마도 불행했던 학교생활이나 비판에 민감했던 그의 모습 때문일 것이다. 그리고 사업의 실패도 한몫했을 것으로 보인다.

시민권 포기 절차를 밟는 동안, 그는 종교적인 부분도 포기하기로 결심했다. 그는 자신이 생각하는 한 유대교라는 종교를 통해 가치 있는 것을 얻은 적이 없으며, 지금까지 '종교적인 소속은 없었다'라고 이야기했다. 그러나 아인슈타인은 종교를 포기한 것이지 자신의 조상을 포기한 것은 아니었다. 그의 평화적 기질 또한 계속 커지고 있었다. 그리고 그는 군국주의적인 나라에 소속되고 싶지 않았다. 당시 군국주의는 프로이센에서부터 시작하여 나라 전체에 영향을 미치고 있었다. 게다가 아인슈타인은 자신과는 결코 잘 맞을 수 없는 독일 군대에 들어가고 싶지 않았다. 간단히 말해서, 아인슈타인은 하루라도 빨리 스위스에서 민주적이고 문명적인 삶을 살고 싶었다. 자유롭고 민주적인 스위스의 분위기는 아인슈타인과 굉장히 잘 맞았고, 스위스의 시민이 되기 위해서라면 5년쯤은 기다릴 준비가 되어 있었다. 본국 시민권을 포기하면서 아인슈타인은 마음이 편해졌고, 대학 시절 동안은 시민권 없이 지내게 되었다.

아라우 주립학교의 다른 학생들은 인기 있는 과목들을 수강하지 않는 아인슈타인을 조금은 이상하게 바라보았다. 대부분의 학생들은 법이나 의학 또는 선생님이 될 수 있는 과목들을 이수하려고 했지만, 그는 자신이 좋아하는 수학과 물리학에만 매달렸다. 그는 자신의 미래에 대해 진지하게 고민하는 젊은이였다. 물론 프랑스어 기말고사 중 '나의 장래 계획' 에세이에서는 "행복한 사람은 현재에 매우 만족하기 때문에 미래에 대해서는 그리 많은 생각을 하지 않는다"라고 썼지만 말이다. 자신의 장점과 단점을 쓰는 항목에서 그는 과학 선생님이 되고 싶다고 기록했다. 이런 선택을 한 이유는 자신이 '추상적이고 수학적인 사고 능력은 있지만 상상력이나 실천 능력에는 부족한 면이 있다는 것을 고려한 진술'이라고 기술했다. 일찍부터 자신의 미래를 결정할 수 있었던 데에는 물론 관련 지식을 탐구하길 좋아했던 이유도 있었겠지만, 이보다는 과학적 직업이 주는 매력에 빠져 있었기 때문이다. 그러나 그는 스스로를 정확하게 판단한 건 아니었다. 그는 실험이나 실습에도 재능이 있었고, 10년 정도 지난 후에는 풍부한 상상력도 보여 주었기 때문이다. 1929년, 그는 다음과 같이 기록했다.

"상상은 지식보다 더욱 중요하다. 지식은 한계가 있지만, 상상은 세상의 모든 것들을 담고 있기 때문이다."

1896년 가을, 아인슈타인은 마지막 작문 시험과 구두시험에 합격하면서 아라우 주립학교를 졸업할 수 있었다. 졸업 당시, 그는 모든 과목에서 높은 점수를 받았고 특히 수학과 물리학 그리고 필수 에세이 수업이었던 독일어에서는 거의 최고 점수를 받았다. 그의 뛰어난 재능과 명쾌하고 세련된 문제는 시험관에게 깊은 인상을 남겼다. 그러나 프랑스어와 지리학에서는 상대적으로 낮은 점수를 받았다.

10월의 막바지, 아인슈타인은 아쉬워하는 빈텔러 가족을 뒤로 한 채 더욱 전문적인 교육을 받기 위해 취리히로 떠났다. 당시 아인슈타인은 마리와 여전히 사귀고 있었지만 그는 연방 기술학교에 바로 등록을 했다. 후에 이 학교는 스위스 취리히 연방 공과대학교로 명칭이 바뀌었다.
이 시기가 바로 그가 학업에 대한 열정을 품기 시작한 시기인 동시에, 진지하게 철학뿐 아니라 다른 학문과 토론에 매료된 시기이기도 하다.

아인슈타인은 유럽 최고의 실험 수업과 강의를 받을 수 있었다. 취리히 연방 공과대학교는 이미 전 세계적으로 명성을 떨치고 있는 학교였고, 다른 나라 학생들이 입학하고 싶어 하는 학교이기도 했다. 여기서 그는 '깊은 길을 찾을 수' 있었다. 이 학교는 특별하고 구체적인 커리큘럼이 없었기에, 그는 커리큘럼대로 공부하기보다는 스스로 공부하는 시간이 더 많았다. 아인슈타인은 물리학 학생들을 위한 계획을 아주 충실히 따랐고, 부모님이 권유했던 엔지니어링 수업을 포기했다. 취리히 연방 공과대학교ETH, 에테하에 있는 모든 학생들은 적어도 한 과목 이상을 원하는 분야에서 실습해야만 했다. 아인슈타인은 철학, 정치학 그리고 경제학 과목을 등록했다. 이 독립적인 소년은 자신의 전문적인 목표를 향해 나아갈 준비가 되어 있었다. 아인슈타인은 곧 취리히의 유니온 거리에서 방을 빌려 생활하기 시작했다.

그러나 이 초보 물리학자는 이상적인 학생은 아니었다. 그는 쉽게 지루해했고 꽤 오만했다. 그리고 잘 모르는 분야에 대해서는 비판하기 일쑤였다. 그는 종종 수업을 빼먹었고 혼자 도서관에서 공부를 하거나 실험실에서 어슬렁거리곤 했다. 물리학에서 그는 가장 중요한 문제들을 직관적으로 풀어낼 수 있었다. 수학 과목은 9개나 신청했지만, 아예 수업에 들어가지도 않았다. 부끄러움 없이 그는 수업 출석률이 높은 학생의 수학 강의 필기 노트를 빌리기도 했다. 아인슈타인에게 노트를 빌려 주곤 했던 학생은 마셜 그로스만이었다. 아인슈타인은 후에 "이 노트가 없었다면 내 미래는 짐작할 수조차 없었을 것이다"라고 말했다. 그로스만은 수학과 학생이었다. 그는 아인슈타인의 좋은 친구였고, 아인슈타인이 상대성 이론을 연구할 때 복잡한 수학 공식을 풀어 주면서 아인슈타인의 연구에 동참했다.

밀레바와의 첫 만남

취리히 연방 공과대학교에서 첫 번째 학기를 보내면서 아인슈타인은 많은 친구들을 사귈 수 있었다. 그 가운데 물리학과 학생이었던 밀레바 마리치는 노비사드에 사는 부유한 지주와 판사보조원의 딸이었다. 노비사드는 당시 남부 헝가리에 속했던 세르비아의 주였다. 아인슈타인은 지적인 모습과 성숙함을 겸비한 '연상의 여인'에게 반했다. 그녀는 아인슈타인보다 4살이 더 많았다. 약간 어두운 머리카락을 가진 밀레바는 노비사드 출신으로 물리학 학위를 받기 위해 스위스로 온 것이었다. 그녀는 당시 대학에 입학했던 몇 안 되던 유럽인이었다. 아인슈타인은 1898년에 그녀의 친구로서 다음과 같이 기록했다.

"밀레바는 매우 좋은 소녀이며 영리하고 진지했다. 그녀는 실제 노비사드의 소녀들처럼 작고 연약하며 까무잡잡하고 못생겼다. 이야기하는 것을 좋아했고 꽤 활달한 편이었다. 그러나 그녀는 매우 단정한 성품을 가진 학생이었다."

그녀는 아인슈타인과 함께 물리학뿐 아니라 음악에 대해서도 공유했다. 그리고 오래 지나지 않아 아인슈타인은 그녀에게 흠뻑 빠지게 되었다. 떨어져 있을 때도 그녀에게 사랑의 편지를 계속해서 썼을 정도였다. 그들은 종종 함께 동아리에서 음악을 연주했다. 밀레바는 피아노나 탬버린, 만돌린 같은 악기를 연주했고 아인슈타인은 바이올린을 켰다.

1899년 가을 즈음, 아인슈타인은 스위스 시민권을 획득할 수 있는 자격을 갖추게 되었다. 곧 그는 시민권 취득을 위한 복잡한 절차를 밟기 시작했다. 시민권을 취득하기 위해 해야 할 일은 굉장히 많았다. 긴 질문에 대한 답을 채우고, 아버지의 동의가 있어야 했으며, 출생증명서, 경찰 보고서, 재무 증명서 등이 필요했다. 그리고 귀화를 허가받기 전에 본인 확인이 필요했다. 마지막으로는 요금도 내야 했다. 그는 스위스의 정치적 시스템과 교육 환경이 마음에 들었기 때문에 스위스 시민이 되길 원했다. 그러나 좀 더 현실적인 목적도 있었던 것으로 보인다. 같은 해, 그는 공무원 자리를 알아보고 있었다. 그 자리는 교육의 의무가 있었고 시민권이 필요했다.

그사이, 아인슈타인은 취리히 연방 공과대학교에서 계속 공부를 하고 있었다. 그는 더욱 학구적으로 공부하면서 물리학에 대한 최신 정보를 획득할 수 있었고, 이를 바탕으로 밀레바, 그로스만과 함께 새로운 관점에 대해 토론하곤 했다. 그는 또한 자신이 연구한 것을 실험하기 위해 물리학 실험실에서 많은 시간을 보냈다.

4학년 때, 아인슈타인은 벼락치기로 기말고사를 본 적이 있었다. 일찍이 그는 시험이란 짜증나고 지루한 것이란 걸 알고 있었다. 그는 나중에 악몽이라는 제목으로 기말고사에 대한 짧은 에세이를 썼다. 이 에세이에서 시험은 자신뿐만 아니라 다른 모든 학생들에게 정신적인 충격이라고 기술했다. 그는 시험이란 해롭고 쓸데없는 것이라고 생각했다. 또한 고등학교를 졸업하기 위해 통과해야 하는 기말시험이 폐지돼야 한다고 말했다. 단기적이고 기계적으로 암기해서 시험을 보는 것은 학생들에게 전혀 도움이 되지 않는다고 주장하면서 말이다. 굳이 시험을 보지 않아도 몇 년간 학생들을 가르쳐 온 선생님들이 더 좋은 방법으로 학생들을 평가할 수 있다고 생각했다. 그리고 시험 자체를 인생의 전부라고 생각하는 학생들에게는 그야말로 악몽이기 때문에 해로운 것이라고 생각했다.

그럼에도 아인슈타인은 별 탈 없이 기말시험을 마칠 수 있었다. 그는 루체르 호수 근처에서 가족들과 함께 여름 방학을 보냈다. 어머니는 그와 밀레바가 데이트한다는 것을 알게 된 후 그녀에 대해 꼭 물어보곤 했다. 그가 밀레바와 결혼하겠다고 말하자 그의 어머니는 우울한 얼굴로 아들을 바라보았다. 그는 밀레바에게 당시의 상황을 다음과 같이 표현했다.

"어머니는 침대로 몸을 던지고 얼굴을 베개 밑으로 파묻으셨어. 그리곤 아이처럼 계속 울기만 하셨지."

몇 년이 지난 후에도 같은 상황이 반복되었지만 그는 어머니의 반대를 무시하고 계속 밀레바를 만났다. 비정상적으로 보이는 그의 선택에 친구들도 혀를 내둘렀다. 그러나 그에게 밀레바는 사랑스러운 존재일 뿐 아니라 전도유망한 동료였다.

가을이 왔다. 아인슈타인은 문제없이 졸업할 수 있었다. 같은 학과에서 5명이 떨어졌지만 그는 4학년을 마칠 수 있었다. 그러나 5학년이었던 밀레바는 학위 취득에 실패하고 말았다. 한편, 그는 타고난 지적 능력에도 불구하고 존경하는 교수가 없었다. 수업에도 거의 참석하지 않았던 데다가 자만심에 차 있었기 때문이다. 하인리히 베버 교수는 밀레바의 프로그램도 지도해 주는 교수였다. 전통적으로 학생이 졸업할 때, 교수는 졸업생을 조수로 고용할 수 있었지만 베버 교수는 아인슈타인도 밀레바도 고용하지 않았다. 베버와 아인슈타인은 서로를 싫어하고 있었다. 아인슈타인은 베버 교수가 너무 틀에 박힌 독일인이라고 생각했다. 베버 교수도 아인슈타인이 자신의 연구를 특별하게 여기지 않는 반항아로 생각하고 있었다. 밀레바는 특히나 베버 교수를 싫어했다. 그녀가 기말시험을 통과하지 못한 뒤로는 더욱 그랬다.

1900년 여름, 밀레바는 헝가리에 있는 집으로 돌아가 몇 달 동안 머물렀다. 그녀는 가을이 끝날 무렵 시험을 다시 준비하기 위해 취리히로 돌아왔다. 그녀는 아인슈타인과 함께 지내면서 공부했다. 12월 즈음, 밀레바는 곧 직업을 갖게 될 아인슈타인이 취리히를 떠날지도 모른다는 생각을 했다. 그녀는 "그가 내 삶의 반을 차지해 버렸어"라고 투덜거리면서 곧 깊은 슬픔에 빠졌다. 정작 아인슈타인은 직업에 대한 구체적인 계획이 없었는데 말이다.

20세기가 도래했다. 과학자들은 과학적 진보를 이끌기 시작했다. 이러한 진보는 일상생활에 엄청난 변화를 가져오게 되었다. 그들은 전자의 신비함을 풀기 시작했다. 당시 독일의 물리학자인 막스 플랑크가 양자역학에 대한 이론을 성립하면서 원자가 패킷이나 양자 내의 방사선을 분출하거나 흡수한다는 이론을 제안하던 때였다. 또한 1900년, 뉴질랜드의 어니스트 러더퍼드는 알파와 베타선 입자들보다는 오히려 전자기의 광자들로 구성된 감마선을 증명했다. 지그문트 프로이트는 《꿈의 해석》이란 책을 발간하면서 내면에 대한 탐구를 시작했다. 그리고 다음 해, 굴리엘모 마르코니는 영국의 콘월에서 캐나다의 세인트존스까지 무선 전신을 보낼 준비를 하고 있었다. 과학적 진보가 눈에 띄게 진행되면서 새로운 세기가 시작되었다. 그리고 이러한 과학적 발전은 우리의 삶을 장악하면서 생활을 크게 바꾸었다.

ALBERT EINSTEIN

"우리의 미래를 계획해 봤소.
나는 지금이라도 당장 직장을 구할 생각이오.
어떤 일을 하든 상관없소.
나의 과학적 목표와 허영심도 이를 막을 수 없을 것이오."

1901년 7월 7일, 미래의 아내 밀레바에게

일과 사랑

1901년 2월, 아인슈타인은 5년간 스위스에서 거주하면서 스위스 시민권을 취득할 수 있는 자격이 생겼다. 그의 표현을 빌리자면 '내가 아는 한 지구상에서 가장 아름다운 곳'의 시민이 될 수 있는 자격을 완전히 갖추게 된 것이다. 시민권을 취득하고 얼마 지나지 않아 그는 독일에서도 피하려 했던 군복무 의무를 지게 되었다. 그는 평발인데다가 발에 지나치게 땀이 많이 나는 다한증아마 이 이유로 그는 양말 신기를 싫어했을 것이다이 있었으며, 혈액순환이 잘 되지 않아 하지정맥류 증상까지 있었다. 이러한 증상으로 아인슈타인은 군 면제 판정을 받을 수 있었다. 그래서 그는 현역으로 군복무를 하는 대신에 예비군으로 분류되었다. 그러나 그는 예비군 대신 스위스 법에 따라 42살이 될 때까지 매년 세금을 납부하는 것으로 의무를 이행했다.

밀레바의 갑작스러운 임신

아인슈타인은 밀레바와 깊은 사랑에 빠져 있었다. 그녀는 선천성 고관절 탈골로 다리를 절고 있었으며 성격은 굉장히 변덕스러웠다. 그러나 그 어떤 것도 밀레바에 대한 그의 사랑을 꺾을 수는 없었다. 그의 나이 22살 때 밀레바에 대한 사랑이 피어났으며, 그 후 몇 년간 그는 그녀의 환심을 사기 위해 노력했다. 그는 밀레바와의 결혼을 다시 한 번 결심했다.

그러나 그의 어머니인 파울리네는 특별한 이유도 없이 밀레바를 굉장히 싫어했다. 밀레바가 다리를 절어서였을까? 그녀가 유대인이 아니라서? 아니면 북유럽 사람이라서? 아인슈타인보다 4살이나 많아서? 그것도 아니면 그녀가 보기에 밀레바가 못생겨서? 어떤 이유에서건 파울리네는 밀레바가 자신의 아들에 비해 한참이나 부족하다고 생각했고, 그녀를 아인슈타인과 떼어놓으려 했다. 파울리네는 밀레바가 혹시나 임신할까 봐 우려하고 있었다. 파울리네는 아인슈타인이 아직 직업은 없지만 창

창한 젊은이라는 점을 상기하면서 그에게 "밀레바와 결혼하면 네 인생은 구렁텅이에 빠질 수 있다"는 내용의 편지를 쓰기도 했다.

처음에 밀레바는 아들에 대한 파울리네의 사랑을 긍정적으로 생각했다. 그러나 파울리네가 밀레바의 부모에게 밀레바에 대한 악의적인 내용을 적은 편지까지 보냈을 때, 밀레바는 파울리네가 아인슈타인을 잃을까 봐 두려워한다는 것을 알았다. 그녀는 아들에게 집착하고 있었다.

아인슈타인은 계속 추천서를 받지 못하고 있었다. 취리히에서의 조교 자리뿐 아니라 부르크도르프와 프라우엔펠트에서도 교사 자리를 구할 수 없었다. 마침내 그는 다른 마을에서 겨우 생활을 이어 갈 수 있을 만큼의 급여를 받으면서 과외를 하게 되었다. 그러나 이마저도 임시직이었다. 어려운 시기를 보내고 있었지만 밀레바와의 만남은 계속 유지하고 있었다. 그는 또한 그녀가 가족과 함께 시간을 보내기 위해 취리히를 떠나 헝가리로 갈 때마다 항상 사랑이 가득 담긴 편지를 썼다. 동시에 그는 유럽의 물리학 교수들에게 편지를 보내면서 필사적으로 정규직 자리를 알아보고 있었다. 그러나 그가 베버 교수를 비난한 것 때문에 그 어떤 교수도 아인슈타인에게 관심을 보이지 않았다.

1901년 봄, 파울리네가 우려하던 일이 벌어졌다. 밀레바가 임신을 한 것이다. 이탈리아 북부에 위치한 코모 호에서 이루어졌던 비밀스러운 만남이 원인이었던 것으로 보인다. 당시는 아인슈타인이 밀라노에 머무는 부모님을 방문하고, 빈터투어에 위치한 기술학교에서 학생들을 가르치기 시작한 지 두 달 정도 된 시기였다. 처음에 그는 다가올 축복에 전혀 동요하지 않았지만, 곧 아기를 키울 능력이 없다는 사실을 깨달았다.

그는 직업을 갖기 전에 결혼하는 것이 부담스러웠다. 출산 예정일은 다가오고 있었지만, 반년 전에 지원했던 베른에 있는 스위스 특허청에 공석이 생기기만을 기다리고 있었다. 그해 여름 아인슈타인은 임시로 학생들을 가르치던 일을 그만두고 어머니, 여동생과 함께 짧은 방학을 보냈다. 그동안 밀레바는 다시 시험을 보기 위해 공부를 하고 있었다. 그러나 두 번째 도전에도 낙방하고 말았고 석사 학위 또한 포기할 수밖에 없었다. 그녀는 자신이 계획한 길로 갈 수 없게 되자 크게 좌절했고 우울해했다. 그녀가 할 수 있는 일은 아이를 낳기 위해 헝가리에 있는 자신의 집으로 돌아가는 것 말고는 없었다.

10월, 밀레바는 헝가리에 잠시 머물다가 아인슈타인을 만나기 위해 스위스로 다시 돌아왔다. 그러나 둘 다 특히 파울리네에게만큼은 밀레바의 임신 사실을 숨기고 싶어 했다. 그러나 1월 말이 예정일이었기 때문에 밀레바의 임신은 숨길 수 없었다. 밀레바의 배는 이미 충분히 불러 있었다. 그래서 그녀는 마을에서 몇 킬로미터 떨어진 호텔에서 묵을 수밖에 없었다.

  1901년의 끝자락, 밀레바는 헝가리로 돌아왔다. 그녀는 자신을 너무도 싫어하는 파울리네의 행동에 상처를 받은 상태였다. 그녀는 친구들에게 "파울리네의 목표는 마치 나와 아인슈타인을 망쳐 버리는 것 같아. 나는 그렇게 무자비하고 사악한 사람을 본 적이 없어!"라는 내용의 편지를 썼다.

  아인슈타인은 파울리네의 행동을 이해할 수 없었다. 그리고 계속해서 밀레바를 위로하기 위해 그녀를 돌리 사랑스러운 여인라고 부르며 편지를 썼다. 여기에 그녀도 아인슈타인을 조니 멋쟁이라고 불렀다. 둘 다 남부 독일에서 유행하던 애칭이었다.

  아인슈타인은 정규직을 얻기 위해 힘든 시간을 보내고 있었지만, 자신의 생각을 정리하고 발전시키는 것을 그만두지 않았다. 그는 자신이 가장 좋아하는 일을 하기 위해서 일정한 장소도 필요하지 않았고 어떤 일을 어떻게 하는지 알려 주는 사장도 필요하지 않았다. 그는 후에 다음과 같은 이야기를 했다.

"꽤 조숙했던 나는 대부분의 사람들이 무가치하다고 느끼는 것에 매료되었다. 그리고 나는 곧 무가치해 보이는 것을 좇는 일의 잔혹성을 깨닫게 되었다. 그것은 오늘날 더 위선적이고 화려해 보이는 단어들로 위장하고 있었다. 더욱 조심스럽게 말이다."

혼자 연구하는 것을 좋아했던 아인슈타인은 성취감을 맛보며 자신의 첫 번째 논문을 완성했다. 그는 모세관 현상 모세관 활동을 주제로 한 논문을 저명한 독일의 물리학 저널에 제출했다. 그가 22살로 넘어가던 1901년 3월, 편집장은 어느 이름 없는 젊은 과학자의 논문에 깊은 인상을 받고, 그 논문을 저널에 게재하기로 결정했다. 몇 달이 지난 9월, 생각보다 쉬운 성공에 기분이 들뜬 전도유망한 젊은이 아인슈타인은 가스 내 분자의 힘에 대한 연구를 시작했다. 그는 취리히 대학교에서 박사 학위를 받을 수 있다는 희망을 품고 있었다.

첫아이,
리제를의 탄생

1902년 1월 말이었다. 노비사드 근처에 위치한 밀레바의 집에서 아인슈타인의 첫딸이 태어났다. 그러나 아인슈타인은 그 자리에 함께하지 못했다. 아인슈타인은 그녀의 아버지에게 편지를 받고 자신의 딸에게 뭔가 문제가 있다는 사실을 알아차렸다. 구체적인 내용은 알려지지 않았지만 아인슈타인은 편지에 자신의 슬픔과 두려움을 표현했다. 당시 아인슈타인은 아내와 딸을 보러 가지 못했다. 아마도 재정적인 어려움 때문으로 보인다. 그는 자신의 부모에게 기차표 끊을 돈을 달라고도 하지 못하는 상황이었다. 대신 아인슈타인은 사랑을 담은 편지를 보내 아기의 상태를 물었다.

"아이는 건강하고 잘 울기도 하오? 눈은 누구를 닮았소? 눈동자는 무슨 색이오? 얼굴은 우리 둘 중 누구를 닮았소? 아직 딸을 보진 못했지만 나는 그 아이를 매우 사랑하오. 나는 당신이 무척 그립소."

그 후 반년 동안 밀레바는 아기와 함께 헝가리에 머물렀다. 아인슈타인은 계속해서 편지를 보냈다. 그는 편지로 그들의 미래를 계획하기도 했고, 아기에 대해 궁금한 것들을 물어보고 그녀가 너무나도 보고 싶다는 내용을 남겼다. 그러나 결혼에 대한 이야기는 하지 않았다. 극심한 가난과 부모의 반대가 원인이었음은 너무도 당연한 사실이었다.

2월, 파울리네는 친구들에게 "우리는 아인슈타인과 그녀의 관계를 인정할 수가 없어. 그녀와는 그 어떤 것도 함께하고 싶지 않아. 그녀는 내가 인생에 있어서 가장 쓰라린 시간을 보내게 만들었어"라는 내용의 편지를 보냈다. 그녀는 여전히 밀레바를 싫어하고 있었다. 밀레바의 부모 역시 딸의 상황을 받아들이기 힘들었다. 그러나 극진히 딸과 손녀를 돌봤다.

2월, 아인슈타인은 딸이 태어나면서 더욱 힘을 얻게 되었다. 그는 곧 스위스 특허청에서 일하게 될 거라는 희망을 품고 베른으로 이사했다. 그의 친구인 마셜 그로스만의 아버지가 이미 추천서를 써 준 상태인 데다가, 아인슈타인이 생각만큼 멍청하진 않다고 했던 취리히 대학교의 알프레드 클라이너 교수의 지원을 겨우 얻을 수 있었기 때문이었다. 1월은 아인슈타인의 딸 리제를이 태어났을 즈음이고 그가 아직 이사하기 전이었다. 당시 아인슈타인은 갑자기 그의 석사 논문을 포기했다. 클라이너는 아인슈타인의 논문이 마음에 들지 않았다. 아인슈타인이 통계역학의 창시자 중 1명인 루트비히 볼츠만의 이론을 비판하며 그 이론을 수정하려 했던 것이 이유였다. 논문 철회는 아인슈타인이 좀 더 자유롭게 이사를 갈 수 있게 도와주기도 했다.

베른에서의 삶에 집중하던 어린 아버지 아인슈타인은 수학과 물리학 가정교사 공고를 냈다. 공고를 보고 연락이 오기도 했지만 그가 재정적인 어려움에서 벗어날 정도로 충분한 돈을 벌지는 못했다.

같은 시기, 그는 베른으로 공부를 하러 온 자신보다 나이가 많은 사람들과 친분을 쌓게 되었다. 그들 중 아인슈타인의 전 여자 친구 마리의 오빠인 파울 빈텔러는 대학에서 법률 공부를 막 시작한 상태였다. 또 수학을 공부하던 콘라트 하비히트라는 친구도 있었다. 아인슈타인은 이 젊은 친구들과 물리학의 철학적 근본에 대해 토론을 하기도 했다.

6월, 마침내 아인슈타인은 오랜 소망을 이루게 되었다. 그토록 원하던 스위스 연방 특허청에 들어가게 된 것이다. 특허청의 월급은 베른처럼 물가가 비싼 곳에서 여유롭게 생활할 수 있을 만큼 충분하진 않았지만, 어찌 되었건 그는 드디어 직업을 갖게 되었다는 사실이 매우 기뻤다. 말단 사원으로 입사한 아인슈타인은 전기 장치를 검사하고 그 장치의 유용성을 판단하는 일을 맡았다. 그러나 입사를 했다고 정직원이 되는 것은 아니었다. 2년의 수습 기간을 거치면 회사는 그를 채용할 수도 있었고 해고할 수도 있었다.

밀레바는 종종 스위스에 있는 아인슈타인을 찾아가 함께 여름이나 가을을 보내곤 했다. 그녀는 헝가리에 리제를을 두고 왔는데 그 이유는 명확하지 않다. 아인슈타인은 그때까지도 자신의 딸을 본 적이 없었다. 동시에 아인슈타인의 아버지인 헤르만은 잇따른 사업 실패 때문에 병에 걸렸고 상태는 점차 심각해졌다. 1902년 10월, 헤르만은 아인슈타인의 결혼을 승낙했다. 그리고는 숨을 거두었다. 그의 나이 55살이었다. 파울리네는 44살의 나이에 과부가 되었다.

1903년 1월 6일, 아인슈타인과 밀레바가 만난 지 6년 하고도 반년이 지났을 때였다. 리제를이 태어난 지는 1년 남짓한 시간이 지났고, 아인슈타인이 취직한 지는 6개월이 지났을 때였다. 마침내 그들은 베른에서 간단한 예식으로 결혼식을 올렸다. 참석자는 아인슈타인의 친구 모리스 솔로비네와 콘라트 하비히트 둘뿐이었다. 어머니 파울리네는 남편의 죽음과 그녀가 반대하던 결혼을 하는 아들 때문에 거의 제정신이 아니었다. 그녀는 아들의 결혼식에 참석하지 않았다.

이제 막 결혼 생활을 시작하게 된 이 부부는 피로연이 끝난 후 베른의 틸리어 거리에 위치한 새 보금자리로 향했다. 그러나 집 앞에 도착한 아인슈타인은 열쇠를 잃어버렸다는 사실을 깨달았고, 소리를 질러 집 주인을 깨운 후에야 집에 들어갈 수 있었다.

베른은 아주 활기차고 아기자기한 곳이었다. 학자들과 학생들은 다양한 카페와 집들을 찾아다니곤 했다. 이 신혼부부는 베른에서의 생활이 마음에 꼭 들었다. 아인슈타인은 자유로움을 느끼고 사회 속에 어우러지면서 자신을 고무시키고 싶었다. 1903년에 그는 친구인 솔로비네, 하비히트와 함께 모임을 만들었다. 그들은 그 모임에 '올림피아 아카데미'라는 이름을 붙였다. 올림포스 산에 살던 고대 그리스 신들이 지구를 통치하던 강력한 신족 티아탄을 전복시켰던 신화를 바탕으로 지은 이름이다.

그들이 생각하는 '아카데미'는 토론 그룹이었다. 그들은 함께 모여 그 시대의 중요한 과학과 지적 분야에 대해 이야기를 나누었다. 그들은 칼 피어슨, 데이비드 흄, 에른스트 마흐, 게오르크 리만, 바뤼흐 스피노자, 푸앵카레의 철학에 대해 밤이 새는 줄 모르고 토론했다. 때때로 아인슈타인은 바이올린 연주를 짧게 선보이기도 했고 또 다른 친구는 고전 문학을 큰 소리로 읽어 보이기도 했다. 이 모임은 사교적인 모임이었고 활기가 넘쳤다. 밀레바도 나중에 이 모임의 일원이 되었지만 활동적으로 대화에 동참하기보다는 조용히 듣는 편이었다. 아마도 그녀에게는 물리학이나 철학보다는 자신의 딸인 리제를이 더 신경 쓰였을 것이다. 아인슈타인은 후에 이 모임을 명확하고 지적인 것들에서 나오는 유년 시절의 즐거움으로 가득 차 있었다고 기억했다.

하비히트는 과거 아인슈타인과 함께 바이올린을 배우다가 베른의 대학교에서 수학을 전공한 학생이었다. 그는 아인슈타인의 막역한 친구이자 인생의 동반자가 되었다. 10년 후, 1907년에서 1910년 사이에 그는 남동생 파울, 아인슈타인과 함께 '작은 기계'라고 부르는 전기 에너지의 매우 적은 양을 측정하는 기계를 디자인한다. 또한 아인슈타인이 친근하게 솔로라 부르던 솔로비네는 인류학과 과학에 관심이 많았다.

1903년 9월, 리제를을 데리고 노비사드에 머무르고 있는 부모님을 방문한 밀레바가 아인슈타인에게 나쁜 소식을 전했다. 리제를이 성홍열을 앓고 있다는 소식이었다. 아인슈타인은 곧 딸에 대한 걱정스러운 마음을 전했다. 그리고 그는 리제를의 출생 신고는 어떻게 되었는지 묻는 편지를 보냈지만, 이에 대한 밀레바의 답장은 찾을 수 없었다. 또한 리제를의 출생 기록과 세례를 받은 기록도 그 어디에서도 찾을 수 없었다.

아인슈타인에 대해 연구하는 사람들은 리제를이 죽은 지 20년이 지나도록 아인슈타인이 스위스로 그녀를 데려가지 않은 이유를 찾지 못했다. 아마도 아인슈타인이 특허청에서 공무원 자리를 찾고 있는데, 그에게 사생아가 있다는 사실이 좋지 않은 영향을 끼칠 것을 우려해 비밀로 했을 가능성이 있다. 어쨌든 당시 보수적인 분위기였던 스위스에서 아이의 탄생을 비밀로 했다. 아마도 아인슈타인과 밀레바는 결혼을 하고 경제적으로 안정을 찾으면 리제를을 데리고 갈 생각이었을 것이다.

하나는 확실하다. 적어도 처음에 아인슈타인은 리제를이 밀레바의 부모와 함께 있길 원했다. 그는 리제를이 태어난 지 얼마 되지 않았을 때 밀레바에게 리제를을 어떻게 돌볼지 결정할 필요가 있다고 편지를 썼다. 그는 "리제를을 포기하고 싶지 않아"라고 적힌 편지를 보냈다. 그러나 그 후 아인슈타인은 딸과 함께 살고자 하는 노력을 전혀 보이지 않았다. 어떤 이들은 리제를에게 의학적으로 문제가 있거나 기형아였을 가능성이 있다고 말한다.

당시 성홍열로 많은 사람들이 죽었고 대부분이 그렇듯 그해 가을 리제를도 성홍열로 세상을 떠나고 말았다. 그녀의 부모가 그녀를 양육할 것인지 입양 보낼 것인지 결정하기도 전이었다. 당시 밀레바의 친구는 그녀는 완전히 제정신이 아니었고 감정 변화 폭이 너무 컸으며 그녀와 아인슈타인 사이에 뭔가 큰 일이 일어나는 것만 같았다고 이야기했다. 의심할 여지도 없이 대부분의 어머니는 아기와 함께하길 원한다. 결혼한 후에는 더더욱 그랬다. 밀레바의 가족은 임시로나마 재정적인 도움을 주려고 했지만 아인슈타인은 단번에 거절했다.

그 후 아인슈타인과 밀레바 그리고 다른 그 어떤 사람의 입에서도 리제를에 대한 이야기는 전혀 언급되지 않았다. 물론 리제를의 부모와 친척들이 그녀의 죽음을 슬퍼하지 않았다는 의미는 아니지만, 베른에서 리제를에 대해 아는 사람은 없었던 것으로 보인다. 수십 년이 지나도 리제를의 죽음은 여전히 미스터리였다. 그녀의 출생에 대한 소식은 아인슈타인과 밀레바의 연서가 발견된 후인 75년까지 드러나지 않았다. 리제를의 운명은 여전히 감춰져 있고 조사자들을 당황하게 만들었다.

　1903년 가을, 리제를이 태어난 지 1년 반 정도가 지났을 때였다. 아마도 이때가 리제를이 세상을 떠났을 즈음으로 보인다. 밀레바는 아인슈타인에게 다시 임신했다는 사실을 알렸다. 그는 그녀에게 굉장히 기쁘며 그녀가 빨리 집으로 돌아오길 바란다고 편지를 썼다.

　10월 말, 새로 태어날 아기를 기다리며 부부는 베른의 멋진 거리에 위치한 방 2개가 딸린 평범한 아파트로 이사했다. 그때까지 밀레바는 물리학 기말시험에서 낙방했고 두 번째 임신을 했다. 그녀는 자신의 전문적인 커리어를 포기한 상태였다. 그녀는 남편과 가정에 충실한 가정주부로서의 삶을 살고 있었다.

　같은 해 12월, 아인슈타인은 '전자기파 이론'이라는 첫 번째 강연을 물리학자와 의사, 다른 과학에 관심이 있는 사람들로 구성된 과학 단체를 상대로 진행했다. 그는 정규적으로 모임에 참여했지만 공식적으로 이야기하는 것을 좋아하진 않았다. 그는 다른 과학자들의 집에서 비공식적으로 이야기를 나누는 것을 더 좋아했다. 아마도 이 시기에 그는 취리히 대학교에 제출할 석사 학위 논문의 새로운 주제를 생각하고 있었던 것 같다.

아인슈타인의 날카로운 사고력

1904년 5월 14일, 밀레바는 진통 끝에 아들을 낳았다. 그들의 첫아들은 한스 알베르트였다. 이 시기 25살의 아인슈타인은 아버지로서의 책임감을 받아들인 때였다. 이때까지 파울리네처럼 밀레바의 부모 역시 밀레바와 아인슈타인의 결혼을 탐탁지 않아 했다. 그러나 아들이 태어난 후에는 그들의 결혼을 점차 받아들이기 시작했다. 파울리네도 그랬다. 그녀는 상황을 인정하기 시작했고 덕분에 아인슈타인과 밀레바는 마음의 안정을 가질 수 있었다. 그들의 결혼은 밝은 미래를 예고하는 듯했다. 그리고 어린 부부는 정서적으로도 지적으로도 만족스러운 결혼 생활을 시작하는 것처럼 보였다.

9월, 아인슈타인이 특허청에서 정식 직원으로 전환되면서 그의 삶은 새로운 국면을 맞이하게 된다. 수습 기간을 거쳐 정식 직원이 되면서 월급도 인상되었다. 이전 여름, 그는 그의 가까운 친구이자 기계 기사인 미켈레 베소에게 특허청 지원을 독려했고 그 역시 특허청에 지원한 상태였다. 베소는 아인슈타인보다 더 높은 직급에 지원했다. 베소는 13명의 지원자 중 자신이 뽑혔다는 사실에 매우 기뻐했고, 아인슈타인과 함께 근무할 수 있었다.

아인슈타인은 취리히에서 베소를 만났다. 그는 베소를 처음 봤을 때부터 마음에 들어했고 그의 지적 수준을 존경했다. 아인슈타인은 그를 "유럽에서 가장 많은 조언을 준 사운딩보드"라고 불렀다. 그들이 주고받은 편지를 보면 베소에 대한 아인슈타인의 애정과 베소의 인격을 극찬하는 아인슈타인의 태도를 발견할 수 있다. 베소는 아인슈타인의 첫 번째 여자 친구인 마리의 언니 안나 빈텔러와 결혼했다. 베소는 자신의 인생에서 가장 중요한 두 가지인 아내와 직업을 준 아인슈타인에게 깊이 고마워했다.

아인슈타인은 마침내 경제적인 걱정으로부터 벗어날 수 있었다. 그 시기는 아인슈타인이 가장 창조적으로 보낸 시기였다. 당시 그는 과학적 지식이 풍부한 친구들과의 접촉 없이 자신의 진보적인 생각들을 발전시켰다. 그러나 밀레바가 1903년 3월 친구에게 보낸 편지를 보면, 아인슈타인은 심사관 일에 싫증을 느끼고 있었고 계속해서 다른 더 나은 직업을 찾고 있다고 적혀 있다. 그러나 날카로운 말투와 반유대적 태도는 구직에 도움이 되지 않았다. 그녀는 아인슈타인이 가능하다면 헝가리 부다페스트에서 독일어를 가르칠 생각까지 한다고 전했다.

이 시점에 밀레바는 여전히 리제를을 마음에 품고 있었다. 그럴수록 그녀는 리제를과 점점 가까워지고 싶었고, 무엇보다 그녀가 가장 바랐던 것은 리제를과 함께하는 것이었다.

처음에는 사무실에서 일하는 것이 힘들고 단조로웠지만 아인슈타인은 그 일이 잘 맞았다. 아인슈타인이 했던 심사관은 날카로운 판단력이 필요했다. 사무실로 들어오는 많은 기기들 중에서 가치가 있고 실용성이 있는 것들을 가려낼 수 있어야 했기 때문이다. 그는 단 몇 시간 만에 주어진 일을 끝내고 남은 시간 동안 독립적인 생각을 했다. 그는 많은 기계 기사 중 유일한 물리학자였는데 그것이 유용할 때가 많았다. 당시 급속도로 발전하는 전기 사업은 전자기적 현상에 기초한 기기들이 대부분이었으며 아인슈타인은 이 방면에 대해 잘 알고 있었다. 덕분에 아인슈타인은 특허청에서 유명세를 떨쳤고 많은 특허 지원자들은 그에게 의견을 묻곤 했다. 그는 기술에 관심이 많았기 때문에 어쩌면 이런 현상은 당연한 일이었다. 게다가 그의 연구에 도움이 되기도 했다. 그가 재직하던 1906년, 세계적으로 유명한 제품이 특허청 사무실로 들어왔다. 특허청 대부분의 사원들은 그 제품을 시험하고 싶어 했다. 그것은 독특한 모양의 토블론 초콜릿이었다. 아몬드와 꿀을 첨가한 이 밀크초콜릿은 처음으로 특허를 받은 제품이었다.

 당시 아인슈타인은 사무실 내에서든 밖에서든 생각할 시간이 많았다. 특별히 어떤 것에 방해받지 않았다. 그는 기발한 연구를 위해 계속해서 창조적인 생각을 했고, 이것을 바탕으로 '기적의 해'에 연구를 완성할 수 있었다.

ALBERT EINSTEIN

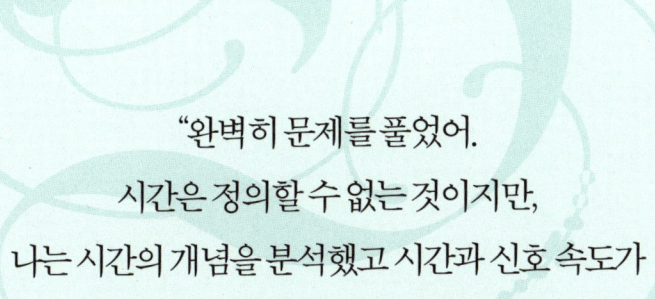

"완벽히 문제를 풀었어.
시간은 정의할 수 없는 것이지만,
나는 시간의 개념을 분석했고 시간과 신호 속도가
불가분의 관계라는 것을 알아냈다네."

1905년 5월, 친구에게 상대성 이론을 언급하면서

1905년, 기적의 해

　1905년은 아인슈타인에게 특별한 해이자 기적의 해였다. 26살의 나이로 세계 물리학계에 한 획을 그은 1905년은 아인슈타인의 해였다. 그는 그해에 5개의 중요한 논문을 발표했으며, 많은 저널에 23편의 논평을 싣기도 했다. 퇴근 후에 생기는 시간을 이용해 그는 이 모든 것을 해낼 수 있었다. 이 괄목할 만한 업적을 따라잡은 사람은 아직 아무도 없다. 그는 당시 교수나 학자 신분과는 동떨어진 상태였지만, 혁신적인 생각으로 물리학에서 가도를 달릴 수 있었다. 때때로 논쟁거리를 제공하기도 했지만 말이다. 1666년에 아이작 뉴턴이 수학과 중력, 빛에 관한 이론의 초석을 쌓으며 그해를 뉴턴의 특별한 해로 만든 이후로, 그 어떤 과학자들도 과학사에 그토록 놀랍고 중요한 기여를 하지 못하고 있었다.

독자적인 물리학 연구

1905년으로 넘어갈 무렵, 25살의 아인슈타인은 결혼한 지 2년 정도 된 가장이었다. 그의 아들 한스 알베르트는 아직 어린 아기였고, 그는 스위스 특허청에서 3급 공무원으로 지루한 일을 하는 가운데서도 동료들의 존경을 받고 있었다. 평범한 삶을 살아가던 아인슈타인에게 물리학에 대해 생각할 시간이 생기기 시작했다. 아마도 그는 자신의 집과 특허청을 오가는 20분 정도의 시간을 활용했던 것으로 보인다. 그는 또한 퇴근 후 저녁 시간에 아들 한스와 놀아 주다가 아들이 잠이 들면 물리학에 대한 연구를 하기도 했다. 친구에게 보낸 편지에서 아인슈타인은 이렇게 말했다.

"밀레바가 연구를 잘 도와주긴 하지만 그녀가 연구에 얼마나 많은 영향을 끼치는지는 잘 모르겠어. 그러나 우리는 함께 의논하고 그녀는 내 생각에 대해 조언을 해 주며 논문에 집중할 수 있게 도와주고 있어."

아인슈타인은 바쁜 일상 속에서 겨우 시간을 내서 연구를 하곤 했지만, 그럼에도 1905년에 그가 이룬 업적은 실로 대단했다. 물리학 역사상 가장 심오한 5개의 논문을 그해에 모두 완성시킨 것이다. 그 5개의 논문 중 하나로 그는 그토록 바라던 학위를 취득할 수 있었으며, 원자가 실제로 존재한다는 것을 학계에 증명했다. 다른 2개의 논문은 물리학의 새로운 지평을 열어 주었으며, 특수 상대성 이론으로는 세계적인 유명 인사가 될 수 있었다. 네 번째 논문은 브라운 운동에 관한 논문으로, 원자의 크기에 따른 꽃가루의 불규칙한 움직임을 다루고 있다. 마지막으로 아인슈타인에게 1921년 노벨상을 탈 수 있게 해 주었으며 현대 물리학의 초석을 세운 논문이 있었는데, 그것이 바로 양자론이다.

아인슈타인의 논문 발표가 처음은 아니었다. 그는 5개의 과학 논문을 이미 1901년에 처음으로 발표했었다. 이들 모두 저명한 독일 저널인 《물리학 연보》에 실렸다. 만약 1905년의 논문들이 좋은 결실을 보지 못했다면 그는 괴로워했을지도 모른다.

그해 5월, 그는 자신의 친구인 콘라트 하비히트에게 "빛의 방사선과 에너지 속성을 다룬 그 논문은 굉장히 혁신적이네"라는 내용의 편지를 보냈다. 그는 자신의 특수 상대성 이론에 대해서는 "논쟁은 즐거운 것이네. 그러나 내가 아는 모든 신은 아마 그 논쟁을 비웃고 마음대로 이끌려고 하겠지"라고 이야기하기도 했다.

현대 물리학의 핵심이론

아인슈타인은 '매우 혁명적인' 논문을 완성했다. '빛의 발생과 변화에 관련된 체험적 관점'이 바로 그것이다. 그는 3월 17일 《물리학 연보》에 이 논문을 제출했고, 이는 세 달 정도 지난 후에 발행되었다. 이 논문으로 그는 거의 20년간 과학자들이 설명하지 못했던 광전효과를 설명했을 뿐 아니라 그 이상의 업적을 이룰 수 있었다. 양자론의 새로운 지평을 열었으며 과학자들이 빛을 파동이 아닌 광양자나 입자로 이루어졌다고 생각하게 만들었다.

햇빛처럼 평범한 하얀빛은 특정한 상태에서 색이 분해된다. 비가 오는 날이면 무지개를 볼 수 있는데, 물방울이 그 예에 해당된다. 무지개에는 우리 눈에 보이는 것보다 더 많은 색들이 존재한다. 눈으로 볼 수 있는 색을 전자기 방사선이라고 부르는데 당시 과학자들은 빛이 항상 파동으로 이동한다고 생각했다. 붉은빛은 가장 낮은 에너지를 가지고 있지만 파장은 가장 길다. 우리가 눈으로 볼 수 없는 적외선 파장은 붉은빛보다는 에너지가 조금 더 낮지만 파장은 더 길다. 리모컨을 예로 들 수 있는데, 리모

컨은 적외선 파장을 사용해서 채널을 바꾼다. 만일 적외선을 감지하고 싶다면, 전기난로를 켜고 열판에 손을 올려 보면 된다. 열판이 붉게 달아오르기도 전에 당신의 손은 이미 열판에서 나오는 열기를 감지할 수 있을 것이다. 이것이 바로 적외선이다. 마이크로파는 적외선보다 파장이 더 짧은데, 우리는 이 마이크로파를 사용해서 물 분자를 빠르게 진동시켜 음식을 덥히거나 요리를 할 수 있다. 더 긴 파장에는 라디오 신호를 전달하는 전파가 있다.

한편 1800년대 후반, 스펙트럼은 물리학자들을 궁지로 몰아넣었다. 자외선은 보랏빛보다 더 높은 에너지를 가진다. 잘 알고 있듯, 자외선에 노출되면 화상이나 피부암을 유발할 수 있다. 그러나 하얀 물체를 빛나게 만들 수 있는 기능 때문에 광고 산업에서는 이 방법을 유용하게 사용한다. 자외선은 텔레비전에서 치아나 하얀 셔츠가 더욱 환한 빛을 낼 수 있게 만들어 준다. 엑스선은 자외선보다 더 높은 에너지를 가지는데 의사나 치과의사들이 주로 사용한다. 그리고 블랙홀이 근처에 있는 행성의 가스를 흡입하면 그때 엑스선이 발생되기도 한다. 천문학자들은 엑스선으로 우주의 지도를 만들기 위해 뢴트겐이나 찬드라와 같은 몇 개의 위성을 사용하기도 했다.

물리학자들을 당황하게 만든 것이 바로 자외선이다. 그들은 자외선이 텅스텐과 같은 금속 물체의 표면에 닿으면 그 금속의 표면에 전류가 흐른다는 것은 알고 있었다. 이것이 바로 자외선의 광전자 효과이다. 1888년에 이미 빌헬름 발라츠가 광전자 효과를 발견해 내긴 했지만, 1905년까지 아무도 이 효과를 제대로 설명하지는 못했다. 아마 아인슈타인은 광전자 효과를 요약한 긴 글을 보고 그것에 큰 흥미를 느꼈던 것으로 보인다.

광전자와 더불어 물리학자들은 방사선과 관련된 다른 문제들을 해결하지 못하고 있었다. 열판이 켜져 있을 때는 검정색이다. 그러나 열판이 점차 열을 내기 시작하면 빨갛게 달아오르면서 이내 완전히 밝은 빨간색으로 바뀐다. 대장간에서 대장장이가 철에 열을 가하면 그 철은 오렌지색에서 노란색 그리고 이내 옅은 파란색으로 색이 변한다. 분명 뜨거운 물체와 빛의 색에는 상관관계가 있다. 그렇다면 그게 뭘까?

20세기가 끝나갈 무렵에는 두 가지 법칙이 존재하고 있었다. 1900년에서 1905년 사이 2명의 영국 물리학자 로드 레일리와 제임스 진은 독립적으로 법칙을 만들었다. 그들의 이름을 붙여 만든 '레일리-진스의 법칙'은 적외선처럼 파장이 긴 빛은 특정한 온도에서 강렬한 방사선을 가진다는 이론이다.

1911년 노벨 물리학상을 받은 빌헬름 빈은 1896년에 다른 법칙을 고안해 냈다. 그는 길이가 짧은 파장이 어떤 특정한 온도에서는 자주색 또는 자외선처럼 강렬한 빛을 가진다고 설명했다.

　아인슈타인의 선생님으로 취리히 연방 공과대학교에서 아인슈타인의 논문을 감독했던 하인리히 베버는 '빈의 법칙'을 실험하여 사실임을 증명했다. 그는 곡선 실험을 통해 주어진 온도에서 가장 강렬한 빛의 파장을 증명했으며, 1898년에서 1899년 겨울에는 방사능 관련 강의를 했다. 아인슈타인은 당시 졸업 전이었고 그의 강의를 수강했다.

　물리학자들은 스펙트럼의 전체 파장을 설명할 수 있는 간단한 공식을 찾고 있었다. 독일의 물리학자인 막스 플랑크는 이 공식을 발견하기 위해 연구를 시작했다. 플랑크는 아인슈타인의 과학적 영웅 중 한 사람으로 그는 '얼마나 다른지, 얼마나 인류에 도움이 될지를 생각하는' 사람이었다.

　1900년 10월 7일 즈음, 플랑크는 굉장한 생각을 하게 된다. 그는 특정한 에너지 박스의 크기가 어떠한지, 특정한 파장과 온도에서 전체 방사능은 어느 정도인지 써 내려갔다. 그리고 그는 드디어 해냈다. 전기 에너지 안에서 입자들이 앞뒤로 움직이게 만드는 진동자에 대해 생각해 낸 것이다. 얼마나 많은 양의 에너지가 발진기를 움직이게 만드는 것일까? 플랑크는 진동자의 에너지와 방사선의 에너지는 같다고 결론을 내렸다. 이는 풀리지 않았던 문제의 열쇠가 되었고 방사선 문제보다 더 쉽게 진동자 문제를 해결할 수 있었다.

그는 곧 '플랑크 법칙'이라고 불리는 법칙을 기록하기 시작했다. 이 법칙은 물리학자들에게 정말 필요한 이론이었다. 온도와 방사선의 파장만 안다면 방사선의 강도를 구할 수 있다. 천문학자들 또한 이 공식을 유용하게 사용할 수 있었다. 거문고자리 Lyra의 베가와 같이 어떤 별은 푸른빛을 띠지만 반대로 오리온 Orion 자리의 베텔게우스는 붉은색을 띤다. 플랑크 법칙으로 천문학자들은 별이나 행성이 방출하는 방사선의 강도를 측정할 수 있었고, 뿐만 아니라 그것의 온도도 추정할 수 있게 되었다.

그러나 예측할 수 없었던 문제가 기다리고 있었다. 플랑크는 훌륭한 실험을 통해 자신의 공식을 증명했지만, 빛의 진동수 f, 특정 에너지 E일 때만 $E=hf$라는 공식을 통해서 진동자를 구할 수 있었다. 이 문제를 발견하면서 양자론이 탄생하게 되었다. 양자론이 탄생하기 전까지는 빛의 입자인 광자는 hf처럼 확실하게 구체화된 에너지만 가질 수 있었다. 빛은 그 자체로 에너지의 패킷이나 양자로서 존재할 수 있다.

　플랑크의 공식은 의심할 필요도 없이 정확해 보였다. 플랑크 법칙 중 짧은 파장에서는 방정식의 항도 매우 작아진다는 내용은 빈의 법칙으로 발전하게 되었다. 그리고 높은 에너지에서 다른 항은 더 작아진다는 내용은 레일리-진스의 법칙으로 축소되었다. 게다가 플랑크 법칙은 결국 프랑크 상수로 알려진 h의 값 $6.626 \times 10^{-34} J \cdot s$와 일치한다는 실험과 기가 막히게 일치한다. h라는 값에 기초하여 플랑크는 전자의 값을 알아낸 것이다. 그는 또한 '물질의 1몰 Mole' 속에 들어 있는 분자의 수, 아보가드로 상수를 계산했다. 이 두 가지 값은 중요하지만 당시는 원자론이 우세했기 때문에 힘을 발하지 못했다. 아보가드로 상수라는 이름은 이탈리아의 과학자 아메데오 아보가드로의 이름에서 유래되었다. 이는 다른 실험에도 적용됐으며, 이로써 플랑크의 전하 Electric Charge 값은 10년 동안 최고의 자리를 지켰다.

　그러나 광전 효과를 다룬 아인슈타인의 논문은 플랑크의 이론이 틀렸다는 것을 보여 주었다. 아인슈타인은 플랑크의 공식이 '현재까지는 모두 일치했다'고 인정하지만, 플랑크는 세계 최고의 물리학자들 중 하나라는 만용이 부른 무모함으로 결국은 잘

못된 추론을 하게 되었다고 지적했다. 플랑크 이론은 에너지가 무한하다는 잘못된 논리적인 결론을 내고 만 것이다. 그 결과 플랑크의 이론은 활발한 운동 상태에서만 적용될 수 있었다. 아인슈타인은 플랑크가 사용한 것과는 다른 블록 한 세트를 사용하면서 플랑크와 같은 방법으로 실험을 했다.

아인슈타인은 빈의 법칙으로 잘 알려져 있는 완전한 가스의 행동 사이의 유사성을 설명했다. 그는 방사선과 가스를 비교하면서 광양자 가설을 생각해 냈다. 그가 세운 가설은 '방사선은 에너지 $E=hf$와 값이 같다'이다. 아인슈타인의 추론은 고전적인 물리학과 최첨단 실험 데이터 그리고 천재적 능력의 성공적인 조합이었다. 그의 추론은 결국 플랑크의 방정식과 같다고 볼 수 있지만, 아인슈타인의 논리는 더욱 명확하다. 그러나 그는 여기서 멈추지 않았다. 그는 더 알고 싶었다. 빛이 양자처럼 행동한다면 어떤 결과가 생길지 궁금했다.

거의 2세기 동안, 과학자들은 빛을 파동으로 인식했다. 고어에 유창했으며 이집트의 상형문자를 해독하기도 했던 영국의 물리학자 토마스 영은 아주 명확한 실험을 고안해 낸 인물이기도 하다. 그는 2개의 슬릿 Slit이 있는 스크린에 빛을 통과시켰다. 토마스는 만일 빛이 입자로 구성되어 있다면, 슬릿 사이로 2개의 입자 줄기를 발견할 수 있을 것이라고 추론했다. 그렇지만 만일 빛이 파동으로 구성되어 있다면, 슬릿에서 나오는 2개의 파동은 서로를 강화시키거나 상쇄시키는 곳에서 빛과 그림자의 형태로 발견할 수 있을 것이라고 추론했다. 이것이 유명한 토마스의 이중 슬릿 실험이며, 이 실험의 결과 빛이 파동의 형태를 띤다고 주장하게 되었다. 이처럼 19세기의 물리학자들은 빛을 파동이라고 인식하고 있었기 때문에 광전 효과를 설명할 수 없었다.

그러나 빛이 파동이 아니면 무엇이란 말인가? 아이작 뉴턴, 막스 플랑크 그리고 아인슈타인의 생각대로 빛이 입자라면 어떻게 되는 것일까? 자외선 광전 효과에서처럼 자외선의 입자는 금속의 표면에 닿으면 전류가 흐른다.

그렇다면 금속이 원자로 이뤄져 있다면 어떻게 되는 것일까? 아인슈타인은 기발한 생각이 들었다. 광자라고 불리는 빛으로 이뤄진 입자는 $E=hf$라는 공식과 함께 나온다. 그 광자는 금속 표면 아래에 있는 원자를 치고 느슨해진 전자를 두드릴 것이다. 일함수라고 불리는 몇몇 광자의 에너지는 전자가 표면으로 다다르게끔 만들 것이다. 남은 광자의 에너지는 전자가 움직이게끔 만든다. 이 움직이는 전자를 전류라고 한다. 이 현대적인 해석이 바로 아인슈타인의 광전 효과의 핵심이다. 빛은 파동보다는 입자에 가깝다는 생각을 주장하면서 아인슈타인은 문제를 해결했다.

그는 또한 1902년에 필립 레너드의 실험을 통해 흐름의 크기가 빛이 금속에 가하는 강도와는 관련이 없다는 것을 보여 준다. 레너드는 음극선에 대한 업적으로 1905년 노벨 물리학상을 받았으며 후에는 확고한 나치 당원이 되었고 '유대교적인 물리학'인 상대성을 비난했다.

미국의 실험적 물리학자인 로버트 밀리컨은 1916년 아인슈타인의 광전 효과 이론을 증명했다. 전자의 에너지를 구하기 위한 $E=hf-P$라는 아인슈타인의 방정식은 광전 효과에 나타난다. 광전 효과는 밀리컨이 고정밀 실험을 실행할 수 있게 해 주었다. 주파수 f의 밝은 빛을 금속 물질에 가하고 전자가 방출하는 에너지를 관찰해 보자. f에 대항하는 E 그래프는 직선이 된다. 이 직선의 경사는 플랑크상수 $6.626 \times 10^{-34} J \cdot s$와 0.5퍼센트의 차이만 있다고 보고했다.

아인슈타인의 논리적 증명

아인슈타인은 박사 학위를 받기 위해 조언자와 함께 풀리지 않은 문제를 연구했다. 결국 그 문제를 풀어냈다. 조언자의 도움 없이 말이다.

그리고 박사 논문을 완성했다. 그는 이 논문이 물리학 학술지에 게재될 수 있을 만큼 독창적이고 가치가 있는 논문인지를 확인해 줄 검사관에게 제출했다. 1901년 11월, 이 논문은 거절당하고 말았다.

1903년 1월, 다소 낙담하긴 했지만 그는 자신의 친구인 미셸 베소에게 편지를 썼다. 아인슈타인은 자신은 박사 학위를 포기했으며 박사 학위는 도움이 되지도 않을 뿐 아니라 즐거운 인생을 지루하게 만든다고 써서 보냈다.

아인슈타인은 마음을 바꿨다. 문제는 자신에게 있다기보다는 그의 이론에 조언을 해 준 동시에 그와 사이가 좋지 않은 하인리히 베버 교수에게 있다고 생각했다. 그래서 그는 나중에 알프레드 클라이너 교수에게 더 많은 조언을 구했다. 아인슈타인은 그의 지도 아래서 논문을 완성시킬 수 있었다. 소문에 따르면 클라이너 교수는 아인슈타인에게 논문이 너무 짧다고 조언했다고 한다. 이에 아인슈타인은 고작 한 문장을 더 추가해서 다시 제출했다. 논문은 7월 20일 대학장에게 보내졌고 얼마 지나지 않아 그는 학위를 수여받을 수 있었다. 아인슈타인은 그 논문을 좋은 친구인 동시에 상대성 이론을 발전시키는 데 중요한 역할을 한 그로스만에게 바쳤다.

물리학자들은 최근에야 원자론을 인식하기 시작했다. 1900년 초기, 여전히 원자의 크기와 주어진 물질의 양에는 얼마나 많은 양의 원자가 있는지, 즉 아보가드로 상수에 대한 데이터가 부족했다. 박사 학위 논문에서 아인슈타인은 두 가지를 결정짓는 새로운 방법을 고안해 냈다. 이를 위해 그는 액체의 흐름을 관찰했고 아래로 떨어지는 강줄기를 생각했다. 만일 강물 안에 손을 넣는다면 물의 흐름은 바뀔 것이다.

그리고 그는 액체 안에 1개 이상의 N 영역이 있을 때 어떤 일이 일어나는지를 일반화시켰다. 적어도 두 가지의 일이 일어난다. 첫 번째로 그 액체의 점성이 바뀐다. 그 영역의 존재는 새로운 '효과적인' 점성을 만들어 내며 이는 자연적인 액체의 점성보다 더 높다. 두 번째로 그 영역은 액체를 통해 더 퍼지게 된다. 그것은 천천히 이동하면서 영역을 확장하기 때문이다. 물리학자들은 열 확산성을 나타내는 기호 D를 사용했는데, 이는 어떻게 급속도로 영역이 확장되는지 설명하기 위해서였다.

아인슈타인은 반경 P와 수많은 구에 대한 새로운 점성을 계산했다. 그리고 그는 P와 N에 대한 열 확산성을 계산했다. 아인슈타인은 D와 점성에 대한 P와 N의 값이 무엇인지 알아내기 위해 이 방정식들을 명확하게 바꾸었다. 점성과 열 확산성은 '테이블 윗면'에서 할 수 있는 간단한 실험을 통해서도 측정할 수 있다는 점에서 굉장히 중대한 발견이었다. 아인슈타인은 물에 설탕을 섞어 열 확산성과 점도를 알아보는 데 적용했다. 이러한 데이터를 가지고 그는 대략 반경이 10^{-9}미터 정도 되는 원자를 조사했다. 그는 또한 물질에 들어 있는 1그램의 분자에서 2×10^{-9}정도의 원자를 측정했다. 이는 아보가드로 상수로 알려진 양으로, 그 시대의 다른 방법들에도 정확하게 적용될 수 있었다.

이 이론들을 제출해 놓고 아인슈타인과 밀레바는 아들 한스를 데리고 베오그라드와 노비사드로 갔다. 밀레바의 부모님을 만나기 위해서였다.

11일도 지나지 않아 아인슈타인은 또 다른 중요한 논문인 '열 분자 운동이 필요한, 정지 상태의 액체 속에 떠 있는 작은 입자들의 운동에 관하여'를 제출했다. 이 역시 《물리학 연보》에 실렸으며, 이 논문은 다른 과학자들이 가장 많이 인용한 논문이기도 하다. 이 논문에서 그는 분산 계수를 계산하는 방법을 사용하기 시작했다. 그는 액체 속에서 분자 덩어리가 어떻게 퍼져 나가는지를 관찰했다. 분자가 X라는 지점에 있다면 다음 순간에는 어디로 이동하게 될까? 아인슈타인의 대답은 다소 복잡한 수학적인 지식을 포함하고 있지만 기본 원리는 간단하다.

당신이 동전을 던진다고 가정해 보자. 만일 그 동전이 앞면으로 떨어진다면 왼쪽으로 한 발 가라. 만일 동전이 뒷면으로 떨어지면 오른쪽으로 이동해 보자. 만일 당신이 동전을 네 번 던진다고 가정해 보자. 그럼 동전은 앞면, 뒷면, 뒷면, 앞면으로 떨어질 것이다. 한 번을 던지면 왼쪽으로 한 발, 두 번째 던지면 당신은 원래 있던 자리로 돌아올 것이다. 세 번째 던지면 당신이 원래 있던 자리에서 오른쪽으로 한 발 가 있을 것이고, 네 번째로 동전을 던지면 다시 처음의 자리에 있게 될 것이다. 평균적으로 당신은 항상 시작한 자리에 계속 있게 된다.

그렇다면 처음 시작한 자리에서 왼쪽으로 가든 오른쪽으로 가든 전혀 신경 쓰지 않게 된다면 어떨까? 우리가 시작한 지점에서 얼마나 많은 걸음을 옮겼는지에 대해서만 신경 쓴다면? 물리학자들은 이 거리를 좀 더 쉽게 알아냈고 이것을 소위 평균제곱거리 Mean Square Distance라고 부른다. 동전을 N번 던지면, 평균제곱거리는 N에 비례한다. 이로써 원자가 동전을 던지는 사람처럼 행동한다는 것이 판명되었다. 각각의 짧은 시간 안에 원자는 특정한 거리로 이동하고 또 평균에 미치는 거리로 이동한다. 이 평균제곱거리는 옮긴 횟수에 따라 달라지며 이는 시간이 얼마만큼 지났는가에 따라서도 달라진다.

아인슈타인은 두 가지 사실을 알아냈다. 첫 번째 사실은 원자는 이 특이한 '랜덤 워크Random Walk'로 퍼져 나간다는 것이다. 다른 한 가지는 특이하고 무작위로 이동하는 입자의 확산은 간단한 퍼짐에 의해 야기된 확산과 똑같다는 것이다. 가장 중요한 것은 입자가 이동한 평균거리와 시간 t를 구하는 공식을 아인슈타인이 발견했다는 것이다.

그의 발견은 1828년 스코틀랜드 생물학자 로버트 브라운의 관측을 설명하는 데 도움이 되었다. 브라운은 꽃가루가 지그재그 방향으로 제멋대로 움직인다는 것을 알아냈다. 19세기의 어떤 생물학자들은 심지어 입자가 살아 있다고 믿기도 했다. 이 생각이 잘못되었다는 사실을 인지한 후에는 입자가 움직이는 데 전기의 힘이 작용할지도 모른다는 추측이 나왔다. 그러나 아인슈타인은 명확한 구상을 제시했다. 아무렇게나 움직이는 공기 중의 분자들이 꽃가루를 뒤흔든다는 것이다.

폴란드의 이론가 마리안 스몰루코프스키는 1906년 아인슈타인보다 좀 더 세련된 접근 방법으로 아인슈타인의 이론을 확인했다. 그들의 합작 이론을 바탕으로 실험을 수행했지만 이를 증명해 보이기는 매우 어려웠다. 2년쯤 지나서 아인슈타인은 브라운 운동이라는 이 이론을 설명하기 위해 글을 썼다. 이 글은 그 현상에는 굉장히 관심이 많지만 수학적인 배경 지식은 부족한 화학자를 위해서 쓴 글이었다.

  1908년, 장 페렝이라는 프랑스의 실험가는 이 이론을 증명했다. 이 작업을 통해 페렝은 아인슈타인이 상을 받은 후 5년이 지난 1926년에 노벨상을 받을 수 있었다. 마땅히 받을 만한 상이었다. 페렝은 꽃가루를 실험에 사용하는 대신 수천 개의 갬부지 아시아의 동남부 지역에 있는 나무의 송진와 유향 유향수의 송진을 사용했다. 그는 이들을 원심분리기를 사용해 잡아 늘인 뒤 기계를 빠르게 회전시켜서 같은 크기의 작은 입자들을 걸러 냈다. 분리한 작은 입자들을 현미경 아래에 놓고 그 입자들이 어떻게 이동하는지 몇 시간 동안 관찰했다. 그의 결론은 아인슈타인의 이론과 딱 맞아떨어졌다. 페렝은 훨씬 더 정확하게 갬부지와 유향의 회전하는 움직임을 관찰할 수 있었다. 심지어 아인슈타인도 페렝의 실험을 보고 놀라워했다. 아인슈타인은 1906년 회전적인 브라운 운동을 계산해 내긴 했지만, 그는 결코 그 이상으로 그것을 생각해 본 적이 없었다.

상대성 이론을 위하여

  아인슈타인이 유명해지는 데 결정적인 역할을 한 것이 바로 상대성 이론이다. 이 이론에서도 아인슈타인은 논쟁이 될 만한 문제들을 이해하고 해결했다. 1600년대 중반, 영국의 과학자인 아이작 뉴턴은 운동에 대한 세 가지 법칙을 고안해 냈다. 이 법칙들은 뉴턴의 미적분학과 결합하여 간단한 힘의 영향 아래에서 움직이는 물체의 움직임을 계산할 수 있었다.

그의 운동 법칙은 굉장히 성공적이었고, 공이 공기 중에서 어떻게 움직이는가에 대한 계산뿐 아니라, 태양 주변 행성의 움직임까지 계산해 낼 수 있었다. 19세기 중반에는 의심할 여지도 없이 뉴턴의 이론이 정확한 것으로 인식되고 있었다. 그러나 19세기가 끝나갈 무렵, 뉴턴의 법칙에 대한 의구심이 하나둘 고개를 들기 시작했다. 비록 의구심을 품은 물리학자들 중 대부분이 여전히 이미 발견된 물리학의 주요한 법칙들에 대해서는 동의하고 있었지만 말이다. 이 문제는 곧 결론이 났다. 그들이 틀렸던 것이다.

1864년, 스코틀랜드의 과학자인 제임스 맥스웰은 전기와 자성을 전자기로 통합시켰다. 그는 네 가지 전자기 방정식을 통해 빛은 전자기 파동이며 같은 속도로 이동한다는 것을 증명할 수 있었다. 그러나 여기에는 문제가 있었다.

예를 들어 당신이 시속 48킬로미터로 자동차 안에서 이동을 하고 있다고 가정해 보자. 그리고 또 다른 자동차가 시속 88킬로미터로 당신을 추격하고 있다. 자동차 안에 앉아 있으면 상대편 자동차가 시속 40킬로미터로 당신을 따라잡는 것처럼 보일 수 있다. 상대적인 속도는 단순히 두 속도의 차이, 즉 $88-48=40$을 의미하게 된다. 그러나 만약에 자동차의 헤드라이트를 켠다면 어떻게 될까? 상대편 자동차의 빛의 속도를 c라고 하자. 그러면 상대편 자동차에서 나오는 헤드라이트 빛의 속도를 측정할 수 있을 것이다. 당신은 $88+c-48=c+40$이라는 답을 얻을 수 있다. 만약에 빛의 속도가 무한하다면 c의 값은 $c+40$과 같을 것이다. 그러나 이 사실은 맥스웰이 발견한 것은 아니었다. 물리학자들은 진퇴양난에 빠졌다. 맥스웰과 뉴턴은 둘 다 맞기도 하고 틀리기도 하다. 250년 전으로 거슬러 올라가 보면 많은 물리학자들은 뉴턴의 법칙이 옳다고 생각했다. 그러나 아인슈타인은 맥스웰을 지지했다.

빛의 속도를 측정하기 위한 시도는 몇 세기 전부터 있었다. 만일 당신이 크고 가구가 거의 없는 방에서 이야기한다면, 당신은 당신의 목소리가 메아리가 되어 돌아옴을 알 수 있을 것이다. 당신의 목소리를 만드는 후두는 음파를 만들어 낼 것이고 그 파동은 방의 다른 끝에 갔다가 다시 돌아올 것이다. 당신은 당신이 말을 한 지 1초 정도의 시간이 지난 후 음파를 들을 수 있다. 만일 벽이 얼마나 멀리 떨어져 있는지 알고 있는 상황에서 말을 뱉은 시간과 메아리가 들린 시간의 차이를 계산하면, 당신은 소리의 속도를 알 수 있다.

1638년, 갈릴레오는 자신의 저서 《새로운 두 과학에 대한 대화》에서 비슷한 실험을 했다. 그는 빛을 사용했다. 두 사람이 서로 떨어져 서 있다고 가정해 보자. 각각은 손전등을 가리고 있다. 첫 번째 사람이 가리고 있던 손전등에서 손을 뗀다. 그러자 그 빛이 두 번째 사람에게 비친다. 두 번째 사람이 빛을 보면 그 즉시 자신의 손전등에서 손을 떼서 첫 번째 사람에게 다시 빛을 보낸다. 만일 당신이 그 두 사람이 떨어져 있는 거리와 첫 번째 사람이 두 번째 사람에게 받은 빛을 본 시간을 측정한다면, 당신은 빛의 속도를 계산할 수 있다. 갈릴레오가 이 실험을 직접 한 것이 아니라서 어쩌면 정확하지 않을 수도 있다. 그러나 그는 천둥이 치기 전에 빛이 먼저 보이고, 총이 발사된 소리가 들리기 전에 미리 빛이 보이는 현상을 관찰하고 있었다. 그래서 그는 빛의 속도는 소리의 속도보다 더 빠르다는 것을 알고 있었다.

갈릴레오는 망원경을 가지고 목성의 위성을 가까이 관찰한 최초의 사람이다. 1675년, 덴마크의 과학자 올레 뢰머는 빛의 속도를 계산하기 위해 중요한 시도를 한 최초의 사람이다. 그는 목성의 위성을 자세히 살펴보고 그것이 빛을 잃었다가 다시 빛을 내는 사이에 약간의 시간이 걸린다는 것을 알아냈다. 그는 이렇게 시간의 틈이 벌어지는 이유는 목성에서 우리에게 빛이 다다르는 빛의 속도가 유한하기 때문이라고 생각했다. 뢰머는 태양에서 지구로 빛이 이동하는 데 약 11분이 걸린다는 사실을 알아냈다. 그러나 그는 지구의 궤도를 알지 못했다.

1669년, 프랑스의 천문학자인 장 피카르가 지구의 지름 값을 알아냈다. 가이아나로의 탐험은 천문학자들이 지구의 지름에 대한 태양까지의 거리를 구할 수 있게 해 주었다. 세 가지의 관찰을 모아서 과학자들은 빛의 속도를 계산할 수 있었다. 또한 네덜란드인인 크리스티안 호이헨스는 1690년 자신의 저서 《빛에 관한 논고》에서 빛의 속도가 초당 30만 킬로미터라는 내용을 기록했다.

1726년, 제임스 브래들리도 천문학적인 방법으로 접근했다. 별은 하늘을 가로질러 나타나는데 별들은 빛의 속도와 지구 궤도의 속도에 따라 위치가 달라진다. 떨어지는 빗방울의 예와 비슷할 것이다. 빗방울이 당신에게 떨어지는 위치는 당신의 속도와 빗방울의 속도에 따라 달라진다.

핼리 혜성을 발견한 에드먼드 핼리의 명성이 사그라질 즈음,

뢰머와 브래들리는 빛의 속도를 측정한 천문학자로서 왕립학회의 일원이 되었다.

1850년대, 프랑스 물리학자 아르망 피조와 레옹 푸코는 빛의 속도를 측정하는 데 기발한 생각을 고안해 냈다. 푸코의 방법이 더 낫지만 그는 실험실이 너무 작아서 실험을 제대로 하기가 힘들었다. 1924년, 폴란드 출신 미국인인 알베르트 마이컬슨은 캘리포니아에 35킬로미터의 넓은 외부 실험실을 만들었다. 그곳에서 실험을 통해 빛의 속도가 대략 초당 30만 킬로미터라는 것을 증명했다.

만일 빛이 파동이라면 그것은 무엇을 통해서 이동하는 것일까? 음파는 공기나 물을 통해서 이동한다. 연못의 잔물결은 공기를 통해 이동하는 물결파이다. 빛은 확실히 무언가를 통해서 이동한다. 이 알려지지 않은 '무언가'를 물리학자들은 에테르 Ether 라고 불렀다. 많은 이론들은 에테르에 대해서 설명하고 있지만 그것들 중 그 어느 것도 제대로 된 설명을 할 수 있는 이론은 없었다.

로드 켈빈, 로드 레일리 그리고 알베르트 마이컬슨은 에테르 전문가이다. 이들은 1884년 볼티모어에 위치한 존스홉킨스 대학교에서 인연을 함께했다. 3년 정도 더 먼저 마이컬슨은 미국 메릴랜드의 아나폴리스에 위치한 미 해군 사관학교에서 에테르를 분리하는 실험을 했었다. 레일리는 마이컬슨에게 실험을 다시 해 보자고 권유했고, 미국의 화학자 에드워드 몰리를 합류시켜 에테르 가설의 끝을 상징하는 실험을 개선시켰다. 1905년에 아인슈타인은 에테르 가설이 필요하지 않다는 것을 보여 주었다. 그리고 마이컬슨은 1907년 노벨 물리학상을 받았다.

《물리학 연보》는 아인슈타인의 첫 번째 특수 상대성 이론에 대한 논문 '움직이는 물체의 전기 역학에 관하여'를 6월 30일에 실었다. 그는 이미 1899년부터 특수 상대성 이론에 대해 연구하고 있었고 마침내 생각들을 공식화할 수 있게 되었다. 아인슈타인은 논문에서 빛의 속도가 일정하다면 어떤 현상이 벌어질지에 대해 보여 주었다.

1905년 당시에는 흔하지 않았던 자동차나 기차를 예로 드는 대신에 기준틀을 생각해 냈다. 만일 한 기준틀에서 다른 기준틀에 대해 V 속도로 이동한다고 가정한다면, 빛의 속도 c는 각각의 기준틀에서 똑같이 나타날까? 신기하고 특이한 일이 일어났다. 공간과 시간은 더 이상 분리되어 있지 않지만 시공간이라는 하나의 집단으로 뭉쳐지게 된 것이다. 매우 이상한 것처럼 보이지만 우리는 매일 비슷한 행동을 한다. 볼티모어에서 워싱턴까지 거리가 얼마냐고 묻는다면 당신은 아마 45분이라고 대답할 것이다. 거리에 대한 질문이지만 당신이 내놓은 대답은 시간이다. 당신이 교통 법칙을 준수한다면 이 두 가지 경우는 연결될 것이다. 우주에서 거리와 시간은 끊임없는 빛의 속도에 의해 연결된다.

만일 속도 c가 모든 기준틀에서 초당 30만 킬로미터로 같다면, 아인슈타인에 의하면 조금 이상한 일이 일어난다. 만일 다른 기준틀에서 속도 V로 계속해서 움직이고 있는 동안 한 기준틀이 움직이지 않고 있다면, 움직이고 있는 기준틀은 움직이지 않고 있는 기준틀보다 더 짧을 것이다. 움직이지 않는 좌표계를 보는 누군가에 따르면 말이다. 이것이 길이 수축Length Contraction이다. 이 이론은 덴마크 물리학자인 로렌츠와 아일랜드 물리학자인 조지 피츠제럴드에 의해 수행되었다. 로렌츠와 피츠제럴드는 처음으로 공식을 생각해 냈다. 이 공식은 에테르에 대해 실험했던 마이컬슨-몰리 실험의 예상치 못한 결과를 설명하는 데 큰 도움이 되었다. 에테르 이론이 사라지면서 로렌츠와 피츠제럴드의 존재도 희미해졌다.

만일 당신이 '움직이지 않는' 좌표계 안에 있다면 움직이는 좌표계의 측정 막대는 길이가 수축될 것이다. 당신은 그 막대의 길이가 움직이는 좌표계에 있는 당신의 친구가 측정한 길이보다 더 짧을 것이라고 생각할 것이다. 신기한 건 당신의 친구는 정작 자신이 움직이는 좌표계에 있다고 생각하지 않는다는 것이다. 그 친구는 자신이 움직이지 않는 좌표계에 있고 당신이 움직이는 좌표계에 있다고 생각한다. 그래서 당신의 좌표계 막대가 자신의 것보다 더 짧다고 느낄 것이다. 당신과 당신 친구의 말 모두 맞다. 둘 다 어떤 특별한 좌표계를 갖고 있었던 것이 아니고 이는 선호된 관점에 따른 것이다. 즉 모든 좌표계에서 빛의 속도가 일정하고 모든 법칙이 똑같다면, 시간과 물체의 운동은 관찰자에 따라 상대적이다.

비슷한 방법으로 움직이는 틀에 있는 시계는 움직이지 않는 틀에서 측정되는 시계보다 상대적으로 더 느리게 움직인다. 이것이 시간 지연 Time Dilation 현상이다. 다시 말해서, 당신의 친구가 가지고 있는 움직이는 틀 안에 있는 시계는 상대적으로 당신의 좌표계에 있는 시계보다 느리게 움직인다는 것이다. 그러나 당신의 친구는 당신의 시계가 자신의 것보다 상대적으로 느리다고 생각하게 된다.

시간 지연은 쌍둥이 역설로 발전된다. 같은 시간에 태어난 쌍둥이를 분리시킨 뒤 한 방향으로 같은 속도 V로 돌아다니게 하면 결국 그들은 만나게 된다.

과학자들은 실험을 위해 원자시계를 사용했다. 시계 하나는 실험실에 남겨 두고 다른 하나는 고속 비행기에 싣고 이동시킨다. 2개의 시계를 비교해 보니 비행기 안에 설치한 시계가 실험실에 있는 시계보다 더 느렸다.

특수 상대성 이론에서 쌍둥이의 나이는 똑같다. 1명의 쌍둥이는 자신의 오빠가 V의 속도로 자리를 떴다가 돌아왔다고 생각한다. 그러나 다른 1명은 자신의 여동생이 어딘가에 갔다가 되돌아왔다고 생각한다. 이런 경우 둘 다 그들의 시계에서 같은 시각을 봐야 한다. 실험에서 실험실 시계와 비행기 시계는 같은 시각을 가리켜야 하지만 그렇지 않았다. 특수 상대성 이론은 변함없는 속도에 대해 다룬다. 그리고 시계 또는 쌍둥이 실험에서 감속이나 가속이 있어야만 한다. 그 상황은 결국 특수 상대성 이론으로 설명될 수 없었고 모든 것이 수포로 돌아갔다.

길이 수축과 시간 지연은 정확한 실험을 통해 증명되었다. 실험실의 방사능 입자는 특정한 시간이 지나면 부패한다. 방사능의 반감기 때문이다. 만일 입자가 광선 안으로 이동한다면 시간은 확장될 것이다. 이것은 입자들은 우리보다 더 멀리, 더 오래 살아 있을 수 있다는 것이다. 그것들이 생각하기에 움직이지 않는 틀 안에 있는 우리보다 말이다. 실험들이 반복적으로 보여 주는 것은 시간 지연과 길이 수축에 대한 특이한 가설을 증명해 주고 있다.

아인슈타인은 또한 틀 안에 있는 빛이 V라는 속도에서 점점 느려지면서 빛을 비추고 있다면 그것은 움직이지 않는 곳의 비슷한 빛 근원보다 더 붉은색을 띨 것으로 보았다. 이것이 상대론적 '도플러 이동'이다. 이는 19세기 후반 덴마크의 물리학자인 크리스티안 도플러의 이름에서 따온 것이다. 도플러는 움직이는 물체에서 소리가 나올 때 진동수가 어떻게 변하는지 보여 주었다. 좋은 예는, 경찰차가 당신을 잡으려고 할 때 경찰차 사이렌의 음높이의 차이이다. 아인슈타인은 빛의 속도에 가깝게 움직일 때 물체에서 생기는 빛의 진동수에서도 비슷한 이동이 있다고 생각했다.

첫 번째 상대성 논문이 발표된 지 3개월 후인 9월에 아인슈타인은 다음 논문 '물체의 관성은 그 물체의 에너지 함량에 따라 달라지는가?'를 발표했다. 아인슈타인은 움직이는 물체의 운동 에너지를 연구했다. 움직이는 좌표계의 속도 V가 낮아지면 운동 에너지에 대한 아인슈타인의 공식은 뉴턴의 공식과 같다. 그러나 하나의 큰 차이점이 있다.

속도가 0일 때, 물체의 질량 m은 여전히 0인 에너지를 가지고 있다는 것이다. 이것이 질량 에너지이다. 그는 1907년까지 이 방정식을 쓰지 못했지만 아인슈타인의 질량 에너지는 $E=mc^2$ 라는 공식으로 유명해질 수 있었다. 1907년, 그는 후견지명의 그 공식으로 광자는 확실한 가속도를 가지고 있음을 보여 주었다. 1905년, 두 번째 논문인 상대성 이론에서 아인슈타인은 에너지와 질량은 똑같으며 이것으로 방사능을 설명할 수 있다고 주장했다.

"에너지를 포함하는 물체로 실험을 하게 되면 변동이 심할 수 있다. 만일 모든 요소들이 이론에 부합한다면, 방사선은 물체에서 방출하려는 힘과 흡수하려는 힘 사이의 관성을 가져오게 된다."

그는 이 관측과 그의 간단한 공식이 그의 삶을 바꿀 것이라고는 생각하지 못했다. 게다가 이것이 40년 후 원자폭탄을 구성하게 될 기초 이론이 될 것이라고는 더더욱 생각하지 못했다.

ALBERT EINSTEIN

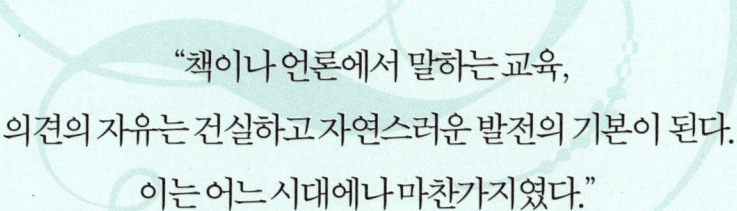

"책이나 언론에서 말하는 교육,
의견의 자유는 건실하고 자연스러운 발전의 기본이 된다.
이는 어느 시대에나 마찬가지였다."

1936년, '의견의 자유' 강연 중에서

스위스에서 보낸 학자로서의 삶

아인슈타인은 특허청에 근무하면서 더 나은 조건의 직장을 찾고 있었다. 그러면서 그는 학위가 자신의 업적에 큰 도움이 될 것 같지 않다는 판단을 했다. 그러나 학자로서의 삶이 주는 이익과 특권들이 계속해서 그를 유혹하고 있었다.

1905년 여름, 그는 결국 박사 학위를 갱신하기로 결정했다. 당시 그는 연구를 진행하고 있거나 이미 끝내서 바로 제출할 수 있는 논문이 있었기 때문에 학위를 갱신하는 것은 별 문제가 되지 않았다.

처음에 그는 상대성에 대한 논문인 '움직이는 물체의 전기 역학에 관하여'를 제출했다. 후에 아인슈타인은 이 논문으로 유명해질 수 있었다. 그러나 당시 그가 논문을 제출했을 때에는 논문 평가위원회에게 거절을 당했다. 그래서 7월 20일 또 다른 논문 '분자 운동의 새로운 결정'을 제출했다. 논문위원회에서는 물리학에 대한 굉장한 통찰력을 보여 주는 17페이지의 이 질 높은 논문을 순식간에 읽어 내려갈 정도로 그의 논문을 마음에 들어 했다. 그러나 그들은 아인슈타인의 논문은 구체성이 부족하며 부적절하거나 잘못된 문장들이 있다고 평가했다. 그럼에도 이 논문은 8월, 최종 승인을 받을 수 있었으며 아인슈타인은 바로 '헤르 독토르_{Herr Doktor, 박사 학위를 받은 사람을 부르는 호칭인 박사님을 뜻한다—옮긴이}가 될 수 있었다. 비록 1월 전까지는 공식적으로 학위를 받은 상태는 아니었지만 말이다.

학위를 받고 두 달이 지난 1906년 3월, 아인슈타인은 박사 학위와 그가 쓴 중요한 논문들 덕분에 특허청에서 더 높은 직위로 승진할 수 있었다. 뿐만 아니라 까다로운 특허 승인 절차를 능숙히 수행해 내는 그의 능력도 회사에서 그의 승진을 결정하는 데 중요한 역할을 했다. 승진을 하면서 급여도 인상되었고 더 큰 아파트로 이사를 갈 수 있었다. 생활은 나아졌지만 작년에 쓴 그의 논문은 과학계에 큰 파장을 일으키기는커녕 그 논문을 아는 사람조차 거의 없었다. 그러나 장담하건대 물리학계의 내로라하는 물리학자들은 그의 논문에 대해 토론했을 것이다. 그가 이 사실을 알아차리지 못했을 뿐, 물리학자들이 당시 굉장히 유명했던 《물리학 연보》에 기재됐던 이 논문에 관심이 없었을 리가 없기 때문이다.

특별한 해가 지나고, 물리학계의 진정한 아웃사이더였던 아인슈타인이 이제는 자신의 논문에 대한 반응을 애타게 기다리고 있었다. 지금까지는 그와 가까운 사람이 아니고는 그의 연구에 대해 알 수가 없었다. 그러나 상황이 완전히 바뀌었다. 노벨상 수상자인 덴마크의 로렌츠와 후에 노벨상 수상자로 선정된 독일의 막스 플랑크 등 당시 유명한 물리학자들은 아인슈타인의 혁명적인 연구 내용에 관심을 갖고 이해하기 시작한 것이다. 당시 권위 있는 유럽의 물리학자들에게 엄청난 양의 과학적 서신을 받았다는 것만 봐도 그에 대한 관심을 짐작할 수 있다.

아인슈타인은 자신의 아버지와 닮은 로렌츠를 굉장히 존경하고 있었다며 로렌츠에게 존경이 가득 담긴 장문의 편지를 보내곤 했다. 아인슈타인은 자신의 친구에게 "로렌츠는 명석한 두뇌와 뛰어난 재주를 가진 사람이며 살아 있는 예술이네!"라고 언급하기도 했다. 로렌츠에게는 다음과 같은 내용의 편지를 보냈다.

"당신에 비하면 저는 너무 부족해서 지적인 열등감에 빠지기도 합니다. 그러나 저는 당신과의 대화가 더할 나위 없이 기쁘고 행복합니다. 모든 사람에게 보여 주는 당신의 자애로움과 친절함은 실의에 빠진 사람조차도 다시 활기를 띠게 만든답니다."

로렌츠는 당시 유럽에서 굉장히 유명한 사람이었다. 아인슈타인이 상대성 이론을 상정하기 전에 그는 이미 움직이는 물체는 보는 사람에 따라 다르게, 즉 상대적으로 보일 수 있다는 내용을 이론화했었다. 그리고 아인슈타인은 왜 이런 일이 생기는지에 대한 논리적인 설명을 제시했다.

아인슈타인은 또한 《물리학 연보》의 편집위원이었던 플랑크를 자신이 알고 있는 훌륭한 사람들 중 하나라며 굉장히 존경했다. 몇 년 전, 플랑크는 다른 온도에서 뜨거운 물체가 어떻게 열을 방출하는지 증명하면서 물체가 작은 폭발과 함께 양자라고 불리는 방사능을 방출한다는 연구를 발표하기도 했다. 그는 이 연구로 1918년 노벨상을 받았다. 플랑크는 아인슈타인의 상대성 이론을 지지했고, 플랑크의 지지 덕분에 동료들이 아인슈타인의 논문을 더 빨리 이해할 수 있었다. 아인슈타인은 그의 도움에 굉장히 감사하고 있었다.

그 후 플랑크는 끔찍한 상실의 고통과 제2차 세계대전이 주는 아픔을 겪었고, 아인슈타인은 슬픔에 빠져 있는 독일의 물리학자를 위로했다. 플랑크의 첫 번째 아내는 1909년에 사망했고, 그의 큰아들은 제1차 세계대전 중 살해당했다. 그리고 그의 딸은 바로 다음 해에 출산과 동시에 사망하고 말았다. 그에게 닥치는 시련이 충분하지 않았는지, 플랑크의 집은 제2차 세계대전 중에 불타 버렸으며 그의 다른 아들은 히틀러 암살 사건에 연루되어 1945년에 처형당했다.

일을 통한 자기만족

저명한 사람들뿐 아니라 일반 사람들도 어린 물리학자의 이론을 찾기 시작했고, 아인슈타인은 유럽 전체로 자신의 영역을 넓혀 가기 시작했다. 몇 년 후, 그는 자신의 이론에 대해 의문을 제기하는 사람들을 납득시키기 위해 좀 더 구체적인 내용을 담은 논문을 쓰는 데 집중했다. 그러나 증명을 위한 노력은 금방 끝이 났다. 1930년 초, 그의 특수 상대성 이론이 핵반응 연구 실험과 함께 이론을 증명할 수 있었던 것이다. 그러나 그의 시간 지연 이론은 1938년까지도 증명되지 않았다. 이 이론을 증명하는 데는 꽤 오랜 시간이 걸렸다.

아인슈타인은 점차 자신의 일을 통해서 기쁨을 느끼게 되었고, 그 결과 그의 마음속 밀레바는 점점 사라지고 있었다. 그러나 그는 여전히 가정에 충실한 가장이었고, 아들 한스에게는 특히 더 많은 사랑을 주었다. 밀레바는 자신의 외로움을 조금이나마 줄이기 위해 아들 한스를 데리고 자신의 부모님이 있는 헝가리에 가서 시간을 보내곤 했다. 뭔가 잘못되고 있긴 했지만 그때도 그들은 여전히 서로에게 애정 어린 편지를 주고받고 있었다. 아인슈타인은 밀레바에게 자신이 최근에 이룬 과학적 성과에 대해 이야기해 주었고, 밀레바는 그에게 가족과 함께 무엇을 하며 시간을 보내는지 이야기해 주었다. 그들은 그때까지는 서로를 신뢰하는 관계처럼 보였다.

같은 시기, 작지만 활기가 넘쳤던 올림피아 아카데미가 해체되었다. 멤버 중 한 사람이 먼 곳으로 이사를 갔기 때문이었다. 아인슈타인의 좋은 친구인 솔로빈은 프랑스로 이사를 가서 번역가가 되었다.

그는 이제 자신의 아들인 한스와 더 많은 시간을 함께 보냈다. 아인슈타인과 밀레바는 똑똑하고 약간은 '건방진' 자신의 아들을 자랑스러워했다.

아인슈타인은 올림피아 아카데미가 해체되면서 자신의 친구인 베소와 여동생 마야 그리고 파울 빈텔러와 더 가깝게 지낼 수 있었다. 마야는 로맨스어 학위를 받기 위해 베른으로 이사를 갔다. 그리고 1909년, 그녀는 백조가 끄는 작은 배를 타고 가서 악당으로부터 여자를 구해 온다는 내용의 '백조의 기사'라는 오래된 프랑스 원고에 대한 논문으로 학위를 받을 수 있었다. 그녀가 갖춘 능력은 당시 여성으로서 상당히 인정받을 수 있는 정도였다. 마야까지 박사 학위를 받으면서 어머니 파울리네는 박사 타이틀을 단 자녀들을 자랑할 수 있게 되었다. 그리고 1910년에 마야와 베른에서 법대 학위를 받은 파울은 결혼을 했다.

1901년에 아인슈타인과 밀레바가 주고받은 편지를 보면, 그는 편지에서 '우리의 연구'라는 문구를 언급하기도 했다. 어떤 역사가는 밀레바가 아인슈타인의 동료로서 그의 연구에 참여했다고 주장한다. 물론 이는 완전히 틀린 이야기는 아니다. 그러나 완전히 맞는 말도 아니다. 밀레바가 아인슈타인의 연구 활동에 활발히 참여했다고 주장하는 이들은 당시의 편지들에서 아인슈타인이 밀레바의 도움을 받아 이론을 진행시키기도 했으며, 그녀 또한 아인슈타인의 연구에 관여하는 데 관심이 있었다고 표현한 대목을 근거로 든다. 그리고 그녀가 그의 논문을 교정하거나 논리적 일관성을 지적해 주었다고 덧붙인다.

반면에 어떤 물리학자는 아인슈타인의 주요한 업적을 이루는 과정에 밀레바가 어떤 창조적이거나 독창적인 지식으로 도움을 준 것은 아니라고 주장한다. 더군다나 당시 밀레바는 엄마가 된 지 얼마 안 된 주부였고, 그녀가 친구에게 보낸 편지를 보면 당시의 지적인 활동에 대한 언급이 전혀 없다는 사실을 근거로 든다. 그렇지만 물리학자였던 그녀가 그의 연구에 큰 관심이 있었으며, 아인슈타인이 이론을 공식화하는 과정에서 함께 토론하고 조언을 하기도 했었다는 사실에는 모두 동의한다.

아인슈타인의 논문을 보면 상대성 이론의 선구자와 그 이론의 기원에 대한 사실이 제시되어 있지 않다. 그래서 그에게 영향을 미친 이론이 무엇인지가 명확하지 않다. 그러나 그에게 영향을 준 인물로, 논문 '공간의 상대성 1897년'을 발표한 수학자 푸앵카레와 논문 '움직이는 물체에서 전자적 그리고 광학적 현상에 대한 추론 1895년'을 발표한 로렌츠를 꼽을 수 있다.

로렌츠의 논문은 아인슈타인이 자신의 이론을 발전시키는 데 도움이 되기도 했다. 많은 물리학자들은 푸앵카레와 로렌츠가 아인슈타인의 상대성 이론에 큰 기여를 했다고 생각한다. 그리고 아인슈타인 자신도 그의 혁명적인 이론을 완성하는 데 이들의 이론이 중요한 통로가 되었다고 인정한다. 1921년, 미국을 방문한 아인슈타인은 다음과 같이 말했다.

"물리학의 초석을 세운 네 사람을 통해서 나는 내 이론을 완성할 수 있었습니다. 그들은 바로 갈릴레오, 뉴턴, 맥스웰 그리고 로렌츠입니다."

맥스웰은 19세기 후반에 전기 역학, 전자기 그리고 방사선 이론의 기초를 세운 사람이다. 아인슈타인은 이미 푸앵카레가 어느 정도 연구를 했던 상대성 이론을 1906년에 발표했다. 그러나 그가 왜 푸앵카레의 연구를 언급하지 않았는지는 명확하지 않다. 푸앵카레 또한 아인슈타인의 연구를 무시했고 그의 상대성 이론을 공격했다.

어쨌든 1905년은 아인슈타인의 상대성 이론이 무르익었을 시기였다. 후에 그는 자신이 1905년에 연구를 끝내지 않았다면 다른 누군가가 곧 그 연구를 마쳤을 것이라고 이야기했다. 그는 단지 운이 좋게도 특허청에서 근무하는 동안에 새로운 생각을 하고, 그 생각을 공식화할 수 있는 시간이 남들보다 조금 더 있었을 뿐이라고 생각했다. 그는 적재적소에 있었던 것이다. 그러나 사실 그의 창조성과 지성은 그가 언제 어디에 있든 상관없이 발휘되고 있었다.

물리학계의 떠오르는 스타

아인슈타인의 연구, 특히 상대성과 관련된 연구는 이제 유럽의 저명한 물리학자들 사이에서 가장 진지한 토론의 주제가 되었다. 이들은 이 어린 천재가 유명한 연구기관의 교수가 아니라 베른에 있는 특허청에서 일하는 직원일 것이라고는 상상조차 하지 못했다. 3년 동안 25개의 논문을 발표하며 명성을 쌓아 가고 있었지만, 그는 여전히 만족하지 못하고 있었다. 학자가 되고 싶었지만 뜻대로 되지 않았다. 규칙을 지키지 않는 그의 고집스러운 성격 때문이었다.

예를 들어 1907년 6월, 그는 베른 대학교 박사 후 과정을 지원했지만 자격 요건을 지키지 않았다는 이유로 거절당했다. 지원자는 순수 학문을 연구할 수 있는 능력을 보여 주기 위한 새로운 이론을 제출해야만 했다. 그러나 그는 조사위원회에 새로운 논문이 아닌 한 묶음 정도 되는 그의 이전 논문들과 자신이 충분한 자격이 있다는 내용을 담은 글을 보냈다. 그리고 아홉 줄 정도의 이력서 양식을 동봉했다. 결국 그의 지원은 거절되었고, 그 후 취리히의 김나지움에 지원했지만 그 역시도 실패했다. 그는 1901년에 임시직으로 일했던 빈터투어의 공과대학교에 지원하려고도 생각했다.

1907년 가을, 아인슈타인은 모든 물리적 현상에 적용되는 상대성 이론이 왜 중력에만 적용되지 않는지 의문이 생겼다. 그는 당시의 이 천재적인 발상이 자신의 인생에서 가장 행복한 발상이었다고 언급했다. 그는 '똑같이 등속화되는 역학 시스템 등식의 원리'를 공식화하면서 중력과 등속이 똑같다는 것을 보여 주었다. 1905년 발표한 상대성 이론에 관한 논문에서는 등속 문제에 대해서는 다루지 않았다. 특허청에서 일하면서 그는 불현듯 자유낙하를 하는 사람은 낙하를 할 때 자신의 무게를 느끼지 못한다는 생각이 들었다. 사람뿐만 아니라 낙하를 하는 모든 물체들은 같은 속도로 떨어지기 때문에 자신이 중력장에 있다는 것을 설명할 길이 없었다. 기준점이 없기 때문이다.

한 사람이 있다고 하자. 그 사람을 포함한 주변 모든 물체들이 위쪽을 향해 날아가면, 그 사람은 자신은 물론 모든 물체들이 움직이지 않는다고 착각할 수 있다. 즉 중력은 상대적일 수 있다는 것이다. 이 관찰은 사과를 땅으로 잡아당기는 힘이나 궤도가 달을 잡고 있는 힘이 똑같다는 뉴턴의 생각과 크게 다르지 않다. 뉴턴의 이 이론은 그의 유명한 프린키피아 Principia로 발전되었다. 이 이론은 몇 년 후 아인슈타인의 일반 상대성 이론의 발판이 되었다. 그리고 이는 더욱 특별한 이론으로 확대되었다. 같은 시기, 아인슈타인은 이유가 밝혀지지 않은 수성의 움직임에도 관심을 갖게 되었다.

1908년 1월, 아인슈타인은 학회에 들어갈 수 있는 유일한 방법을 받아들여야만 했다. 규칙을 따라야 한다는 것이었다. 그는 마침내 '흑체복사의 에너지 분배 법칙에서 복사의 구조에 대한 결론 어느 시점에서 이 논문은 사라졌기 때문에 출판될 수 없었다'을 제출했다. 이 논문으로 그는 베른 대학교에서 시간 강사로 일할 수 있게 되었다. 교수들은 논문이 통과된 지 거의 한 달 후에 아인슈타인을 채용했고, 그는 2월의 마지막 날 대학교에서 취임 강연을 했다.

4월 말, 열에 대한 분자 이론을 주제로 그의 강의가 시작되었다. 시간 강사라 급여가 굉장히 적었기 때문에 그는 특허청에서도 계속 일할 수밖에 없었다. 아인슈타인이 대학에서 강의하는 것에 대해 밀레바는 친구에게 "불행하게도 급여가 말도 못하게 적어. 그래서 우리는 명예를 즐길 여력도 없단다"라고 적힌 편지를 보내기도 했다. 7월 말에 한 학기가 끝나자 아인슈타인 부부는 아들 한스를 데리고 알프스로 향했다. 그해 겨울 학기 동안 그는 방사선 이론을 주제로 강의를 진행했다.

1908년, 아인슈타인은 콘라트 하비히트와 그의 동생인 파울 하비히트와 함께 어울리는 시간이 많았다. 그들은 실험 중이던

'작은 장치'에 푹 빠져 있었다. 이 장치는 적은 양의 에너지를 측정하는 기계였다. 파울 하비히트는 과학 기기를 만드는 작은 회사 경영을 막 시작하여 그 장치를 만들기 시작했다. 장치를 완성한 후 그들은 특허를 받기 위해 노력했지만, 당시 제조자들은 그 장치에 전혀 관심이 없었기 때문에 특허를 받을 수 없었다. 그래서 아인슈타인은 그 작은 장치의 원리를 글로 써서 발표했다. 이윽고 질량과 에너지의 양을 측정하는 그 장치가 상대성 이론을 실험할 수 있는 동시에 방사능을 측정할 수 있다는 것이 입증되면서 결국 특허를 받았다. 특허를 받긴 했지만 인기를 끌지는 못한 덕분에 거의 주문이 없었다.

많은 사람들은 아인슈타인을 물리학자로만 생각하지만, 그는 몇 년 동안 이 장치를 가지고 실험을 하기도 했다. 그리고 그는 복잡한 퍼즐을 맞추는 것을 좋아했다. 그의 아들 한스와 손녀딸 에블린은 그가 굉장히 열성적으로 생각하는 사람이었다고 회상했다. 한스가 가장 좋아했던 장난감은 아인슈타인이 성냥갑으로 만들어 준 케이블 카였다. 에블린은 아인슈타인이 복잡한 퍼즐을 가지고 노는 것을 좋아했다고 기억한다. 그는 가끔 친구들에게 받은 퍼즐을 다시 섞고 또다시 맞추며 시간을 보내곤 했다.

명성을 쌓아가다

젊은 물리학자로 유명세를 떨친 아인슈타인의 머리는 독창적인 생각으로 가득 차 있었고, 이 생각은 1909년까지도 계속 이어졌다. 더 중요한 위치에 서고 싶었던 그의 희망은 곧 현실이 되어 다가왔다. 알프레드 클라이너는 일찍이 아인슈타인을 '그렇게 어리석진 않다'고 평가했던 사람으로, 아인슈타인의 오랜 멘토이기도 했다. 클라이너는 아인슈타인이 취리히 대학교에서 이론 물리학자로 임명받을 수 있게 도와주었고, 직업을 구할 때도 도움을 주었던 사람이다.

언젠가 클라이너는 아인슈타인의 강의 실력을 평가하기 위해 베른으로 갔다. 그러나 아인슈타인의 강의 실력은 별로였다. 아인슈타인은 당시 제대로 준비도 되지 않았고, 클라이너와 청중 앞에서 강의를 하는 것이 매우 긴장됐기 때문에 좋은 강의를 할 수 없었다면서, 당시의 강의가 훌륭하지 못했다는 것을 인정했다.

클라이너는 아인슈타인이 강의를 하기에는 부적격하다는 결론을 내렸지만, 그 후 다시 한 번 아인슈타인에게 실력을 입증할 수 있는 기회를 주었다. 클라이너는 1909년 2월 취리히의 물리학회 강연에 아인슈타인을 초대했고 그 후 모든 일이 잘 풀렸다. 클라이너는 조사위원회에게 아인슈타인은 가장 중요한 이론 물리학자들 중 1명이며, 그의 논문은 물리학에 대한 그의 높은 이해력을 보여 준다면서 아인슈타인의 능력을 칭찬해 주었다. 클라이너는 당시 자신의 동료에게 "아인슈타인은 오늘날 가장 훌륭한 이론 물리학자들과 어깨를 나란히 하게 되었다"라고 편지를 썼다. 위원회는 곧 투표를 실시했고, 1909년 10월을 기점으로 아인슈타인을 이론 물리학의 부교수로 임명했다. 이것으로 아인슈타인은 정식 교수가 되었다.

밀레바는 아인슈타인과 그들이 얻은 지위가 매우 자랑스러웠다. 그러나 곧 그녀는 여러 가지 감정이 뒤섞였다. 아인슈타인은 이미 학계에서 중요한 위치를 차지하고 있었고, 정해진 시간에만 일했던 특허청에서와는 달리 훨씬 자유로운 생활을 할 수 있었다. 그녀는 친구에게 뭔가 예언하는 말투로 말했다. "그는 아마 과학에 흠뻑 빠져서 지낼 수 있을 거야. 오로지 과학에만 말이야." 취리히 대학교의 급여는 특허청 직원으로 있을 때 받던 급여와 거의 비슷했지만, 상황은 바뀔 터였다.

1909년 여름, 교수가 된 아인슈타인은 7년간 일했던 특허청에 사직서를 제출했다. 이틀 후, 아인슈타인은 명예박사 학위를 받기 위해 제네바로 떠났다. 그는 평생 대략 25개의 명예 학위를 받았다. 그는 단순히 기념을 하기 위한 목적으로 학위를 받거나 한 것이 아니었다. 그는 자신에게 존경을 표하거나 초대하는 내용을 담은 편지를 일종의 '쓸모없는 편지'라고 생각하고 무시해왔다. 이런 성격 때문에 그는 대학교 측에서 보낸 편지도 당연히 지나칠 수밖에 없었다. 계속 답이 없자 결국은 대학교 측에서 그가 도시로 오도록 설득했다. 그때도 아인슈타인은 자신이 왜 그 설득에 응해야 하는지 이해하지 못했다. 그는 마침내 입을 열어 그 상황을 받아들이기 힘들다고 말했다. 아주 진지하게 말이다.

결국 참석하게 된 학위 수여식에서 다른 고위 관리들과 학위 수여자들은 잘 차려입은 차림새로 나타났지만, 그는 여름용 정장에 밀짚모자를 쓰고 나타났다. 그곳에서 그는 마리 퀴리를 만났다. 2명의 과학자가 대면하게 된 것이다. 어떤 전기에서는 그들이 1911년 가을 솔베이 학회에서 처음 만났다고 주장하고 있기도 하다. 어쨌든 이날 참석한 명예 학위 수여자 중에는 노벨상을 수상한 화학자 프레드릭 오스트발트도 있었다. 그는 후에 아인슈타인을 노벨 물리학상 후보로 지명한 사람이며, 1901년에는 아인슈타인의 아버지로부터 아인슈타인이 직업을 찾는 데 도와달라는 편지를 받기도 했다.

1909년 가을, 밀레바는 베른을 떠나는 것이 뭔가 찝찝했다. 그녀는 아인슈타인이 갖게 된 명예가 가족에게 어떤 영향을 미칠지 몰라 불안했다. 그는 종종 연락을 받고 외출을 하곤 했다. 그녀는 자신의 친구에게 "나는 그 명예라는 것 때문에 그이가 변하지 않길 바랄 뿐이야"라는 편지를 보내기도 했다.

동시에 그녀는 그가 다른 여자들로부터 관심을 받는 것이 신경 쓰였다. 그녀는 질투와 화가 났으며 그에게서 관심 받지 못하고 있다는 기분마저 들었다. 그녀는 아인슈타인이 10년 전에 사귀었던 마리에게서 취리히 교수직에 임명된 것에 대한 축하 편지를 받았을 때도 크게 화를 냈다. 심지어 그녀는 마리의 남편에게 마리가 왜 이런 편지를 보냈는지 마리의 의도가 궁금하다며 편지를 보내 아인슈타인을 당황하게 만들었다. 밀레바의 이런 감정과 상관없이 아인슈타인은 여자들과 어울리는 것을 좋아했다. 나이가 많든 적든, 여자들은 아인슈타인의 말쑥한 외모와 매력에 금방 매료되었다.

아인슈타인이 오스트리아의 잘츠부르크로 강의를 떠나기 전, 밀레바는 그에게 알프스로 함께 여행을 떠나자고 제안했다. 그녀는 그 여행을 통해 그와의 애정을 확인하고 싶었다. 10월의 끝자락, 아인슈타인 가족은 취리히에 있는 작은 아파트로 이사를 갔고, 그 직후 밀레바는 둘째를 임신했다. 그녀의 배가 불러올수록 아인슈타인은 역학과 열역학 강의뿐 아니라 대학에서 물리학 세미나를 주재하는 데 점점 더 집중하고 있었다.

유럽에서 아인슈타인의 명성은 계속됐다. 그는 자신의 생각을 바탕으로 논문을 썼고 학생들을 가르쳤으며 과학에 관심이 많은 청중을 대상으로 강연을 했다. 잘츠부르크에서 강의하게 되면서 유럽의 물리학자들은 마침내 아인슈타인의 얼굴을 볼 수 있었고, 아인슈타인 또한 많은 동료와 대면할 수 있었다. 당시 잘츠부르크에서 진행했던 그의 강의는 이론 물리학이 발전하는 데 결정적인 기여를 했다고 평가받았다.

1910년, 아인슈타인은 상대성 이론에 대한 기여로 노벨 물리학상 후보로 지명되었지만, 그해 노벨상은 그의 것이 아니었다. 노벨 위원회는 아인슈타인의 이론은 좀 더 실험적으로 증명될 필요가 있다고 판단했다. 그 후 그는 계속 노벨상 후보로 거론되었으며, 10년 동안 무려 여섯 번1912년~1914년, 1916년~1918년이나 지명되었다.

마침내 그는 1921년 노벨 물리학상을 수상할 수 있었다. 일찍이 그는 상대성 이론뿐 아니라 브라운 운동에 관한 논문으로 노벨상 후보로 지명된 바 있지만, 아인슈타인은 기적의 해에 완성한 광전 효과로 노벨상을 받았다.

그를 향한 대학들의 러브콜은 어쩌면 너무나 당연했다. 1910년 봄, 프라하에 위치한 독일 대학교인 찰스 대학교Charles University, 높은 교육 수준과 오래된 전통으로 유럽에서 유명한 학교 학과장은 아인슈타인을 스카우트하고 싶었다. 그들은 아인슈타인에게 이론 물리학 교수직을 제안했다. 찰스 대학교의 교수직은 오스트리아-헝가리 제국의 교육 부처 승인이 있어야만 할 정도로 중요한 자리였다. 아인슈타인은 이 제안에 흥미가 생기긴 했지만, 승인을 받기까지는 오랜 시간이 걸렸고 진행 상황 또한 확실하지가 않았다. 그는 자신이 유대인이라는 점이 승인을 받는 데 걸림돌이 된다고 생각했다. 그 제국에는 반유대주의 사상이 만연해 있었고, 당시 이는 유럽에서는 매우 일반적인 모습이었다.

아인슈타인이 제안을 받은 교수직은 현재 그가 일하고 있던 교수직보다 더 높은 자리였다. 그래서 그는 일하고 있던 취리히 대학교에 교육 부처의 승인이 날 경우 찰스 대학교로 옮길 것이라는 사실을 알렸다. 아인슈타인이 가르치던 학생들은 그가 취리히 대학교를 떠나지 않길 바라고 있었다. 학생들은 대학교 측에 아인슈타인이 계속 학교에 있을 수 있게 해 달라는 청원을 했고, 그의 봉급을 인상해서라도 그를 잡아 달라고 요청했다. 사실 아인슈타인은 항상 효과적인 수업과 강의를 진행하는 교수는 아니었다. 그러나 학생들은 그와 우정을 나누고 그의 현실적이고 창조적인 생각들을 공유하는 것을 좋아했다. 결국 대학 측은 아인슈타인에게 매년 1천 프랑의 급여 인상을 제안하면서 그를 설득했다.

아인슈타인은 자신의 이론이 더욱 확고해지기 위해서는 유럽의 과학 공동체에서 입지를 굳혀야 한다고 생각했다. 때문에 그는 이 자리에 남아 있는 것이 과연 옳은 일인지 확신할 수 없었다. 결국 그는 비엔나 행을 결심했다. 그곳에서 권위와 함께 전도유망한 교수직에 대해 협상을 해야 했기 때문이다. 그는 그곳에서 자연 철학에 대해 연구하는 철학자 에른스트 마흐를 만날 수 있었다. 둘은 이전에 베소의 소개로 만난 적이 있었으며, 일찍이 그의 과학적 생각에 영향을 미쳤던 인물이기도 하다.

그해 말, 아인슈타인은 비엔나에서 돌아와 프라하의 직위 제안에 대한 승인 결과를 기다리고 있었다. 그동안 그는 하늘이 왜 파란색인지에 대한 논문을 발표했는데 이는 그의 논문 중 가장 이해하기 어려운 논문으로 꼽힌다.

그해는 아인슈타인 가족 모두에게 굉장히 의미 있는 해였다.

그의 여동생 마야가 3월에 파울 빈텔러와 결혼했고, 밀레바의 부모님이 여름에 그들을 방문했으며, 7월 말에는 두 번째 아들인 에두아르트가 태어난 것이다.

이러한 일들은 아인슈타인에게 즐거움을 주었지만, 여전히 그에게는 과학자로서의 삶이 더 중요했다. 밀레바는 그런 그에게 불만을 토로하곤 했다. 또한 에두아르트는 예민하고 밝은 아이였다. 에두아르트는 어린 시절 내내 약하고 병에 자주 걸리긴 했지만, 20살 즈음 정신적인 문제가 있다는 진단을 받기 전까지는 그래도 별 탈 없이 컸다.

1911년 1월 초, 아인슈타인은 몇 가지 좋은 소식을 들을 수 있었다. 프란체 요제프 황제가 그가 4월부터 찰스 대학교의 이론 물리학 교수로 일할 수 있도록 승인해 준 것이다. 게다가 아인슈타인을 이론 물리학회의 임원으로 임명하기까지 했다. 그는 역학과 열역학 강의를 진행하고 물리학 세미나를 진행해야 했으며, 대학 측은 그에게 아주 괜찮은 보수도 약속했다. 이는 스위스 취리히 대학교에서 받은 급여의 거의 두 배에 달하는 금액이었다. 그의 경력은 이렇게 계속 쌓여 갔다. 1월 말, 그는 개인적인 유감을 표하면서 취리히 대학교에 사직서를 제출했다. 그리고 3월 말에는 뮌헨을 뒤로하고 그의 가족은 동쪽으로 이사를 갔다.

9세기에 만들어진 오래된 건축물들로 이름난 프라하는 사치스럽고 호화로운 사회로 유명했다. 유럽학계의 중심이던 이 고대의 수도는 매력적인 모습으로 발전해 갔다. 그러나 체코와 독일 문화가 서로 자신의 입지를 넓히기 위해 경쟁하던 복잡한 도시이기도 했다. 전체 인구의 단 10퍼센트에 불과한 독일인들은 다른 사람들을 무시했다. 그들 스스로를 가장 높은 위치의 계층이라 일컬으며 말이다. 상대적으로 유대인들은 사회적 계급이 낮았다. 아인슈타인은 프라하에 도착한 지 얼마 되지 않아 베소에게 편지를 보냈다. 그는 편지에서 독일인들을 '자애라고는 전혀 찾아볼 수 없는 우월의식과 비굴함이 이상하게 결합된 차가운 사람들'로 표현했다.

그는 유대인이었지만 프라하에 도착하자마자 크게 환영과 환대를 받았으며 사회적 지위까지 보장받았다. 그는 그곳에서 과학적으로 도움이 될 만한 동료들을 만나진 못했지만, 아름다운 경치와 대학 도서관 그리고 아무런 방해 없이 연구에 몰입할 수 있는 기회를 얻었다는 점에 감사했다.

아인슈타인과 밀레바는 베른이나 취리히에서 지냈을 때보다 물질적으로 풍족한 생활을 할 수 있었다. 그들은 상당히 넓은 아파트에서 지냈다. 밀레바의 어머니가 와서 머무를 수도 있었고,

가정부를 둘 만큼 방도 충분히 많았다. 그러나 그 풍족함 속에서도 밀레바는 행복하지 않았다. 그녀는 사람을 대하기가 불편했고, 프라하에서의 생활이 두렵기만 했다. 그녀는 자신의 두 아들, 한스와 에두아르트에게서 위안을 얻으려고 했지만 그녀의 우울함은 더해갔다.

아인슈타인이 자신의 일에 몰두하면서 그녀는 그와 함께할 시간조차 없었다. 그의 명성 덕분에 가족들은 풍족한 생활을 할 수 있었지만, 시간이 갈수록 집안 분위기는 우울해졌다. 게다가 아인슈타인이 명성을 얻으면 얻을수록 밀레바의 질투심은 상황을 더욱 악화시켰다.

아인슈타인은 심각한 복통으로 고통받고 있었다. 종종 침대에서 일어나지도 못해 침대 안에서 연구를 계속하기도 했다. 그는 우울한 집안 분위기에서 벗어나고 싶거나 일이 잘 안 풀릴 때는 베르타와 오토 판타가 운영하는 살롱을 찾곤 했다.

판타의 살롱은 18세기에 지어진 곳으로 그곳에서는 프라하 성이 한눈에 들어왔다. 젊은 유대인의 지식인과 다른 유명 인사들은 매주 모여 철학, 음악 그리고 문학에 대해 이야기를 나누었다. 베른에서 그가 자신의 친구들과 그랬던 것처럼 말이다. 그 살롱에서 함께 이야기를 나누던 사람 중에는 그의 논문을 읽은 사람도 있었다. 바로 프란츠 카프카였다. 그는 항상 뚱한 표정의 젊은 변호사였는데, 당시는 잘 알려지지 않았지만 실존주의에 대한 글을 쓰고 있었고, 사회에서 유대인의 정체성을 확립시키기 위해 노력하고 있었다. 그리고 그는 작가이자 철학자였고, 동시에 시오니스트Zionists였다. 결혼을 하면서 프란츠와 친척 관계가 된 요한나 판토바라는 여인은 1930년에 베를린에다 아인슈타인의 전용 도서관을 만들어 주기도 했다. 그리고 그 둘은 프린스턴에 살게 되면서 40년이 넘도록 친한 친구로 지냈다.

아인슈타인이 프라하에 머물렀던 시절, 그는 32살로 여전히 젊었다. 그럼에도 그는 이미 유명해져 있었고 끊임없이 스카우트 제의를 받았다. 그는 여러 가지 제안에 흔들리고 있었다. 프라하를 떠나고 싶은 마음도 있었는데 사회적인 지위를 확고히 할 수 있는 제의를 받을 때면 더더욱 그랬다. 무엇보다 밀레바가 프라하를 떠나고 싶어 했기 때문에 이 부분이 가장 크게 작용했다. 많은 스카우트 제의 중에는 모교인 취리히 연방 공과대학교도 있었다. 아인슈타인과 밀레바는 둘 다 스위스로 돌아가고 싶었다. 그는 다음 해에 바로 일을 시작하는 조건으로 대학 측과 협상을 시작했다. 그에게 주어졌던 좋은 조건은 마리 퀴리 그리고 당시 잘 알려진 프랑스의 수학자이자 철학자인 동시에 상대성 이론에도 기여를 한 푸앵카레에게도 주어졌다. 협상 후 몇 달 동안 아인슈타인은 취리히의 소식을 기다리고 있었다. 소식을 기다리면서 그는 자신의 첫 번째 상대성 이론을 공식화하고 있었다. 빛에 대한 중력의 효과를 포함하는 이 이론을 본 실험가들은 일식 때 그의 이론을 실험하고 싶다는 제안을 하기도 했다.

한 해가 지나가는 11월 초였다. 아인슈타인은 처음으로 브뤼셀에서 열리는 솔베이 학회에서 강연을 하게 되었다. 벨기에의 에르느스트 솔베이 후원으로 운영되는 이 학회는 유럽의 모든 물리학자가 참석할 정도로 매우 크고 중요한 행사였다. 그는 참석자 가운데서 가장 나이가 어렸지만, 자신감과 품위 있는 태도와 그만의 유머러스한 모습으로 다른 사람들과 쉽게 어울릴 수 있었다. 여기서 그는 두 번째 노벨상을 수상한 마리 퀴리와 다시 만나게 된다. 아인슈타인과 대화를 나누었던 그녀는 그에 대해 다음과 같이 말했다.

"나는 그의 정확하고 폭넓은 정보 그리고 심도 깊은 지식에 굉장히 감명 받았어요. … 사람들은 그에게 큰 희망을 걸고 있었고, 그가 미래를 주도할 이론가가 될 것이라고 생각하고 있었어요. 이런 생각은 정말이지, 당연할 정도였어요."

반면에 아인슈타인은 그녀의 능력에 엄청난 찬사를 보내면서도 "그녀는 청어처럼 차가운 여자였습니다. 그녀의 딸은 더 심각했구요. 척탄 보병 같았어요"라고 언급했다.

방사선과 양자 이론을 주제로 열린 학회는 매우 성공적이었고, 솔베이는 2년마다 모임을 갖게 될 것이라고 발표했다. 솔베이 학회는 점점 세계적으로 유명한 물리학자와 화학자들이 모임을 갖는 기점이 되었다. 자연스럽게 학회의 중요성은 더욱 커졌다. 학회에서 전문가들은 하나 또는 그 이상의 문제에 대해 토론했으며, 그들은 문제를 다룰 뿐 아니라 그 문제를 해결하는 방법에 대해서도 토론했다.

부부사이의 벌어진 틈

1912년 1월 말, 취리히 연방 공과대학교에서의 이론 물리학 교수 임명이 확실시되었다. 교수로 임명되자 아인슈타인 가족들은 기쁜 마음으로 프라하를 떠날 준비를 했고, 7월에 취리히로 돌아갔다. 그러나 취리히로 돌아가기 전, 아인슈타인은 그가 잠시 살았던 베를린으로 혼자 여행을 떠났다. 그는 예전에 머물렀던 곳에 들러 감사의 인사를 전했고, 그곳에서 어렸을 때 만났던 사촌 누이 엘자를 다시 만나게 되었다. 아인슈타인보다 3살 많은 엘자는 당시 이혼한 상태였으며 그녀의 전남편은 이혼 후 사망했다 13살 일제와 11살 마르고트라는 두 딸을 키우고 있었다. 엘자의 어머니와 아인슈타인의 어머니는 자매였고, 그들의 아버지들은 사촌 관계였다.

밝은 푸른빛의 눈동자를 가진 엘자는 활발하고 사교적인 여성이었다. 아인슈타인은 우울한 밀레바와는 다른 명랑하고 활기 넘치는 엘자에게 반하고 말았다. 그는 엘자를 마음에 품고 프라하로 돌아왔고, 그 후 그와 그녀는 남몰래 연서를 주고받았다. 이는 아인슈타인과 밀레바가 취리히로 이사를 갔을 때까지도 이어졌다.

스위스로 돌아간 밀레바는 친구에게 편지를 보냈다. 아이들에게 부정적인 영향을 끼쳤던 프라하에서의 비위생적이고 거무튀튀한 상황에서 벗어나게 되어 매우 기쁘다는 내용이었다. 이곳에서도 아인슈타인의 가족은 프라하에서처럼 풍족하게 생활할 수 있었다. 그들은 취리히 대학교와 가까운데다 크고 해가 잘 들어오는 현대식 아파트에서 살았다. 그러나 그녀는 친구에게 "아인슈타인에게는 나와 아이들이 중요하지 않은 존재인 것 같아. 나는 혼란스러워"라는 내용의 편지를 보냈다. 아인슈타인은 취리히로 돌아온 뒤에도 친구들과 함께 시간을 보내거나 강의를 하면서 바쁜 나날을 보내고 있었다. 밀레바는 점점 더 풀이 죽었고 시무룩해졌다. 게다가 그녀는 다리의 통증으로 괴로워하고 있었고 이 고통에는 발칸 반도의 상황도 한몫하고 있었다. 당시 발칸 반도에서는 전쟁이 일어나고 있었는데, 그녀는 가족과 친구들이 너무 걱정되었다. 그러나 아인슈타인은 아내의 기분을 나아지게 할 수 없었고, 또한 가족과 자주 떨어져 지냈다. 그는 종종 그녀를 피하고자 소규모 합주단 친구들과 함께 바이올린을 연주하기 위해 외출을 하곤 했다.

1912년, 아인슈타인은 방사선학에 기여했고, 나중에 '특수' 상대성 이론 1916년에 그가 발표한 '일반' 상대성 이론과는 구별된다이라고 불리는 이론을 검토하기 시작했다. 그는 2년이라는 긴 시간을 투자해 이 논문을 완성했지만 제1차 세계대전이 터지면서 논문 발표는 중지됐다. 편집장은 그에게 논문을 좀 더 수정해 연구를 더 하고 몇 년 후에 발표하는 것이 좋겠다고 말했지만, 결국 논문은 80년 이상 발행되지 못한 채 남아 있었다. 그 논문은 마침내 1995년 《아인슈타인의 논문 모음집》이라는 4권짜리 책 중에서 마지막 권에 포함되어 발간되었다. 이는 지금까지도 상대성 이론에 대해 아인슈타인이 가진 귀중한 통찰력을 보여 주고 있다.

같은 해, 아인슈타인은 새로운 친구를 만나게 된다. 프라하에서 그를 방문했던 네덜란드 물리학자 파울 에렌퍼스트였다. 아인슈타인은 후에 다음과 같이 회상했다.

"우리는 마치 서로를 굉장히 기다리고 있었던 것처럼, 몇 시간도 채 지나지 않아 친구가 될 수 있었습니다. 우리는 끈끈한 우정으로 연결되어 있었습니다. 그가 이 세상을 떠날 때까지도 말입니다."

그들은 열정적으로 오래도록 그리고 따뜻하게 물리학, 음악, 시오니즘 그리고 그들의 가족에 대해 이야기를 나누었다. 아인슈타인은 심지어 지인을 통해서 그 가족을 위해 바이올린과 피아노를 구해 주기도 했다. 당시 에렌퍼스트는 계속해서 아인슈타인에게 라이덴 대학교로 옮길 것을 제의했다. 그러나 아인슈타인은 이미 베를린에서 교수로서 자리를 잡은 상태였기 때문에 거절했다.

1934년에 아인슈타인은 에렌퍼스트가 병적인 자신감 결여로 고통받고 있다고 전했다. 에렌퍼스트는 결국 아들을 죽이고 자살했다. 그는 다운증후군에 걸린 16살이던 아들 바씨카를 병원에서 총으로 쏴 죽이고 자신도 목숨을 끊었다. 그의 죽음은 그의 아내뿐 아니라 다른 아들과 2명의 딸 그리고 아인슈타인에게도 큰 충격이자 깊은 슬픔으로 다가왔다.

    1913년, 아인슈타인의 결혼 생활은 악화되고 있었다. 아인슈타인은 그의 가족에게서 탈출하고 싶었다. 그는 베를린에 있는 엘자에게 자신의 상황을 토로하면서 그녀를 갈망하지만 답답함을 느낀다는 편지를 보냈다. 한편 밀레바는 다리에서 오는 통증으로 끔찍한 고통을 겪고 있었고, 다리가 너무 약해져서 걷기조차 어려웠다. 그녀는 집에서 아들을 돌보고 집을 지킬 수밖에 없었다. 아인슈타인에게 밀레바는 물론 장점이 있긴 하지만 항상 우울해하고 불평만 늘어놓는 답답한 배우자일 뿐이었다. 이런 상황에서도 그는 자신이 새롭게 시작한 중력에 대해 연구를 하느라 바쁜 나날을 보내고 있었다.

    그는 엘자를 생각하지 않으려고 노력했다. 그는 가족의 반대가 두려워 9개월 전부터 그녀와의 연락을 끊은 상태였다. 그러나 엘자가 그에게 생일 축하 편지를 보낸 후로 그들의 비밀스러운 관계는 다시 시작되었다. 그 후 아인슈타인과 밀레바는 함께 파리로 여행을 떠났다. 그곳에서 아인슈타인은 강연을 하기도 했고, 밀레바와 함께 마리 퀴리의 집에 머물기도 했다.

    늦은 여름, 아인슈타인 부부는 9살이 된 한스를 데리고 엔가딘 산으로 하이킹을 갔다. 여기에는 마리 퀴리와 그녀의 딸이 동행했다. 그녀의 딸은 한스와 또래였다. 밀레바는 다리가 아팠기 때문에 함께 하이킹을 할 수는 없었지만, 신선한 공기와 아름다운 경치를 즐겼다. 얼마 지나지 않아 에렌퍼스트와 그의 아내 티티아나가 2주간 취리히를 방문했고, 두 물리학자는 우정을 더욱 다질 수 있었다.

1913년에는 양자에 대한 새로운 시각이 대두되고 있었다. 덴마크의 물리학자 닐스 보어는 원자에 대한 새로운 해석을 세상에 내놓았다. 그는 원자의 핵 주변을 돌아다니는 전자가 특별한 에너지를 가진 궤도에서만 존재한다는 것을 이론화했다. 그의 이론에 따르면 전자가 한 궤도에서 다른 궤도로 이동할 때 광자가 분출된다는 것이었다. 보어는 이 연구로 1922년 노벨 물리학상을 수상했다. 아인슈타인이 노벨상을 수상한 지 1년 후였다.

9월, 아인슈타인은 두 아들을 데리고 장인 장모의 집이 있는 헝가리로 갔다. 밀레바는 두 아들이 그리스 정교회에서 세례받기를 원했다. 종교에 대해서는 관심이 없던 아인슈타인은 세례식에 참석하지 않았다. 휴가가 끝난 후 그들은 비엔나로 갔다. 그곳에서 아인슈타인은 그가 연구하고 있는 중력 이론에 대해 논했고, 이는 곧 유명해져서 주요 신문에 실리기도 했다. 밀레바는 아인슈타인이 베를린을 여행하는 동안 혼자서 취리히로 돌아왔다. 아인슈타인이 베를린에서 더 머물렀던 이유는 비즈니스적인 이유도 물론 있었지만 비밀리에 엘자를 만나기 위해서였다.

같은 해, 아인슈타인은 그의 친구이자 상대성 이론의 공동 저자인 수학자 그로스만과 '일반 상대성 이론'이라는 논문을 발표했다. 아인슈타인은 물리학 원리를 설명했고, 그로스만은 그 이론을 발전시키기 위해 필요한 진보된 수학을 설명했다. 새로운 논문이 발표되면서 동료들은 상대성 이론을 실험한 내용을 논문에 실어 발표하기도 했다. 일반 상대성 이론을 설명하는 논문이 발표되는 모습을 보면서 아인슈타인은 물리학계에 큰 반향을 제공했다는 데 굉장히 자랑스러웠다. 솔직히 그는 자신의 이론은 실험적 증명이 필요하지 않다고 생각했다. 그러나 그는 기꺼이 다음 일식까지 기다렸다. 기다리면서 그는 실험가들이 그의 이론을 실험적으로 증명할 수 있을 것이라고 확신했다.

그해 11월에 아인슈타인은 몇 달 동안 기다렸던 임명 결과 소식을 들을 수 있었다. 그는 프로이센 과학 아카데미에 선출되었고, 베른 대학교 연구 교수직 제의뿐만 아니라 곧 설립될 카이저 연구소의 이사직도 제의받았다. 모든 제의에는 후한 급여가 포함되어 있었다. 그는 밀레바의 바람과는 상관없이 모든 제의를 받아들였다.

어떤 사람들은 아인슈타인이 그토록 혐오하던 독일로 왜 돌아가길 원했는지 이해할 수 없었다. 특히 프로이센과 그의 교육 정책을 그렇게 싫어했는데 말이다. 스위스에서 그를 가장 현혹하게 만든 것 중 하나가 바로 교육의 의무가 없다는 점이었다. 물론 그는 강의하는 것을 좋아했지만, 일반 상대성 이론 연구에 더 집중하고 싶어 했다. 그러나 의심할 여지도 없이 그가 독일로 간 결정적인 이유가 있었다. 바로 엘자가 베를린에 살고 있다는 것이다. 이 결정으로 그의 인생은 크게 바뀌었다.

ALBERT EINSTEIN

"영웅주의, 무자비한 폭력처럼 애국이라는 이름 아래
행해지는 모든 혐오스러운 행동들.
나는 이것들을 말할 수 없을 만큼 증오한다!"

1930년, '내가 믿는 것은 무엇인가' 중에서

초기 베를린 생활 : 전쟁과 평화주의

아인슈타인이 베를린에서 생활한 지 얼마 되지 않았을 초반에도 그의 명성은 이미 세계적으로 뻗어 나가고 있었다. 이제 그는 물리학뿐만 아니라 비과학 분야에서도 자신의 의견을 피력할 수 있을 정도로 확고히 자리를 잡았고, 사람들이 그의 의견에 귀 기울이기 시작했다. 이 시기에 그는 평화주의나 유대인 전통에 관심이 많았다.

1914년 4월, 그는 베를린으로 거처를 옮기기 전부터 엘자와 계속 연락하고 있었고, 베를린에 도착한 후에는 더욱 잦아졌다. 밀레바가 친구들과 주고받은 편지를 보면, 그녀는 이미 이 상황을 알고 있었던 것 같다. 그러나 그녀는 이 문제로 남편과 다투지는 않았다. 아인슈타인은 밀레바를 소홀히 대했으며, 그녀를 빌머스도르프에 있는 아파트에 내버려 두곤 했다. 그녀는 어떤 경우든 베를린에 가고 싶지 않았다. 그곳에는 그녀를 여전히 경원시하는 아인슈타인의 가족들이 있었기 때문이다. 게다가 그녀는 자신이 겪어야 할 새로운 환경과 문화가 두려웠다. 그녀는 이전에 스위스에서 느꼈던 불안정한 감정을 다시금 느끼게 되었다.

아인슈타인의 작은 전쟁

1914년 6월 28일, 보스니아-헤르체고비나의 수도 사라예보에서 젊은 슬라브인인 독립주의자 가브릴로 프린치프가 오스트리아-헝가리 제국의 황태자 프란츠 페르디난드를 암살하는 사건이 벌어졌다. 이에 대한 보복으로 오스트리아는 세르비아 지역이었던 보스니아와 헤르체고비나를 식민지로 만들려고 했다. 그러자 세르비아는 러시아에 도움을 요청했고, 이에 대응하고자 오스트리아-헝가리는 독일과 함께 동맹을 맺었다. 이로써 엄청난 힘을 가진 양 진영은 서로에게 전쟁을 선포했다.

8월 4일, 독일은 중립국이었던 벨기에를 선전포고 후 점령했다. 뒤늦게 카이저 빌헬름은 전쟁에서 독일의 개입을 축소하려 했고, 지금까지 독일은 이 노력이 전쟁에서 중요한 요인으로 작용했다고 강조하고 있다. 그리고 아인슈타인에게도 '위대한 전쟁'은 시작되었다. '모든 전쟁을 종식시키는 전쟁'이 시작된 것이다.

이 혼돈 속에서 아인슈타인은 가정 내 불화를 끝내겠다고 결심했다. 그는 7월 중순, 아내에게 그와 함께 지내기 위해서는 반드시 지켜야 할 사항을 담은 이상한 각서를 건네주었다.

A. 당신이 꼭 해야 할 일

1) 나의 옷은 항상 깨끗이 세탁하고 잘 정리해 둘 것.

2) 하루 세끼를 식사 시간에 맞춰 내 방으로 가져올 것.

3) 내 침실과 서재는 항상 깨끗이 정리하고, 책상에는 절대 손대지 말 것.

B. 사회적으로 꼭 필요할 때를 제외하고는 나와의 개인적인 관계는 포기할 것

1) 집에서 나와 함께 있는 건 포기할 것.

    2) 함께 외출하거나 여행 가는 일을 포기할 것.

C. 나와의 관계를 유지하기 위해서는 다음 사항을 반드시 따를 것
    1) 나에게 어떤 친밀함도 요구할 수 없으며 어떤 제안도 하지
       말 것.
    2) 내가 요구할 때 외에는 나에게 말 걸지 말 것.
    3) 내가 요구하면 언제든지 아무 말 없이 내 침실이나 서재에
       서 나갈 것.

D. 아이들 앞에서 나를 비난하는 말이나 행동을 하지 말 것

아인슈타인과 밀레바의 11년간의 결혼 생활 대부분은 불행했다. 1913년, 아인슈타인은 엘자에게 다음과 같은 내용의 편지를 보냈다.

"상대방의 잘못이 명백하지 않을 때 이혼한다는 것은 매우 어려운 일이오. … 나는 내 아내를 해고할 수 없는 직원처럼 대하고 있소. … 항상 쌀쌀맞고 무뚝뚝한 그녀는 내 인생에서 아무것도 아닌 존재일 뿐만 아니라 다른 사람의 행복을 방해하는 존재일

뿐이오."

확신하건대 이 편지는 밀레바에게 모욕감을 주기 위해 아인슈타인이 일부러 쓴 편지였다. 그는 이후로도 계속 잔인한 말과 차가운 태도로 그녀를 대했다. 적어도 당시 그는 밀레바에게 굉장히 화가 난 상태였다. 그는 자신이 그녀와 이혼하고 싶다는 사실을 그녀에게 알리고 싶었다. 안타깝게도 그는 좀 더 유한 표현을 찾지 못했다.

밀레바는 아인슈타인에게 재정적인 부분뿐 아니라 사회적인 위치에도 굉장히 의존하고 있었기 때문에 그 상황들을 잠자코 받아들였다. 처음에는 그랬다. 그러나 그녀가 느끼는 모욕감과 불행한 감정들이 점점 커져 마침내 7월 말, 짐을 싸서 베를린을 떠나 버렸다. 아이들을 데리고 취리히로 떠난 그녀는 양육권 문제와 이혼에 대한 마음의 준비를 하고 있었다.

밀레바가 떠난 덕분에 아인슈타인은 더욱 편하게 엘자를 만날 수 있었다. 또한 그는 베소에게 편지를 보내 "나는 지금 엘자와 최고로 즐겁고 행복한 시간들을 보내고 있다네. 아마 이 안정감은 결혼을 하지 않았기에 느낄 수 있는 거겠지"라고 자신의 마음을 전했다. 당시 그는 밀레바와의 불행했던 결혼 생활 때문에 결혼에 대한 부정적인 시각을 갖게 되었다. 그가 생각하기에 결혼이라는 덫은 사람들이 서로를 자유로운 인간이 아닌 소유물로 대하게 만드는 것처럼 느껴졌다. 편지 말미에 "결혼은 단순히 문화적인 것처럼 보이지만 사실은 노예제도에 지나지 않는다네"라고 덧붙인 걸 보면 말이다.

모든 경쟁을 혐오한 평화주의자

이제 전쟁은 유럽 전체에서 발발하기 시작했다. 독일 국적을 가진 모든 계층의 사람들은 어떤 방법을 통해서든 전쟁에 동참해야만 했다. 스위스 국적을 취득한 아인슈타인은 당연히 독일 시민에게 주어지는 의무가 주어지지 않았다. 그는 처음부터 자신은 평화주의자라고 선언했으며, 최근 독일이 승리했던 순간에 기쁨과 열정이 넘쳐 났던 사회 분위기를 바라보면서, 유럽은 광기로 휩싸여 말도 안 되는 일들을 자행하고 있다고 언급했다. 1914년, 그는 자신의 친구인 에렌퍼스트에게 다음과 같은 이야기를 했다.

"이런 상황에서 보여 지는 인간의 짐승 같은 모습이 너무도 개탄스럽다네. … 나는 지금 동정심과 혐오감을 동시에 느끼고 있어."

그는 그의 친척인 물리학자 게오르그 니콜라이의 권유로 평화 성명서에 서명했다. 이는 독일에 국한되는 것이 아니라 유럽 전체에 평화를 호소하는 성명서였다. 그는 반전 모임에도 참석했다. 아인슈타인은 본능으로 평화를 지향했다. 어릴 적부터 그는 군대라는 곳을 굉장히 싫어했다. 그리고 전쟁이나 어떤 정책에 대해 독립적으로 사고할 수 없고, 정부와 상사의 명령에 무조건적으로 복종하는 군대에 입대해야 하는 이유를 이해할 수 없었다. 그는 후에 기독교 간행물의 편집장에게 다음과 같은 편지를 써서 보냈다.

"평화를 추구하는 제 모습은 본능입니다. 사람을 죽이는 것처럼 혐오스럽고 끔찍한 일도 없다는 생각에서 나온 가치관입니다. 평화를 추구하는 저의 태도는 학문적인 이론에서 나온 것이 아닙니다. 이는 모든 종류의 잔혹한 학대에 대한 깊은 반감에서 나온 것입니다."

그는 정부의 가장 중요한 역할은 개인을 보호하고, 개인이 창조적인 인간으로 발전하도록 도와주는 것이라고 생각했다. 22살의 젊은 청년이던 아인슈타인은 '아버지 같은' 빈텔러에게 "권위에 대한 맹목적인 믿음이야말로 진실에 있어서 최악의 적이 될 수 있습니다"라고 적힌 편지를 보내기도 했다.

그는 그 형태와 방식이 어떻든 모든 종류의 경쟁을 거부했다. 다른 사람을 이겨야 하는 방식 때문에 심지어는 체스처럼 무해하고 창조적인 게임도 허락하지 않았다. 그는 사람들이 경쟁에 집중하고 승리를 통해 기쁨을 얻는 모습을 이해할 수 없었다. 당연히 전쟁을 거부했으며, 권력과 지위를 차지하기 위한 투쟁도 거부했다.

아인슈타인은 자신의 위치에서 독일인 동료들, 후원자들과 원활한 관계를 이어 가야만 했다. 그는 비록 개인적으로는 그들의 이데올로기를 경멸하긴 했지만 말이다. 그는 자신이 독일 시민이 아니라는 점을 유의하면서 그들과 논쟁을 하거나 맞서기보다는, 그들이 다른 시각으로 생각할 수 있도록 질문하곤 했다.

아인슈타인은 스스로를 어떤 특정한 국가의 시민이라기보다는 전 세계의 시민이라고 생각했다. 그는 민족주의를 유치한 질병으로 치부하며 그것을 인류가 가진 홍역이라고 표현했다. 그는 과학적 연구란 전 세계적으로 자유롭게 공유할 수 있어야 한다고 생각했다. 이러한 생각은 그의 국제주의적인 태도에 좀 더 힘을 실어 주었다. 그는 국가가 서로 적대적인 태도를 보인다면 과학자들이 다양한 전문 지식을 공유하기 어려워진다고 주장했다.

아인슈타인은 신기하게도 자신의 동료 몇몇이 그들이 가진 전문 기술을 전쟁에 활용하는 것을 보고도 전혀 동요하는 기색이 없었다. 그는 화학자인 프리츠 하버가 자신의 기술을 이용해 독일의 전쟁 활동에 참여하고, 독가스를 처음으로 사용했다는 사실에도 놀라지 않았다. 또 다른 동료인 발터 네른스트는 카이저 빌헬름 학회의 이사로, 그 또한 전쟁에 활발히 참여하고 있었다. 그의 두 아들은 전쟁 중에 모두 죽었으며, 하버와 네른스트는 각각 1918년과 1920년에 노벨 화학상을 수상했다.

제1차 세계대전은 10년이나 지속되었다. 아인슈타인이 상대성 이론을 주제로 첫 번째 논문을 발표한 후에도 전쟁은 계속되었다. 그는 상대성 이론에 집중하고 있었다. 이 시기에 많은 물리학자들은 점차 아인슈타인의 이론에 회의적인 반응을 보였다. 그의 이론을 실험할 장치가 없는데다가 그 이론을 이해할 수 있는 공식을 가지고 있지 않았기 때문이었다. 그럼에도 그는 자신의 이론을 체계화하기 위해 계속 노력했다. 논문을 발표하면서 이론을 이해시키기 위한 강연을 하고, 담화를 만들어 발간하기도 했다. 제1차 세계대전이 벌어지고 있는 동안, 그는 우리에게 일반 상대성 이론으로 알려진 연구에 몰두하고 있었다.

1914년, 개기 일식을 앞둔 어느 날이었다. 일식을 가장 잘 관찰할 수 있는 곳은 러시아의 남서쪽이었다. 아인슈타인은 독일인 동료 에르빈 프로인드리히와 일식 장면을 찍기 위해 러시아로 떠났다. 일식은 '빛이 방향을 바꾸거나 휘게 되면 중력장에 있다'는 상대성 이론을 증명할 수 있는 현상이었다.

그러나 프로인드리히와 관측팀이 크리미아에 도착한 지 얼마 지나지 않아 제1차 세계대전이 발발하면서 독일과 러시아는 순식간에 적군이 되었다. 러시아에 있던 과학자들은 포로로 잡혀 수용소에 갇혔고, 그들이 아르헨티나 관측팀에게 빌려 온 장비들도 압수당하고 말았다. 관측 여행은 실패로 돌아갔다. 아쉽게도 전쟁에서 중립 선언을 택한 미국인 일원도 없었다. 8월 21일 일식에서는 먹구름 때문에 일식을 제대로 관찰할 수 없었고, 그 결과 아인슈타인은 자신의 이론을 증명할 수 있는 기회를 놓치고 말았다. 그 후 1919년까지 일식은 일어나지 않았다.

1915년 말, 아인슈타인은 중력 이론을 포함한 상대성 이론을 완성했다 제7장 참고. 그는 프로이센 과학 아카데미에서 네 차례에 걸쳐 자신이 세운 이 놀라운 이론을 요약해서 강연을 했고, 그의 이론은 케플러-뉴턴의 행성 이동 이론을 대체하게 됐다. 아인슈타인은 태양 주변에서 빛이 휘는 현상과 수성의 근일점에서의 세차운동을 설명하면서 새로운 현상을 밝혀냈다.

같은 시기, 아인슈타인은 연구에 몰입하면서도 엘자와 지속적인 만남을 가졌다. 자연스럽게 그는 가장으로서의 책임감이 사라지고 있었다. 그의 아들 한스는 아버지 아인슈타인을 혐오했다. 한스는 아인슈타인이 종종 편지로 불합리한 요구를 할 때마다 더욱 그가 싫어졌다.

그는 아이들이 무척 그리웠고 걱정되었다. 그러나 밀레바와 아이들은 중립국인 스위스에 있는 것이 더욱 안전하다고 생각했다. 물론 아인슈타인도 이 사실을 잘 알고 있었다. 그가 여름에 취리히를 방문하려 했지만, 밀레바와 아이들이 만남을 거부하면서 그 계획은 취소되었다. 대신에 그는 엘자와 그의 딸들을 데리고 발트 해에서 함께 휴가를 보냈다. 그럼에도 그는 종종 아들들과 밀레바와 편지를 주고받았으며, 9월에는 함께 하이킹을 가기도 했다.

아인슈타인은 1915년 11월에 완성한 '전쟁에 대한 나의 생각'이라는 짧은 에세이에서 자신의 의견을 밝혔다. 이 에세이는 독일 문화 기구 괴테-번드의 요청으로 집필했으며, 이는 다음 해에 출간된 《애국 기념》 중 한 권에 실렸다. 그는 애국을 선언하는 대신에 자신이 갖고 있는 전쟁에 대한 혐오감을 드러냈다. 그는 에세이에서 전쟁을 생물학적으로 결정된 남성들의 공격적인 성향의 결과물이라고 표현했다. 그리고 항상 평화를 지지하며 어떤 상황에서든지 전쟁은 일어나선 안 된다고 말했다. 다음은 에세이에서 삭제된 부분이다.

"내가 시민으로 속해 있는 이 국가는 나의 정서적 삶에 어떠한 영향도 주지 않는다. 나는 사람과 국가의 관계는 곧 비즈니스적인 문제와 결부된다고 생각한다. 즉 둘의 관계는 생명보험 회사의 관계와 비슷하다."

아인슈타인이 9월에 아들과 하이킹을 갔다가 만난 평화주의자 로맹 롤랑에 따르면, 아인슈타인이 "프로이센을 진압하기 위해서는 동맹국이 승리해야 한다"라고 말했다고 한다. 아인슈타인은 독일이 차라리 지질학적인 면을 고려해서 북쪽은 프로이센, 남쪽은 남부 독일과 오스트리아로 나눠지는 것이 좋다고 생각했다.

1916년, 아인슈타인은 독일의 물리학회 회장으로 선출되었고 이는 1918년까지 이어졌다. 이보다 더 중요한 일이 있었다. 상대성 이론에 대한 세부 사항들이 드디어 발표된 것이다. 이 세미나 논문은 '일반 상대성 이론의 기초'라는 제목으로 발표되었다.

이 논문 발표를 기점으로, 그가 1905년에 발표한 이론은 '특수 상대성' 또는 '특수 이론'으로 알려지게 되었다. 그리고 중력에 대한 이론을 종합해서 발표한 1915년부터 1916년까지의 이론은 '일반 상대성' 또는 '일반 이론'으로 알려지게 되었다.

일반 상대성 이론은 물리학의 모든 법칙을 수학적 공식을 통해 설명한다 제7장 참고. 사람들은 수학적 내용이 포함되면 복잡하다고 생각하기 마련이다. 그래서 그는 자신의 이론을 더 쉽게 풀어서 새롭게 세상에 선보였다. 그 책이 바로 《쉽게 이해할 수 있는 특수, 그리고 일반 상대성 이론에 관하여》이다. 이는 그의 저서 중에서 가장 많이 알려진 것이기도 하다. 쉽게 풀어서 설명했다고는 하지만 여전히 많은 독자들 사이에서 가장 이해하기 어려운 책으로 남아 있다. 1920년에 영국에서 《상대성 이론 : 특수론과 일반론, 대중적 해설》이라는 제목으로 번역본이 발간되었다. 이보다는 1916년 그가 발표한 양자역학에 관한 논문이 3장 정도의 분량으로 훨씬 더 이해하기 쉽다.

짙게 드리운 전쟁의 그늘

아인슈타인은 평화주의자 활동을 계속 이어 갔다. 당시 이미 유럽 전체에서 수백만 명의 사람들이 죽어 가고 있었다. 동쪽, 서쪽, 해안가 할 것 없이 많은 사람들이 희생되고 있었다. 독일은 40년 전에 오토 본 비스마르크가 독일을 통일하면서 정립한 민족주의 정신을 지키고 있었다. 이 정신은 제2차 세계대전이 끝난 후에도 사라질 줄 몰랐다.

1888년에 새롭게 즉위한 빌헬름 2세는 굉장히 팽창주의적인 관점을 가지고 있었다. 그는 즉위 2년 만에 자신보다 연장자이며 정치적으로도 뛰어난 재량이 있던 비스마르크를 해임하고, 과거에 활발히 이루어졌던 정복 활동을 재개했다.

진보주의자든 보수주의자든 독일인 대부분은 전쟁을 지지했다. 처음에는 그랬다. 당시 많은 사람들은 지도자가 그들을 전쟁터로 몰아넣는 이유를 공익을 위해서라고 생각했다. 그러나 전쟁이 지속되고 희생자가 늘어 가면서 사람들은 평화적인 협상을 통해 희생자가 더 이상 늘지 않기를 바라고 있었다.

국가 지도자의 생각은 달랐다. 독일 지도자는 패배한 국가가 되고 싶지 않았고, 게다가 여기서 전쟁을 멈출 경우 혁명이 일어날 수 있다는 두려움에 기존의 계획을 강행했다. 전쟁이 길어질수록 독일 내 진보주의자 사이에도 균열이 생기기 시작했다. 어떠한 목적을 가진 전쟁이든 전쟁을 반대하는 사람이 많아지면 분열이 나타나기 마련이다.

독일의 경제도 심각했다. 총이나 탄약의 비축량이 부족했으며, 아인슈타인의 친구인 하버처럼 전쟁에 필요한 물질을 만들어 낼 수 있는 화학자들도 턱없이 부족한 상황이었다. 게다가 남성 대부분이 전쟁에 참여하면서 노동력이 눈에 띄게 줄고 자원 또한 부족해질 수밖에 없었다. 급기야 1916년에 폭동으로 이어졌다.

전쟁 중에도 아인슈타인은 취리히에 있는 아들에게 계속 편지를 보냈다. 그는 아들에게 유럽에 평화가 찾아오는 즉시 만나러 가겠다고 편지를 쓰면서, 아들과의 관계가 더 좋아지길 바라고 있었다. 아들에게 보낸 편지의 내용은 다음과 같았다.

학교 성적에 대해서 크게 걱정할 필요가 없다고 조언하는 편지 :
남들에 비해 크게 뒤처지는 정도만 아니라면, 학교 성적에 대해 너무 걱정할 필요는 없단다. 모든 과목에서 반드시 좋은 점수를 받아야만 하는 건 아니거든.

피아노를 배울 때도 항상 즐기면서 해야 한다고 조언하는 편지 :
아버지는 네가 시간 가는 줄 모르고 집중할 수 있는 무엇인가를 발견하길 바란단다. 나는 종종 연구를 할 때면 점심 먹는 걸 잊을 정도로 연구에 몰입하곤 하지.

아들이 철자를 틀리는 문제에 대해서 따끔하게 조언하는 편지 :
여전히 많은 철자를 틀리고 있구나. 좀 더 주의하도록 해라. 네가 실수한 철자를 보고 다른 사람들은 너에 대해 나쁜 인상을 갖게 될 수도 있단다.

1917년 초, 아인슈타인은 두 달 만에 몸무게가 25킬로그램이나 줄 정도로 위장병이 심각했다. 이 병은 거의 4년 동안 그를 따라다니면서 괴롭혔다. 당시 그는 엘자의 집 근처에서 살고 있었고, 덕분에 그녀의 극진한 보살핌을 받으며 회복할 수 있었다. 엘자는 베를린의 쉐네베르그에 위치한 4층짜리 아파트에 살고 있었는데, 그녀의 집에서 오른쪽으로 가로질러 가기만 하면 바로 그의 집이 나타났다. 그해가 다 지나도록 그는 위궤양으로 고통받았고, 몇 달 동안 침대에 누워 있어야만 했다. 물리학 저널에 논문을 기고할 수 없을 만큼 약해진 그는 자신의 동료에게 대신 논문을 써 달라고 부탁하기도 했다.

1917년에는 밀레바의 건강도 악화되었다. 우울증까지 심해지면서 계속 누워만 있던 그녀는 결국 요양원으로 들어가게 되었다. 다행히도 아인슈타인의 친구인 하인리히 창거와 베소가 기꺼이 아이들을 돌봐 주었다. 친구들은 밀레바가 이렇게까지 쇠약해진 데는 그녀를 대하는 아인슈타인의 차가운 태도에도 책임이 있다고 몰아붙였다.

물론 아인슈타인도 자신에게 어느 정도 책임이 있다는 사실을 인정하고 있었다. 그는 밀레바가 결혼 생활을 이어 가고 싶어 한다는 사실을 알았지만, 그의 마음은 이미 엘자로 가득 차 있었다. 그는 밀레바가 당장은 이혼을 수락하지 않으리라는 것을 알았기 때문에 한동안은 이혼 이야기를 꺼내지 않았다. 그는 이혼을 하게 되면 한스를 베를린으로 데리고 가야 할지 말아야 할지 고민하고 있었다. 그러나 양육 문제에 대한 밀레바의 반응은 뻔했다.

그는 자신이 받는 급여의 반 이상을 밀레바와 자식들의 생활비로 보내고 있었다. 그리고 위암에 걸린 어머니에게도 따로 돈을 보내고 있었다. 가족을 모두 돌볼 수 있을 만큼 자신의 능력이 충분한지 걱정이 되었다. 독일 통화 가치가 크게 떨어졌기 때문에 그가 보내 준 돈이 스위스에서 생활할 만큼 충분하지 않을 터였다. 독일의 상황은 심각했다. 사람들은 말 그대로 굶주리고 있었고, 음식은 희귀했다. 소화기관인 위에 문제가 있어서 영양가 있는 식단으로 짠 식사를 해야만 했던 그에게는 큰 어려움이 아닐 수 없었다. 다행히도 교외에 살고 있는 친척이 그에게 음식을 보내 주었고, 스위스에 있는 하인리히 창거도 그에게 유제품을 보내 주었다.

제1차 세계대전의 종식

1917년 10월. 아인슈타인이 베를린에 도착한 지 3년하고도 반년이 지났지만, 독일은 여전히 전쟁 중이었다. 그사이 그가 이사직을 맡게 됐던 카이저 연구소가 드디어 문을 열었다. 연구소에서 그가 할 일은 물리학과 천문학 연구를 활발히 진행시키는 것이었다. 위궤양으로 고생한 지 몇 달이 지나자 이제 겨우 침대를 벗어날 수 있게 되었다. 그는 곧바로 몇몇 전문가 모임에 참석했고, 베른 대학교에서 강의를 시작했다. 강의를 꼭 할 필요는 없었지만 학생들을 가르치는 것이 즐거웠다.

1917년, 독일군은 군수품과 증강 병력을 나르던 미국 선함을 격침했다. 이 사건을 계기로 미국은 참전하였고 동맹군은 엄청난 도움을 받을 수 있었다. 군사 또한 200만까지 늘어났다. 바로 다음 해, 독일인들은 이제 전쟁이라면 진저리가 났다. 그들은 전쟁을 종식시키라는 압력을 국가에 넣기 시작했다. 동부에서의 승리와 서부에서의 패배 후, 독일은 전쟁이 종식되어 간다는 사실을 깨달았다.

1918년, 독일은 다른 나라들과 평화협상조약을 체결하기 시작했고, 마침내는 휴전을 제안했다. 동맹국들은 독일이 군사력 증강을 멈추고 독일로 후퇴해야만 휴전을 받아들이겠다고 답했다. 독일은 마지못해 이를 받아들였고, 이로써 제1차 세계대전은 종식되었다. 1918년 11월의 일이었다. 당시 베를린의 빌헬름 2세는 종식과 함께 퇴위했고, 전쟁은 수많은 희생자만 남겼을 뿐이었다.

전쟁의 결과는 그야말로 처참했다. 당시 《뉴욕 타임즈》 헤드라인은 '전쟁터에서 800만 명 이상 사망, 600만 명 이상의 민간인 희생자'였다. 결과적으로 전쟁은 구 유럽의 국가 체제를 완전히 바꾸었다. 전쟁은 4개의 제국을 붕괴시키는 동시에 분할했다. 여기서 4개의 제국은 독일, 러시아, 오스만 그리고 오스트리아-헝가리 제국을 말한다. 이 제국들이 붕괴되면서 세계 정복의 꿈을 가진 독일 나치와 소비에트 러시아가 등장하게 된다.

자연이 인류를 조롱하듯이 전쟁이 끝나기 무섭게 전염병이 전 세계를 휩쓸었다. 이 전염병 때문에 2천 만에서 4천 만 명의 생명이 사라졌다. 당시 이 전염병은 중세 시대 유럽을 강타했던 흑사병보다 더 지독했다. 미국에서는 67만 5천 명 이상이 사망했고, 유럽에서는 230만 명의 사람들이 생명을 잃었다. 전쟁 참전국뿐 아니라 전쟁과 상관없었던 국가에도 전염병이 퍼지기 시작했다. 공기로 전염되는 이 바이러스로 약 25퍼센트의 군인들이 목숨을 빼앗겼다. 미군은 전투에서보다 전염병으로 인한 폐렴으로 더 많이 사망했다. 이 전염병 바이러스의 잠복기는 이틀 정도였기 때문에 환자를 격리시키는 것도 도움이 되지 않았고 마땅한 항생제도 없었다.

다행히도 아인슈타인의 가족들은 질병과 전쟁 속에서도 살아남았다. 그러나 전쟁 종식 후 기근으로 말미암아 많은 독일인과 오스트리아인이 굶주리고 있었다. 퀘이커교처럼 인도주의적인 신앙 단체들은 어린이들을 구제하는 데 여념이 없었다.

아인슈타인도 다른 사람들처럼 기근으로 고통받고 있었다. 그는 자신의 주변에서 일어나는 일들을 직접 보면서 더욱 고통스러워했다. 그는 어린이 구제를 위해 음식을 제공하는 미국과 퀘이커교에 공식적으로 감사를 표했다. 새롭게 형성된 국가 단체에도 감사를 전했다. 이 모습을 보면서 그는 독일에도 자유민주주의 사회가 도래할 수 있을 것이라는 기대를 품게 되었다. 그의 목표는 민주주의 사회였다. 민주주의는 당시 유럽의 지식인들 사이에서 유행하고 있는 사상이었다.

그는 오늘날의 시각으로 판단하면 사회주의자는 아니었다. 그러나 그의 정치적 성향은 현 미국 민주당의 자유파와 매우 비슷한 좌파에 가까웠다. 그는 본래 물질적인 성공과 부의 축적에 관심이 없었다. 그가 지나친 자본주의를 반대했기 때문에 많은 사람들은 그를 사회주의자라고 생각했다. 그러나 그가 사적인 소유를 반대했다는 소문은 어떤 증거도 없는 주장이다. 그는 10년 동안 자신의 집을 소유하고 있었으며, 어린 시절 그의 아버지는 계속 사업을 했었다.

그러나 그는 정부가 사회 서비스나 교육, 건강 등의 문제에 상당 부분 개입해야 한다고 생각했다. 이러한 성향은 사회주의자뿐 아니라 비사회주의자에게도 나타나는 일반적인 생각이다. 표현의 자유를 중시하던 그는 자신의 생각이 공산주의자처럼 보이더라도 상관하지 않았다. 그렇다고 그가 공산주의를 지지하는 것은 결코 아니었다.

전쟁이 종식되기 전 여름날이었다. 더 이상 아인슈타인과 밀레바의 결혼이 계속될 이유가 없었다. 그들은 이미 이혼 서류에

서명한 상태였다. 조항에는 그가 스위스 계좌로 밀레바와 아이들의 생활을 위한 충분한 돈을 보내야 한다는 내용이 있었다. 그는 밀레바에게 분기별로 이혼 수당을 주기로 했고, 만일 그가 나중에 노벨상을 받게 되면 그 상금의 일정 부분도 밀레바의 차지였다. 그녀는 상금의 이자는 마음대로 손댈 수 있었지만, 아인슈타인의 동의 없이 원금에는 손대지 못했다. 밀레바가 양육권을 차지하긴 했지만, 아인슈타인도 방학이면 언제든지 아이들과 시간을 보낼 수 있었다.

1918년이 끝나 가고 있었다. 전쟁 역시 막바지로 향해 가면서 그들의 결혼 생활도 마침표를 찍게 됐다. 법적 절차의 첫 번째 단계에서 그는 이혼 사유를 제시해야만 했다. 그는 그때 공식적으로 자신의 간통을 인정했고, 그 결과 벌금과 소송비용을 부담하게 됐다. 또한 법원은 아인슈타인에게 적어도 스위스에서는 2년간 결혼할 수 없다고 못 박았다. 이혼 절차를 밟으면서 최종 수리가 되기 직전, 그는 한 달간 취리히에 가 있었다. 취리히 대학교에서 강의가 있었고, 밀레바와 아이들과 함께 시간을 보내기 위해서였다. 당시 그들은 서로를 용서했다.

아인슈타인이 취리히에 머무는 동안 베를린은 다시 혼돈에 빠졌다. 1월 초, 공산당이 출범하면서 유기적이지만 극단 좌파인 스파르타시스트Spartacist가 조직된 것이다. 이 조직의 이름은 고대 로마 시대 노예 반란의 지도자였던 스파르타쿠스의 이름에서 따온 것이었다. 그러나 이 조직은 독일의 사회-민주당, 독일군, 자유군단Freikorps으로 알려진 우파가 힘을 결합하면서 붕괴되었다. 이 시기에 자유군단은 전쟁에서 패배하고 돌아온 군인과 정부의 군 조직에 다시 들어가고 싶어 하는 군인들로 구성되었다. 다른 이들은 공산당을 막기 위해 조직되었다. 스파르타시스트가 붕괴되면서 조직의 지도자인 로자 룩셈부르크와 카를 리프크네히트를 포함한 조직원 모두가 살해되었으며, 이들의 시체는 1월 15일 강물로 던져졌다.

새로운 시작을 꿈꾸던 아인슈타인

전쟁이 종식된 다음 해, 아인슈타인의 삶에 분수령이 내려졌다. 밀레바와 이혼하고 엘자와 결혼한 것이다. 물론 그는 결혼에 대해 부정적이긴 했지만 말이다. 엘자는 17년 동안 그녀가 세상을 떠날 때까지 아인슈타인의 아내로 살았다. 아인슈타인은 일반 상대성 이론을 증명하면서 국제적인 인사가 되었다 제7장 참고. 또한 전쟁 후 국제적 화합에 집중했으며, 유대인들의 유대감을 강화시켰다. 당시 많은 유대인은 오랜 시간 동안 차별받으며 살아왔다. 동유럽에서 이런 차별을 받던 유대인들은 조금이나마 더 나은 삶을 살기 위해 독일과 서부 국가로 이동했다. 그러나 편견은 여전했다. 심지어 같은 독일 유대인들 사이에서도 그랬다. 독일의 유대인들은 자신들은 동쪽에서 농사만 짓다 온 유대인들과는 문화적, 사회적으로 다른 존재라고 생각했다.

아인슈타인은 후에 '나에게 다시 유대인의 정신을 일깨워 준 고마운 사람'이라고 칭했던 시오니스트인 쿠르트 블루멘펠트를 통해서 시오니즘에 관심을 갖게 되었고, 팔레스타인에 유대인 국가를 정착시키겠다는 사상을 지지하기 시작했다. 사실 그가 베를린에 올 때까지도 유대인이라는 사실은 거의 언급되지 않았다. 그는 세계 어디에서 누구와 있든 상관없이 자신이 있는 곳이 고향이라고 생각할 정도로 인종 문제에 있어서는 완전히 중립적인 태도를 취했기 때문이었다.

그는 시오니즘을 지지했다. 그렇다고 그가 그 조직에서 활동한 것은 결코 아니었다. 그는 시오니즘을 표방하는 유대인을 포함한 모든 민족주의를 반대했다. 그러나 유대인이 팔레스타인 땅에 이스라엘이라는 유대인 국가를 건국하는 것에 대해서는 지지를 표했다. 그는 공동체의 힘을 믿는 사람이었다. 1920년, 독일 유대인회에서 그는 다음과 같이 말했다.

"나는 독일 시민이 아닙니다. 그렇다고 내가 유대교를 믿는 유대인이라는 것도 아닙니다. 그러나 나는 내가 유대인이라는 사실이 기쁩니다. 비록 내가 유대인들을 '선택받은 사람'이라고 생각하지는 않지만 말입니다."

그는 반유대주의가 유대인들을 존속할 수 있게 해 주었다고 생각했다. 즉 편견에 대항하여 지속적으로 싸우면서 유대인들은 하나로 뭉칠 수 있었고, 동시에 동지애를 가질 수 있었다는 것이다. 그는 민족주의가 사라져야 그들이 사회에서 받아들여질 수 있다고 생각했다. 팔레스타인에서 벌어지고 있는 유대인들의 민족주의 또한 이제 멈추어야 한다고 주장했다. 그는 유대인들은 자신들이 살고 있는 곳이 어떤 사회인지를 이해할 필요가 있고, 그래야만 유대인의 존재가 인정받을 수 있다고 생각했다. 더불어 그는 유대인으로서의 정체성을 지키고자 하는 노력이 별로 없는 독일의 유대인들보다 미국의 유대인들이 이 사실을 깨닫고 사회와 잘 어우러져 살고 있다고 생각했다.

아인슈타인은 밀레바와 이혼하기 바로 직전에 엘자의 아파트와 가로질러 있는 곳으로 이사를 갔다. 엘자는 그곳에 그의 방과 서재를 따로 마련해 주었다. 2월 14일 발렌타인데이에 아인슈타인과 밀레바는 정식으로 이혼했다. 그에게 엘자와 6월에 결혼식을 올릴 수 있는 자유가 생겼다. 스위스에서는 이혼 후 적어도 2년간은 결혼을 할 수 없었지만, 여기는 독일이었다. 당시 엘자의 딸인 일제는 22살이었고, 마르고트는 20살이었다. 둘 다 어렸기 때문에 아인슈타인과 함께 살았으며, 엘자의 어머니인 판니도 함께 베를린의 집에서 살게 되었다. 그녀는 아인슈타인의 이모이기도 하다. 즉 그의 어머니 파울리네와 자매 사이였다. 그리고 야코프도 함께 살았다.

귀여운 숙녀 일제는 자신의 친구이자 물리학자이며 평화주의자인 게오르그 니콜라이에게 1년 전, 아인슈타인이 자신에게도 청혼했었던 사실을 털어놓았다. 일제는 아인슈타인에게 그를 향한 자신의 사랑은 미래의 배우자로 느끼는 사랑이라기보다는 아버지에 대한 사랑의 마음이라고 말했다. 일제의 거절 후 아인슈타인은 엘자와의 결혼에 만족하는 것처럼 보였다. 그리고 일제는 아인슈타인의 비서가 되었다.

6월 2일, 결혼식이 치러지기 4일 전이었다. 드디어 일식이 일어났다. 일반 상대성 이론의 가장 유명한 전문가이자 캠브리지

천체 연구소 소장이던 아서 에딩턴을 주축으로 영국의 관측팀이 만들어졌다. 관측팀은 상대성 이론을 증명하기 위해 서아프리카 해안에서 조금 떨어진 곳에 위치한 프린시페 섬으로 떠났다. 그들의 임무는 태양의 중력에 의한 별빛이 휘는 정도를 측정하는 것이었다. 아인슈타인은 관측팀이 임무를 완수할 것이라고 확신하고 있었다.

ALBERT EINSTEIN

"친애하는 어머니, 기쁜 소식이 있습니다.
영국 관측팀이 태양에 의해 빛이 굴절된다는 것을
증명했다는 내용을 로렌츠가 전보로 보내 주었습니다."

1919년 9월 27일, 어머니에게 일반 상대성 이론의 증명에 대해 이야기하면서

제7장

일반 상대성 이론을 향해서

《물리학 연보》는 20세기 초반 세계에서 가장 저명한 물리학 학술지였다. 1905년에 아인슈타인의 중요한 논문이 실린 연보이기도 하다. 독일권의 모든 물리학자들이 이 학술지를 본다고 해도 과언이 아닐 정도로 당시 이 연보는 굉장히 유명했다. 아인슈타인의 여동생인 마야의 기억에 의하면, 아인슈타인은 자신의 연구가 '날카로운 관점과 신랄한 비평'으로 논란을 불러일으킬 것이라고 기대했다. 그러나 아인슈타인은 매우 실망했다. 그 논문이 발표된 직후에는 어떤 반응도 없었기 때문이다.

그 침묵은 곧 깨졌다. 독일 물리학자인 막스 플랑크가 그에게 이론 중 명확하지 않은 부분들에 대한 설명을 요청했기 때문이다. 아인슈타인은 물론 기꺼이 설명해 주었고, 플랑크는 상대성에 관해 쓴 그의 이론에 견주는 첫 번째 물리학자가 되었다.

그에게 기회가 왔다. 취리히 연방 공과대학교의 교수 헤르만 민코프스키가 아인슈타인의 특수 이론에 관심을 가진 것이다. 취리히 연방 공과대학교는 아인슈타인이 이전에 교수로 재직했던 곳이기도 하다. 수학자인 민코프스키는 몇몇 용어를 만들어 냈는데, 그가 만든 광원뿔과 세계선은 물리학자들 사이에서 이제는 일상용어가 되었다. 더욱 중요한 것은 그의 관심 덕분에 아인슈타인의 특수 상대성 이론이 수학자들 사이에서 집중 받을 수 있었다는 점이다.

아인슈타인의 특수상대성 이론

특수 상대성 이론은 2개의 준거 틀을 사용했다. 다른 물체에 비하여 같은 속도를 유지하면서 직선으로 이동하는 물체를 기준으로 삼았다. 대부분의 경우에는 이 새로운 이론이 모두 적용됐지만, 물리학의 한 영역에서만 문제가 생겼다. 바로 중력이었다. 무게가 다른 물체가 가속 운동을 한다면 어떤 일이 벌어질까? 아인슈타인의 새 이론이 중력을 포함해서 답을 내릴 수 있을까?

특수 상대성 이론이 발표되기 전에 가속도는 물리학자들에게 골치 덩어리였다. 가속하는 물체에서는 이상한 '허구의 힘'이 발생한다. 자동차 안에서 시계 반대 방향으로 조금 빠른 속도로 회전하고 있다고 가정해 보자. 당신은 차 밖으로 던져질 것이다. 오른쪽 방향으로 말이다. 당신은 원의 중심으로부터 밖으로 던져졌다는 느낌을 받을 텐데, 이것이 바로 원심력이며, 이 용어를 라틴어로 번역하면 '중심에서 날아간다'는 뜻이다. 그러나 이 힘은 가짜다. 차에서 나오는 회전력은 당신이 가려는 방향의 수직으로 움직이게 만든다. 그러나 차의 관성은 계속 직진으로 가도록 만든다. 회전력과 관성 사이의 팽팽한 싸움이 자동차가 원 주변에서 안전히 회전하게끔 만드는 것이다. 허구의 원심력은 이 두 힘 사이의 팽팽한 접전의 결과이다.

가속도를 설명하기 위해서 아인슈타인은 영감이 필요했다. 1907년, 그가 '내 인생에서 가장 행복한 발상'이라고 칭했던 생각이 머리를 스쳤다. 당시 그는 특수 상대성 이론을 요약해 달라는 요청을 받았다. 《물리학 연보》에서 요청한 것이 아니라 유명한 독일 물리학자 요하네스 슈타르크가 요약을 요청했다. 그는 《방사선 연감》의 저자이기도 하다.

아인슈타인은 상대성 이론을 중력에도 적용시키기 위해 고군

분투하고 있었다. 예를 들어 만일 어떤 사람이 지붕에서 떨어지고 있다고 가정해 보자. 그 사람은 떨어지는 순간 자신의 몸무게를 느끼지 못할 것이다. 그는 여기서 힌트를 얻었다. 이 힌트를 바탕으로 정리한 이론이 '등가원리'인데, 이는 중력장에 있는 물체나 가속하고 있는 물체나 똑같다는 것을 의미한다. 그는 자신의 논문에 이 개념을 포함시켰다.

이 생각은 오랜 역사를 가진다. 16세기의 유명한 실험이 있다. 전설로만 전해지고 있지만 말이다. 이탈리아 과학자인 갈릴레오 갈릴레이가 피사의 사탑에서 무거운 물체와 가벼운 물체를 동시에 떨어뜨렸다. 그들은 같은 속도로 동시에 함께 떨어졌는데 여기에는 심오한 의미가 담겨 있다. 중력의 세기는 물체의 중력 질량과 비례한다는 것이다. 뉴턴에 따르면, 무중력이라는 것이 가속도가 물체의 관성 질량에 비례하게 만든다. 갈릴레오의 실험은 두 가지가 같다고 정의한다. 아인슈타인은 이를 중력 질량과 관성 질량이 동등하다는 등가원리로 설명했다.

1964년, 미주리에서 태어난 물리학자 로버트 디키는 갈릴레오의 실험을 좀 더 전문적인 방법으로 재구성했다. 그는 3개의 질량을 준비했다. 2개는 알루미늄, 하나는 금이었다. 그는 이를 굉장히 민감한 비틀림 저울에 놓고 우주 공간으로 보냈다. 우주선의 궤도가 지구의 중력을 무효화시키는 무중력 상태에서 비틀림 저울에 올려놓은 3개의 질량은 태양을 향해 떨어져야 한다. 만일 중력과 관성 질량이 다르다면 알루미늄과 금은 아주 작은 차이로 태양을 향해 떨어져야 하는 것이다. 이 차이는 비틀림 저울로 쉽게 측정할 수 있는데, 실험 결과 디키는 차이가 없다는 것을 발견했다. 디키의 실험 덕분에 아인슈타인의 이론은 더욱 엄격하고 정밀한 테스트를 통과하게 됐다.

드라이기와 레이저 같은 물건들로 많은 특허를 받은 물리학자 밥 디키는 상대성 이론의 역사에 특별한 언급을 했다. 왜 자연은 세련되고 단순하거나 아름다울까? 그는 아인슈타인이 했던 실험을 재현하면서 경쟁적인 이론을 만들었다. 그 자신이 틀렸고 아인슈타인이 옳다는 것을 증명하기 위해 디키는 많은 예리하고 복잡한 테스트를 고안했다. 덕분에 상대성 이론은 실험으로 증명된 이론이 되었고, 물리학에서 가장 정확한 이론 중 하나가 되었다.

아인슈타인은 등가원리를 통해 물리학을 한층 더 진보시켰다. 1907년에 발표된 '상대성 원리와 그 원리에서 나오는 결론에 관하여'라는 그의 논문은 12월 4일 슈타르크의 책상에 도착했다. 이 논문은 특수 상대성 이론이 일반 상대성 이론으로 한 걸음 나아가는 데 디딤돌 역할을 했다. 등가란 닫힌 박스 안에 있는 사람이 순간 알 수 없는 힘으로 자신을 잡아당기는 것을 느낄 때, 이 힘이 중력 때문인지 아니면 누군가의 힘에 의한 가속도 때문인지 구별할 수 없다는 것을 의미한다. 이 상황은 아인슈타인이 수학적 속임수를 사용할 수 있게 해 주었다. 중력의 복잡한 원리를 걱정하는 대신에 그는 일정한 가속도에 의한 수학적 이론을 연구했다. 그리고 등가의 원리를 사용하면 이 공식이 중력에도 적용될 수 있다고 생각했다.

아인슈타인은 2개의 시계를 준비하고 한 시계가 다른 시계에 비해 가속하고 있다면 이 둘의 차이는 무엇일지 자문했다. 거기에는 시간의 차이가 있다는 것을 증명한 뒤, 그는 이 등식을 가속도에서 중력으로 재구성하고 중력장에서 빛이 더 붉은색으로 변한다는 것을 발견했다. 이것이 바로 중력 적색 이동이며, 일반 상대성 이론을 증명한 중요한 실험 중 하나이다.

다음으로 그는 빛의 파동 속성을 설명하는 맥스웰의 등식을 조사했다. 아인슈타인은 가속하는 물체에 대한 추론을 할 수 있었고, 중력장은 빛이 비치는 길을 휘게 만든다고 결론 내렸다. 빛의 휘어짐은 또한 아인슈타인의 이론을 증명하는 주요한 실험이다.

1907년 크리스마스 이브, 아인슈타인은 논문을 보내 놓고 다른 이론에 도전했다. 그는 친구인 콘라트 하비히트에게 수성의 근일점의 움직임을 설명할 수 있기를 희망한다는 내용의 편지를 썼다. 그 후 4년 동안 일반 상대성 이론은 별다른 진전이 없었다.

빌헬름 빈의 지휘 하에 있는 《물리학 연보》는 1911년 아인슈타인의 중요한 논문 '빛의 전달에 있어서 중력의 영향에 관하여'를 실었다. 이 논문은 아인슈타인이 프라하에 있는 동안 쓴 논문이었다. 1907년, 아인슈타인은 뉴턴의 중력 이론과 특수 상대성 이론을 종합해 보고 싶었다. 이제 그는 한 걸음 더 온 것이다. 그는 새로운 중력 이론을 구성하기 위해서 등가의 원리를 사용해 보려고 했지만 몇 가지 문제가 예상되었다. 그는 동료인 야코프 라우프에게 "중력에 있어서 상대론적 적용은 심각한 문제를 야기한다"는 내용의 편지를 보냈다.

그는 특수 상대성 이론의 틀이 되는 몇 가지 이론 중에서 '빛의 속도는 한결같다'는 내용을 의심했다. 이는 한결같은 중력에만 적용되기 때문이다. 1911년의 논문은 1907년의 논문과 맥락은 같았지만 앞의 논문을 모두 포괄할 수 있었다. 그는 빛의 중력 적색 이동을 다시 보여 주면서 빛이 태양을 스치면 그 태양은 0.08아크 세컨드 Arc Second, 아크는 1도를 여러 조각으로 나눈 것의 단위로, 아크 세컨드는 1도를 3천600초로 나눈 것을 뜻한다—옮긴이, 즉 아주 미세한 정도로 휘게 된다는 것을 증명했다. 아인슈타인은 이것을 '천문학자들이 여기에서 발생하는 질문들을 가지고 발견되지 않거나 아예 탐사조차 되지 않으면 어쩌지 하는 걱정을 하게 할 만큼 가치 있는 발견'이라고 기록했다.

일반상대성 이론의 실마리

일반 상대성 이론은 잘 풀리지 않고 있었다. 1912년, 아인슈타인은 물리학자 아르놀트 조머펠트에게 가장 힘든 시기를 보내고 있다며 편지를 보내기도 했고, 친구 베소에게는 모든 과정이 지독하게 어렵다고 불평하기도 했다. 그는 곧 자신이 잘못된 수학 공식을 사용하고 있다는 것을 알았고, 이 깨달음은 그 어려움을 씻어주었다. 그는 너무도 자연스럽게 자신이 고등학교 시절 배운 유클리드 기하학을 적용하고 있었다. 이 기하학은 평평한 표면, 직선 그리고 결코 만날 수 없이 끊임없이 이어지는 평행선을 다루고 있었다. 이 방법으로는 중력을 설명할 길이 없었다.

유클리드 기하학에서 두 지점을 잇는 가장 단거리는 직선이다. 만일 당신이 세계 지도를 펴고 런던과 뉴욕 사이를 잇는다고 하면 대서양의 푸른 바다를 가로지르게 될 것이다. 이제 지구본을 보고 런던과 뉴욕을 연결해 보자. 지구는 둥글기 때문에 두 지점을 잇는 선은 직선이 될 수 없으며 작은 호를 만들게 될 것이다. 항공사는 이 부분에 대해 완벽히 이해하고 있다. 브리티시 에어웨이의 비행기가 런던을 출발해 뉴욕 퀸즈에 위치한 존 에프 케네디 공항에 도착하기 위해서는, 아일랜드의 남부 지역 일부와 그린란드의 끝 부분 그리고 노바스코샤를 가로지르면서 비행할 것이다. 이 경로가 가장 짧기 때문에 비행사는 가장 빠르고 저렴하게 비행할 수 있다.

물리학자들은 빛 또한 가장 빨리 이동할 수 있는 길을 선택한다는 것을 알고 있었다. 항공사처럼 광자도 평면보다 곡면에서 다른 길을 찾을 것이다. 곡면의 모양은 메트릭Metric이라고 불리는 것에 의해서 결정되는데 간단히 말해서 메트릭은 두 지점 사이의 거리를 나타낸다. 곡면에서 두 지점 간의 가장 가까운 거리는 지름길을 뜻하는 지오데식Geodesic이라고 부른다. 평면에서 지오데식은 직선이지만 구에서는 큰 원이 된다. 아인슈타인은 평면이 아닌 곳에서도 적용될 수 있는 지오데식과 메트릭 그리고 수학을 함께 이용해서 발전시키고자 노력했다.

그의 학창 시절로 돌아가 보면 그곳에는 그의 가까운 친구인 수학자 마셜 그로스만이 있다. 그로스만은 평면이 아닌 면의 속성에 대해 발견했다. 프라하에서 취리히로 돌아가던 중 아인슈타인은 그에게 "자네가 도와주지 않는다면 나는 돌아 버릴지도 모르네"라며 도움을 청했다. 그 친구는 아인슈타인에게 필요한 수학적 공식을 제시해 주었는데, 그것이 바로 리만 기하학이었다. 아인슈타인은 조머펠트에게 다시 편지를 보내 "저는 지금까지 순수한 기쁨이라고 여겼던 수학에 대한 존경심으로 가득 차 있습니다"라고 소감을 밝혔다. 아인슈타인과 그로스만은 함께 리만 기하학을 물리학계에 소개하는 논문을 발표했다. 1913년, 아인슈타인은 곡면의 가장 짧은 거리인 지오데식과 표면의 곡률이 관계가 있다는 것을 발견했다. 만일 당신이 표면의 곡률 정도를 안다면 지오데식은 그 표면에 있는 행성의 궤도를 결정할 수 있게 된다.

1915년, 아인슈타인은 일반 상대성 이론을 프로시아 과학 아카데미에 발표했다. 그 논문은 수학적으로 중력의 일관된 이론을 포함했다는 점에서 굉장히 그를 기쁘게 했다. 그는 그 논문을 자신의 인생에서 가장 가치 있는 발견이라고 칭했다. 그는 또한 "그 이론은 실패를 안겨 주진 않을 것입니다. 적어도 이론의 마법을 이해한 사람에게는 말입니다"라고 덧붙였다. 그 이론에 있어서 가장 중요한 것은 물질이나 방사선이 나타내는 공간의 곡률을 증명하는 방정식이었다. 좌변은 공간의 곡률을 나타내는 항이고, 우변은 '변형력 텐서 Stress Tensor'라는 물질의 효과를 모형화한 항이다. 아인슈타인은 이것에 대해 '물질은 공간이 휘어진 정도를 말해 주고, 공간은 물질이 어떻게 움직이는지 말해 준다'라고 정의했다. 이 논문은 중력장에 의해 빛이 휘는 현상에 대한 수정된 계산법을 보여 주는데, 아인슈타인이 1911년에 이미 예측했던 것이다. 그는 또한 중력의 적색 이동을 증명했고, 수성의 근일점에 대해 완벽하게 설명했다.

1859년 이후로 천문학자들은 수성의 궤도가 뭔가 잘못된 것 같긴 하지만 그것이 왜 그런 것인지는 알 수 없었다. 티코 브라헤, 요하네스 케플러, 아이작 뉴턴이 증명했듯이 완벽한 일식이 일어날 때 고립된 행성은 별의 궤도를 돌아야만 했다. 그러나 이것은 아인슈타인의 증명과 일치하지 않는 부분이 상당히 많았다. 일식은 특정하고 고정된 주요한 척도로 쓰였다. 수성은 태양 주변을 돌면서 매년 똑같은 타원 궤도를 따르는 것이 아니라, 태양과 가장 가까운 궤도점인 근일점이 공전 방향으로 매년 조금씩 이동한다. 이 같은 궤도 운동을 세차운동이라고 한다. 수성의 세차운동은 근일점이 100년마다 574초씩 이동한다. 그러나 뉴턴 역학에서의 계산 값은

43초가 부족했다. 천문학자들은 이 풀리지 않을 것 같은 문제에 대해 고민했었는데, 1915년 드디어 해답을 찾을 수 있었다. 일반 상대성 이론이 완벽하게 문제를 해결한 것이다.

1916년, 아인슈타인은 '일반 상대성 이론의 기초'라는 새로운 논문을 《물리학 연보》에 발표했다. 상대성 이론을 이해하기 쉽게 설명한 이 논문으로 일반 상대성이 완성되었다. 그는 실험을 통해 증명함으로써 천문학자들의 오랜 고민을 해결해 주었다. 약한 중력과 천천히 움직이는 물체는 뉴턴의 중력 이론을 간략히 표현한 것이다. 같은 해 그는 프러시아 과학 아카데미에서 '중력장의 개략적 통합'을 발표했다. 여기서 아인슈타인은 중력파가 존재하고 있음을 증명했다. 이제 이론을 증명하기 위해 실험하고 결과를 자세히 설명하기 위해 노력하던 시간이 차츰 지나가고 있었다.

곡률과 중력은 상대성 이론뿐만 아니라 간단한 물리학 실험에도 공존한다. 물방울을 생각해 보자. 물방울은 항상 수도꼭지에서 떨어진다. 여기서 두 힘은 경쟁하게 된다. 중력은 그 물방울의 질량을 가능한 한 낮아지게 만들고 싶어 한다. 그래서 중력은 물방울의 중력 에너지를 줄이기 위해 물방울을 수직으로 잡아당긴다. 그러나 물방울은 물로 구성되어 있고 물은 특유의 '표면 장력 Surface Tension, 액체의 자유 표면에서 표면을 작게 하려고 작용하는 장력-옮긴이'을 가지고 있기 때문에 중력이 물방울을 잡아당길수록 물방울의 표면적은 더 넓어진다. 또한 물방울의 표면 에너지도 더 커지면서 물방울에는 표면 장력과 중력 사이의 균형이 이뤄지는 것이다. 18세기 2명의 과학자, 프랑스의 피에르 시옹 라 플라스 후작과 영국인 토마스 영은 표면 장력은 물방울 표면의 곡률과 관계가 있다는 것을 증명했다. 중력과 곡률 사이에 균형이 이뤄진다는 것이다.

일반 상대성 이론과 비슷한 비유로, 트램펄린 Trampolin, 쇠틀에 넓은 그물망을 스프링으로 연결하여 그 위에 올라가 점프할 수 있는 운동기구-옮긴이에 농구공을 올려놓아 보자. 무거운 농구공은 트램펄린의 표면을 변형시킨다. 공이 중앙으로 가라앉으면 트램펄린의 표면은 자연스럽게 프레임을 향해 구부러진다. 이제 트램펄린에 구슬을 던져 보자. 구슬은 트램펄린의 구부러진 표면을 구르기 시작하면서 농구공을 궤도로 돌 것이다. 지구가 태양 주변을 도는 것처럼 말이다. 농구공은 트램펄린 표면이 어떻게 늘어나는지 보여 준다 물질은 공간이 어떻게 휘는지 말해 준다. 그리고 구슬이 어떻게 궤도를 도는지 보여 준다 공간은 물질이 어떻게 이동하는지 말해 준다. 만일 농구공 대신에 볼링공을 사용한다면, 더 무거운 볼링공은 트램 펄린의 표면을 더 휘게 만들 것이고 구슬의 반지름 궤도는 더 작아질 것이다. 즉 무거운 볼링공과 더 가까워지는 것이다. 비슷한 예로, 더 거대한 별은 그 주변의 시공을 더 크게 휘게 만든다.

1916년, 독일의 물리학자 카를 슈바르츠실트는 아인슈타인의 이론에 천체물리학을 적용했다. 그는 별처럼 어떤 방울이 고립되어 있으면 어떤 일이 일어나는지 궁금했다. 고립된 상태에서는 바로 가까이에 질량이 없기 때문에 변형력 텐서는 0이 된다. 물체는 시간이 흐른다고 달라지지 않으며 선호하는 방향은 없다. 슈바르츠실트는 시공간을 위한 메트릭을 별 주변에 도입시켰다. 슈바르츠실트 메트릭은 기이한 속성을 가지고 있다. 시공의 곡률은 완만한 경사를 걸어 내려오는 것처럼 특정 반경에서 무한하다. 그러나 절벽의 꼭대기에서 내려오는 것은 굉장히 멀리까지 갈 수 있긴 하지만 돌아올 방법이 없다. 슈바르츠실트의 반지름이라고 불리는 이 특정 거리가 바로 블랙홀의 반지름이다. 슈바르츠실트 반지름 안에서 방출된 빛은 일단 들어오게 되면 블랙홀의 손아귀에서 벗어날 수 없다.

아인슈타인의 광자 이론을 통해 우리는 에너지와 질량이 교환

가능하다는 것을 알았다. 몇 년 전, 또 다른 물리학자인 로이 커는 질량이 아닌 방사선을 포함하는 고립되고 고정되었으며 똑같은 공간에 집중했다. 그는 우주에서 회전하는 물체를 가지고 문제를 해결했다. 이는 커-슈바르츠실트 메트릭으로 알려졌으며, 과학자들이 회전하는 블랙홀의 움직임을 설명하는 데 도움을 주었다. 또한 천문학자들이 고밀도에 고압축된 별들인 중성자별을 설명할 수 있게 해 주었고, 중성자별과 가까운 급속도로 회전하는 펄서 또한 설명할 수 있게 해 주었다.

물리학자들은 때때로 엄청나게 단순화시키는 것을 좋아한다. 우리가 알고 있듯이 우주 공간에는 행성, 먼지, 별 그리고 은하계들이 있다. 물리학자들은 이마저도 간단히 하기 위해서 세부적인 것들은 무시하고, 우주는 부드러운 입자의 가스와 방사선으로 구성되어 있다고 정의했다. 변형력 텐서는 가스에 일정한 힘을 가하게 되는데 변형력 텐서를 가지고 우주의 곡률을 계산할 수 있다. 그 답은 몇몇 간단한 가설에 의존한다.

이 주제에 대해 연구하던 아인슈타인은 정신병원에 갈까 봐 두려울 정도였다고 한다. 아인슈타인은 우주에 대해 간단하고 명료한 답을 찾기 위해 열심히 노력했다. 그는 우주는 정지되어 있고, 시간이 지나도 변하지 않는다고 강하게 믿었다. 우주가 정지되어 있다는 것 외에 다른 제안을 할 만한 증거도 없었다. 그가 얼마나 노력했는지 모르겠지만 방정식에 대한 어떠한 답도 찾을 수가 없었다.

1917년, 그는 해답을 얻었다고 생각했다. 아인슈타인은 방정식을 살펴보면서 새로운 항을 추가할 수 있다는 사실을 발견했는데, 이것이 우주 상수로 알려지게 된 것이다. 그는 우주 상수를 '일반 상대성 이론에서의 우주적 고찰'이라는 제목의 논문에 수록했다. 우주 상수 없이는 중력이 정지된 세계를 무너뜨려 버리기 때문에, 정지된 세계는 있을 수 없었다. 즉 우주 상수가 작용하며 중력을 상쇄시킨다. 20년 동안 우주론자들은 우주 상수가 0이어야 한다고 잘못 생각했고, 아인슈타인은 우주 상수를 만든 것을 인생 최대의 바보 같은 실수라고 생각했다. 그러나 지금 우리가 살고 있는 우주를 가장 잘 서술하자면 '0이 아닌 우주 상수를 가지고 있다'고 표현해야 한다. 아마도 아인슈타인의 최대 실수는 우주 상수를 그의 최대 실수였다고 인정한 것일지도 모른다.

1917년 아인슈타인의 논문이 발표된 직후, 당시 유명했던 네덜란드 천문학자인 빌럼 드 지터는 아인슈타인의 등식을 증명할 수 있는 또 다른 방법을 발견했다. 지터는 우주 이론을 발전시켰을 뿐만 아니라 그의 결론을 영국왕립학회에 전달했다. 왕립학회는 영어권에서 가장 유명한 과학자들의 모임이었다. 지터가 왕립학회에 보낸 편지 때문에 영어권이었던 왕립학회도 일반 상대성 이론에 친숙해 질 수 있었다.

왕립학회 소속이던 아서 에딩턴은 천문학자, 이론가인 동시에 관측자였다. 그는 영국에서 일반 상대성 이론의 가장 큰 촉진제 역할을 했다. 그는 실험을 통해 일반 상대성 이론을 증명할 수 있고, 거대한 물체 근처에서 별빛이 변형될 수 있다는 것을 깨달았다. 에딩턴과는 별개로 아인슈타인과 프로인드리히도 이 생각을 떠올렸다. 몇몇 실험자들은 이미 중력 적색 이동을 조사하기 위해 시도했다. 그러나 기술적인 문제로 수렁에 빠졌고 쉽게 도전할 수 없었다. 빛의 찌그러짐을 위해 그들 모두는 태양을 가깝게 지나가는 떨어진 별에서 나오는 빛을 관찰해야 했다. 별에서 나오는 빛을 보기 위해서는 주변이 어두워야 한다. 즉 개기 일식을 의미했다. 1919년 5월 29일, 서아프리카에서 일식이 일어나던 날이었다. 운이 좋게도 태양은 히아데스 성단의 별자리 안에 자리하고 있었다. 그 성단은 지구와 가장 가까웠고, 밝은 별들이 있었기 때문에 태양이 어두워졌을 때 별빛을 관측하기가 쉬울 터였다.

아인슈타인은 이 관측이 중요하다는 것을 이미 알고 있었다.

일식 촬영을 위한 시도는 이미 1914년 8월 크리미아 반도에서 프로인드리히에 의해 있었다. 그러나 제1차 세계대전이 발발하면서 관측팀 일원들이 적군으로 간주되어 러시아에서 체포되었다. 1년 후인 1915년 12월, 동료 오토 나우만과 일반 상대성 이론에 대해 연락하던 아인슈타인은 '이 결과 별빛의 휨는 가장 흥미롭고 놀라운 것'이라고 전했다. 몇 주 후 그는 슈바르츠실트에게 빛의 굴절은 지금 최고의 화두라는 내용의 편지를 보냈다.

1919년의 일식은 1914년 크리미아로 때보다 더 놀라운 결과를 가져다주었다. 영국왕립 그리니치 천문대는 경도 0도를 지나는 브라질 북동쪽에 위치한 소브랄로 관측팀을 보냈다. 그들은 관측을 위해 13인치 렌즈를 가져갔다. 에딩턴이 이끄는 팀은 서아프리카 해안에서 조금 떨어진 프린시페 섬으로 향했다. 그 팀은 옥스퍼드 관측대에서 보내 준 렌즈를 가지고 갔다. 일식이 일어나는 동안 하늘을 촬영한 두 팀은 히아데스 성단이 보일 때까지 머물러 있어야 했다. 이 촬영 덕분에 일식이 일어날 때의 사진과 밤하늘의 사진을 비교할 수 있었고, 별 위치가 어떻게 변하는지 명백하게 관찰할 수 있었다.

한 달 후인 9월 12일, 영국학술협회가 열렸다. 강연장은 사람들로 가득 차 있었다. 모임의 주인공은 실험 결과를 발표하기 위해 참석한 아서 에딩턴이었다. 아인슈타인이 1911년부터 1915년에 걸쳐 예측한 빛의 굴절 정도는 1.83에서 1.7아크 세컨드 정도였다. 후에 영국왕립학회와 왕립천문학회의 합동 공식 모임이 있었다. 그리니치 천문대에서 제공한 렌즈로 촬영한 소브랄 팀은 빛의 굴절 정도를 1.52아크 세컨드로 보고했다. 그러나 아일랜드 관측소에서 제공한 렌즈로 촬영한 굴절 정도는 1.98아크 세컨드였다. 그리니치 렌즈에 있었던 몇몇 문제를 감안하면 1.98아크 세컨드가 더 믿을 만해 보였다. 반대로 프린시페 관측팀은 1.6아크 세컨드의 굴절 정도를 보고했다. 이것은 허용 범위 안이었다. 이 결과는 아인슈타인과 영국의 천문학에 승리를 안겨 주었지만, 물리학자들의 반응은 그저 그랬다.

그의 이론이 과학적으로 증명되자 아인슈타인은 자신에게 소감을 묻는 사람들에게 "나는 그 이론이 정확하다는 것을 알고 있었소. 당신은 의심했소?"라고 물었다. 만일 천문대 측에서 아인슈타인의 이론에 참여하지 않았다면 어떻게 할 생각이었느냐는 질문에는 이렇게 답했다. "신을 동정해야만 했겠죠. 그들이 실험을 하지 않았다 할지라도 그 이론은 정확했을 겁니다." 막스 플랑크는 아인슈타인보다 더 긴장하고 있었다. 아인슈타인은 막스 플랑크가 결과를 기다리면서 밤을 지새웠다는 소식을 전해 듣고는 우스갯소리로 "그가 일반 상대성 이론을 정말로 이해하고 있었다면, 그도 저처럼 침대로 들어가 아주 푹 잤을 거예요"라고 말했다.

얼마 후 에딩턴과 아인슈타인은 상대성에 관한 책을 썼다. 에딩턴의 《공간, 시간 그리고 중력》은 1920년에 발간되었고 《상대론의 수학적 이론》은 3년 뒤에 발간되었다. 아인슈타인이 쓴 《상대론의 의미》라는 책은 1922년 영어로 번역되어 발간되었다. 이 3권의 책은 국제적으로 베스트셀러가 되었고, 여전히 출간되고 있다. 그리고 아인슈타인은 《상대론의 의미》를 수정해서 다섯 번째 개정판으로 발표했다. 그는 홍보를 위해 프린스턴 지역 신문에 '우리의 친구가 밤을 지키게 만드는 이론'이라는 헤드라인을 내보냈다.

몇 년 후, 프린스턴의 물리학자 밥 디키는 일식 관측의 결과에 대해 질문했다. 그는 만일 태양이 기존에 우리가 알던 것처럼 둥근 것이 아니라 평평하다면 별빛의 굴절을 설명할 수 있을 것이라고 생각했다. 그는 태양의 모양이 굴절에 영향을 주는지 실험하기 위해 준비를 했다. 실험 결과, 평평함을 찾을 수는 없었지만 아인슈타인의 이론을 더 확고하게 하는 데 도움이 되었다.

오늘날 우리는 빛의 굴절에 관한 증거들을 많이 가지고 있다. 천문학자들은 이제 우주 밖에는 블랙홀, 중성자별 그리고 펄서가 있다는 것을 알고 있다. 그리고 펄서의 중력장은 그에 비해 작아 보이는 태양의 중력장보다 훨씬 더 크다는 사실도 알고 있다. 광선의 방향이 약간 바뀌는 대신 이 물체들은 엄청난 양과 힘을 가지고 중력 렌즈로써 작용하면서 빛을 휘게 한다. 만일 중력 렌즈가 우리와 은하계 사이에 놓여 있다면, 렌즈는 빛을 휘게 만들어서 우리는 훨씬 더 많은 은하계의 모습을 볼 수 있을 것이다. 천문학자들은 이 현상에 대한 많은 예들을 발견했다. 이런 결과는 아인슈타인의 이론을 확고히 해 주었고 블랙홀을 찾는 데 도움이 되었다.

우주에 관한 여러 가지 논란

1916년 이후 천문학자들과 수학자들은 아인슈타인의 등식을 해결하기 위한 새로운 방법을 찾는 데 동참했다. 영국 수학자인 에드워드 밀른은 몇몇 간단한 해결 방법을 발견했다. 러시아 물리학자인 알렉산드르 프리드만도 우주가 팽창하고 있다는 것을 발견했다. 아인슈타인은 이 생각이 마음에 들지 않았지만 그의 수학적 이론이 잘못되었다는 것을 확인시키기 위해 노력했다. 그러나 프리드만은 자신의 입장을 고수했다. 곧 로마의 가톨릭 신자인 조르주 르메트르는 프리드만의 생각을 그대로 받아들였다. 천문학자이자 벨기에 군대의 포병 장교였던 그는 만일 우주가 팽창하고 있다면 과거에는 분명 지금보다 더 작았을 것이라고 생각했다. 그리고 우주의 반지름이 0이 되는 시점에 '창조'의 순간이 있었을 것이라고 생각했다. 그는 초기 우주의 모습을 '원시 원자 Primeval Atom'라고 불렀다.

하워드 로버트슨과 아서 워커는 프리드만과 르메트르의 연구를 더욱 수학적으로 정형화시켰다. 이들은 FLRW 메트릭을 요약했다. 이 메트릭은 가장 일반적인 우주의 메트릭 형태로 균질함과 등방성을 가졌기 때문에 어떤 방향에서든 적용된다. 덕분에 우주론적 원리에도 사용되었는데, 우주론적 원리란 지구와 태양계 그리고 은하계가 우주에서 특별한 공간을 차지하지 않는다는 것을 뜻한다. 이는 16세기의 뿌리가 되는 이론이기도 했다. 폴란드 수도자 니콜라스 코페르니쿠스는 그의 저서 《천체의 회전에 관하여》를 통해 지구는 태양계의 중심에 있는 것이 아니라고 주장했다. 특정 시간도 특정 공간도 없다는 코페르니쿠스의 생각은 당시 우주의 모형이 타당하다는 결론과 함께 강력한 원리가 되었다.

곧 우주에 대한 다른 이론들이 나오기 시작했다. 프린스턴 고등연구소의 수학논리학 교수 쿠르트 괴델은 아주 특별한 생각을 했다. 만일 우주가 균질하고 정체되어 있지만 회전은 하고 있다면, 아인슈타인의 등식은 성립될 수 있다고 생각했다. 아인슈타인은 우주가 균질하고 정체되었다고 생각했는데, 괴델 메트릭은 한발 더 나아가 완전히 엉뚱한 생각을 보여 주었다. 시간 여행이 가능하다는 것이다. 물리학자들은 이 생각을 받아들이지 않았다. 일어날 수 없으며, 과학적 허구에 가까운 이론이라고 생각했기 때문이었다. 캠브리지 대학교 수학자들과 우주론자 스티븐 호킹의 연대순 배열 보호의 가설 Chronology Protection Conjecture은 모든 시간 여행을 부정했다.

1948년, 캠브리지의 천문학자들은 정상 상태 모델을 제안했다. 이는 정적이고 균질하지만 계속적으로 우주에 물질을 더한다는 내용이다. 이 접근은 우주가 시작되었을 때 시공간의 짙은 암흑만 있었다는, 우주가 가진 초기의 문제를 피할 수 있게 도와주었다.

우주 창조론자인 프레드 호일은 프리드만, 르메트르 그리고 다른 사람들의 모델을 특히 싫어했다. 그는 그들의 폭발 우주론을 조롱하듯이 '빅뱅 Big Bang'이라고 불렀다. 그리고 이 이름은 역사에 남게 되었다.

　우주는 정적이거나 팽창하는 것일까? 1917년, 로웰 천문대의 베스토 슬라이퍼는 도플러 효과 Doppler Effect를 사용했다. 이것은 많은 나선의 은하계는 우리로부터 멀어지고 있다는 것을 보여 주기 위해서 사용했던 것이다. 에딩턴은 만일 우주가 물질을 보유하고 있다면 빌럼 드 지터 모델은 물질이 팽창하는 것을 보여 준다고 생각했다.

　1920년 후반부터 1930년 초반까지 에드윈 허블은 캘리포니아에 있는 윌슨 산 천문대에서 은하계를 관찰했다. 그는 우주가 팽창하고 있다고 주장하면서 가까이에 있는 것보다 멀리 있는 것들이 더 붉은빛을 띤다는 것을 보여 주었다. 허블은 또한 멀리 있는 은하가 두 배 더 빠르게 멀어지고 있다는 것을 보여 주었고 이것은 후에 '허블의 법칙'이 되었다. 빅뱅 지지자들은 이러한 관측이 자신들의 이론을 지지한다고 주장했다.

　그러나 정상 상태 이론가들은 허블의 데이터에 문제가 있다고 보았다. 허블은 우주의 나이를 18억 년으로 보았지만, 방사선 탄소에 의한 연대 측정 결과 지구의 나이는 적어도 2억 년으로 추정된다. 관측 방법은 시간이 갈수록 개선되었고 다른 기술도 발전되었지만, 1960년의 빅뱅 모델이 유일하게 우주의 현재 상황과 기원을 설명하는 방법이 되었다.

일반 상대성 이론에 대한 놀라운 증명을 하나 더 언급해야겠다. 르메트르는 최초에 우주는 원시 원자처럼 행동했다고 제안해 왔다. 그러나 초기 우주에 방사선이 있었다면 어떨까? 등가의 원리를 실험한 밥 디키는 우주에 탐사되지 않은 방사선의 흔적이 있을 것이라고 생각했다. 디키는 당시 짐 피블즈, 데이브 윌킨슨과 동창이었다. 그들은 방사선의 흔적을 찾기 위해 함께 노력했다.

그러던 어느 날, 벨의 연구실에서 일하던 아노 펜지어스와 로버트 윌슨에 의해 우연히 이 문제의 실마리가 발견되었다. 이 두 과학자들이 만든 전파 망원경에는 문제가 있었다. 신호를 찾으려고 하면 쉬익 하는 잡음이 생겼던 것이다. 잡음의 원인을 비둘기 배설물이라고 생각한 그들은 장비를 깨끗이 소독했다. 그럼에도 소리는 계속해서 났다. 그 소식을 들은 디키는 윌킨슨과 피블즈에게 전화를 걸어 "친구들, 우리가 한발 늦었다네!"라고 전하며 안타까워했다. 디키는 소리가 나는 이유를 설명하기 위해 펜지어스와 윌슨을 찾아갔다. 잡음의 원인은 빅뱅 뒤에 남은 잔광 또는 방사선 때문이라는 것이다.

펜지어스와 윌슨은 그들의 발견을 논문으로 만들어서 《천체물리학 저널》에 제출했다. 그 저널의 바로 다음 호에 디키와 피블즈의 '우주 흑체 방사' 논문이 실렸다. 이 2명의 프린스턴 물리학자들은 아인슈타인의 일반 상대성 이론을 이용했다. 빅뱅이 거의 3 켈빈Kelvin, 열역학적 온도 측정의 기본 단위로 켈빈 1도는 섭씨 1도와 같음—옮긴이의 온도까지 내려갔을 때 나온 방사선을 보여 주기 위해서였다. 플랑크의 법칙에 따르면 3 켈빈의 방사선은 몇 센티미터 정도의 파장을 가져야만 한다. 펜지어스와 윌슨이 신호를 듣게 된 이유는 그들이 마이크로파 배경 복사를 관측했기 때문이다. 펜지어스와 윌슨은 이 발견 덕분에 1978년 노벨 물리학상을 받았다. 그러나 디키는 제외되었다.

아직 일반 상대성 이론에 기록될 만한 증명을 언급하지 않았다. 트램펄린에 농구공을 던지거나 수도꼭지에 매달려 있는 물방울 이야기로 다시 돌아가 보자. 만일 당신이 수도꼭지를 잠그거나 농구공을 트램펄린 위에서 누른다고 가정해 보면, 중력과 표면 장력이 충돌할 것이다. 농구공을 눌렀다가 떼면 트램펄린의 표면은 부드럽게 상하로 움직인다. 파도처럼 말이다. 수도꼭지를 잠그면 물방울에도 아주 작은 잔물결이 일게 될 것이다.

상대성의 등식도 비슷하다. 시공간의 곡률은 물질의 변형력 텐서에 의해 결정된다. 만일 물질에 어떤 강력한 힘이 작용되면 이 변형력 텐서는 바뀔 것이고 그러면 시공간의 곡률도 바뀔 것이다. 1918년 논문에서 아인슈타인은 중력파가 일어날 수 있다고 증명했다. 별에 뭔가 강력한 힘이 작용하면 그것은 시공간에 잔물결이나 파동을 일으킬 수 있다. 보통 별은 가스로 이루어져 있는데 그 가스의 온도는 압력을 만들기 때문이다. 압력은 별이 중력하에서 자체적으로 파열되는 것을 막아 주는데, 별은 나이를 먹으면서 연료를 다 소진하기 때문에 자체적인 파열을 통해 따뜻함만 유지한다. 이렇게 되면 중력과 상충하는 힘이 사라지고 그 별은 결국 소멸하게 되는 것이다.

이 과정에서 별의 바깥층은 안으로 수축하게 된다. 그리곤 다시 우주로 돌아가는데, 이때 엄청난 양의 에너지가 발생하면서 우리는 초신성 폭발을 볼 수 있다. 천문학자들은 종종 이 폭발을 관찰할 수 있는데, 그것들이 엄청난 양의 엑스선을 방출하기 때문이다. 초신성은 또한 중력 복사를 생산하는 것을 도와준다. 중력파 탐지기는 초신성을 발견하기 위해 만들어졌는데, 그 또한 일반 상대성 이론을 가장 잘 증명해 주는 실험 중 하나이다.

1974년, 미국의 조 테일러와 러셀 헐스는 신기한 한 쌍의 별을 발견했다. 그 별 중 하나가 펄서였다. 이 펄서는 같은 궤도에 있는 다른 별에게 방사선을 보내고 있었는데, 그 별 또한 펄서였다. 천문학자들은 그것을 PSR 1913+16이라고 부르며 쌍성 펄서라고 생각했다. 1978년, 그들은 일반 상대성 이론을 적용하여 그 시스템이 중력 복사를 발생시키고, 펄서의 궤도에 진입해 변화시킨다는 것을 보여 주었다. 20년 후, 그들은 펄서가 있는 궤도가 조금씩 변하는 것을 발견했다. 그러나 수성처럼 세차운동을 하는 것은 아니었다. 그 두 천문학자들은 궤도가 변하는 것이 펄서가 에너지를 잃어 가고 있다는 의미라는 것을 발견했다. 에너지는 중력 복사로 발생되기 때문이다.

1916년에 완성된 상대성 이론은 이제 모든 물리학 과정의 하나가 되었다. 우주의 빅뱅 모델은 일반 상대성 이론에 완벽히 적용되었고, 천문학적 관측들이 탄생하면서 아인슈타인의 이론을 첨단 기술로 증명해 주었다. 마이크로파 배경 복사는 상대성 이론으로 설명될 수 있다. 마이크로파 배경 탐사를 통해 처음으로 발견된 마이크로파 배경 복사는, 이제는 윌킨슨의 이름에서 따온 윌킨슨 마이크로 배경 조사를 통해 방사선의 작은 변동을 발견하는 것을 도와준다. 이처럼 일반 상대성 이론은 응용과학이 되었다.

ALBERT EINSTEIN

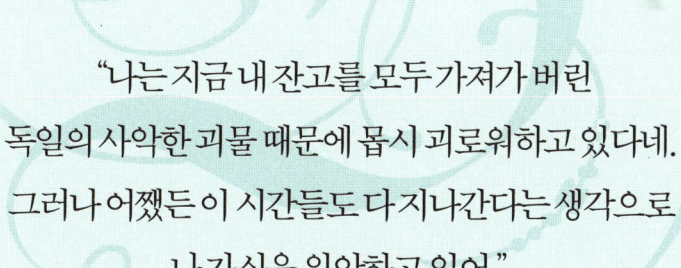

"나는 지금 내 잔고를 모두 가져가 버린
독일의 사악한 괴물 때문에 몹시 괴로워하고 있다네.
그러나 어쨌든 이 시간들도 다 지나간다는 생각으로
나 자신을 위안하고 있어."

1933년 3월 30일, 돈을 모두 몰수당한 후 물리학자 막스 보른에게

제8장
후기 베를린 생활: 혼돈과 히틀러의 등장

런던과 뉴욕에서 출처를 알 수 없는 '이상한 무선 신호'가 감지되었다. 런던의 통신원은 곧 아인슈타인에게 이 신호에 대한 설명을 요청했다. 1920년 1월 말 '행성 간 소통'을 주제로 한 《데일리 메일》의 인터뷰에서 아인슈타인은 다음과 같이 말했다.

"화성이나 다른 행성에도 생명체가 존재한다. 하지만 화성인들은 무선보다는 광선을 통해서 소통할 것이다."

이에 앞서 그는 그 이상한 신호를 무선 전송 시스템을 통해 이뤄지는 비밀스러운 실험이나 대기에 의한 교란 때문이라고 가정했다.

아인슈타인은 이러한 질문에 대한 답을 찾기 위해 노력했다. 그리고 그가 답을 찾기 위해 노력하면 할수록 그의 유명세는 세계로 뻗어 나갔다. 1919년 행해졌던 일식 탐사 소식이 전쟁에 지친 사람들에게 알려지면서 아인슈타인의 명성은 더욱 높아졌다. 이로써 그는 국제적으로 유명한 과학자가 되었다. 많은 사람들이 그에게 편지를 보내왔다. 모든 사람들이 그를 진정한 천재라고 생각했다. 아인슈타인은 손만 대면 모든 것을 금으로 바꿔 버렸다는 신화 속의 미다스 왕이 된 것 같았다. 미다스 왕처럼 그와 관련된 모든 일들은 신문에서 크게 다루어졌다.

독일의 반유대적인 분위기

9월, 아인슈타인은 물리학자인 막스 보른에게 편지를 썼다. 자신의 연구 활동이 지나치게 과장된 평가를 받는다고 생각했기 때문에, 자신이 '수많은 찬사'를 받을 자격이 있는지 의문이 들었던 것이다. 사실 아인슈타인의 이론은 일반 사람들이 이해하기에 너무 어려웠다. 그의 이론은 비과학적인 용어로는 설명하기도 힘들었다.

이 때문에 그의 이론은 점점 베일에 싸여 가기 시작했다. 사람들은 아인슈타인만이 우주를 이해할 수 있다고 생각했고, 모든 사람들이 이해할 수 있는 수준을 넘어서는 이론이라고 생각했다.

이렇게 그에 대한 이야기는 신화처럼 회자되고 있었다. 그는 자신에게 다가온 갑작스러운 명성을 즐길 줄도 알았다. 그래서 기자들과 익살스러운 농담을 주고받기도 했다. 아인슈타인의 명성은 가라앉을 기미를 보이지 않았고, 그는 자신을 둘러싼 이 소동에서 빠져나오고 싶어 했다.

1920년 초, 아인슈타인의 어머니 파울리네가 62살의 나이로 생을 마감했다. 아인슈타인은 엘자와 함께 위암에 걸린 어머니를 돌보기 위해 자신의 아파트에 어머니의 방을 따로 만들었다. 파울리네가 세상을 떠날 때까지 아인슈타인과 엘자는 정성껏 그녀를 돌봤다. 파울리네가 사망한 후, 아인슈타인은 스위스에 있는 친구 하인리히 창거에게 편지를 썼다.

"어머니가 몇 주 전에 돌아가셨다네. 난 정말 끔찍한 슬픔을 겪고 있어. 우리는 모두 완전히 지쳤고 나는 지금 혈육의 중요성을 뼛속 깊이 느끼고 있다네."

그는 또 다른 친구 헤드윅 보른에게 다음과 같이 편지를 썼다.

"어머니가 죽음 앞에서 고통을 겪고 있을 때 내가 할 수 있는 일이 아무것도 없다는 것을 알았네. 우리는 모두 그런 무거운 짐을 감당해야만 하는 거겠지. 그 짐은 인생에서 빠질 수 없는 것이니 말이야."

같은 시기 독일은 전쟁에서 패배한다. 또한 독일에서는 반유대주의 사상이 급속히 확산되고 있었다. 반유대주의의 징후는 베를린에서 먼저 나타나기 시작했는데, 일반적으로 유대인에 대항하는 형태로 나타났다. 새롭게 떠오르고 있던 아인슈타인을 적대시하는 움직임도 뚜렷하게 나타났다. 그에 대한 편견 때문에 충격적인 비판이 가해지기도 했다. 노벨상을 수상한 경력이 있는 독일의 물리학자 필립 레너드와 요하네스 슈타르크는 반유대적 성향을 가진 물리학자들이었다. 아인슈타인도 당시 독일의 반유대적 분위기를 감지하고 있었다. 그러나 전쟁 후 국가 재건에 관심을 쏟으면서 반유대적 분위기를 무시하려고 노력했다. 점차 독일에서 나치즘이 강해지면서 아인슈타인도 반유대주의의 심각성을 깨달았다. 그리고 독일은 점점 소란스러워져 갔다.

소란 속에서도 아인슈타인은 교육 문제에 집중하고 있었다. 그는 누구나 원한다면 교육을 받을 권리가 있다고 생각했고, 1919년 취리히 대학교와 1920년 베를린 대학교에서 강의를 하면서 자신의 정치적 견해를 자유롭게 표출했다. 1920년 2월, 베를린 대학교의 학생회는 아인슈타인이 강의 도중 정치적 입장을 표출하는 것에 대해 항의하기 시작했다. 학생들은 그를 곤란하게 하려고 강의 도중 질문을 쏟아붓거나 야유를 보내기도 했다. 어떤 이들은 학생들의 행동이 반유대주의 성향 때문이라고 주장했다.

당시 동유럽에서 베를린으로 아인슈타인의 강의를 듣기 위해 온 유대인들이 있었다. 그러나 등록은 하지 못하고 청강하는 경우가 많았다. 학생회나 이사회 그리고 아인슈타인은 유대인들의 청강 사실을 부인했다. 그러나 며칠 동안 지속된 이 '소동'은 베를린의 한 신문의 헤드라인으로 실리기도 했다. 결국 이사회와 아인슈타인은 방향을 수정했다. 수강료를 지불한 학생들이 먼저 착석한 후에 등록하지 않은 학생들이 남은 자리에 앉도록 했다. 만약에 자리가 다 차서 등록하지 않은 학생들이 수업을 듣지 못할 경우, 아인슈타인은 따로 시간을 내어 그 학생들을 위해 수업을 하기도 했다.

같은 해, 아인슈타인은 네덜란드의 방문 교사로 지명되었고 강의를 위해 네덜란드로 떠났다. 그는 노르웨이와 덴마크에서도 강의를 했으며, 그곳에서 물리학자인 닐스 보어를 만날 수 있었다. 보어는 2월에 베를린을 방문한 적이 있었는데 그들은 그때 안면을 익힌 상태였다.

1920년 7월, 아인슈타인은 대중 기술 교육 기관의 요청으로 강연을 하게 되었다. 그는 이 강연에서 과학과 기술을 일상생활에서도 실용적으로 사용할 수 있다고 강조했다. 그리고 기술 교육은 인본주의 교육만큼 가치 있는 교육이라고 주장했다.

동시에 독일 노동당의 창시자인 아돌프 히틀러는 정당을 조직하기 시작했다. 1920년 2월, 히틀러는 뮌헨 호프브로이하우스에서 2천 명에 달하는 사람들과 집회를 열었다. 집회에서 그는 25개의 프로그램을 소개하면서 자신이 조직하려는 정당을 정의했다. 정당은 곧 국가사회주의 독일 노동당 또는 독일 국가사회주의자 German Nationalsozialist의 약자인 나치 Nazi로 이름을 정했다. 나치의 성립으로 독일은 향후 25년 동안 극단주의적인 파시스트의 시대를 맞이하게 되었다.

8월, 아인슈타인은 자신의 이론에 가해지는 공격에 대응할 때가 왔다고 생각했다. 그가 '반상대성'이라 불렀던 운동은 이미 1918년부터 이어져 왔다. 아인슈타인이 베를린 필하모닉 홀에서 두 번의 강연을 마친 후의 일이었다. 반상대성 운동을 추진하던 조직원들은 아인슈타인이 언론의 관심을 끌기 위해 여론을 조작하고 반독일주의 과학을 조장한다고 주장했다. 그들은 홀 밖에서 반유대주의 전단지를 뿌렸고, 옷깃에 다는 만자▧ 옛 독일 나치당의 어금꺾쇠 십자 표시—옮긴이 모양의 핀을 팔았다. 아인슈타인은 강연뿐 아니라 신문 인터뷰에서도 조직원들의 행동에 대해 자신이 얼마나 화가 나 있는지 표현했다. 그러나 한 달 후에는 자신의 감정을 드러내는 것을 그만두었다. 독일 물리학회는 양극화된 상태였다. 아인슈타인을 지지하는 사람들은 그가 추방당할지도 모른다는 생각에 두려워하기도 했다.

이 시기 즈음, 아인슈타인은 유대인 문제를 다루는 2개의 논문을 썼다. 그는 이 논문을 통해 전쟁 후 증가하고 있는 반유대주의에 대한 자신의 의견을 밝혔다. 논문을 발행하지는 않았지만 유대인 문제에 대한 자신의 태도를 공개적으로 표현했다. 그러나 그의 의견이 독일과 스위스의 유대인들 사이에서 항상 인기가 있었던 것은 아니었다. 아인슈타인은 학계 내 반유대주의에 대항하는 모임에 초대를 받았다. 그는 그 모임에 참석하는 것이 별다른 효과가 없다고 생각했기 때문에 참석 횟수를 줄여 갔다. 모임에는 참석하지 않았지만 아인슈타인은 유대인들이 먼저 그들 내에 존재하는 반유대주의에 대항해야 한다는 입장을 유지했다. 즉 서유럽 유대인들과 동유럽 유대인들은 함께해야 한다는 것이다. 그리고 그들이 스스로를 존중할 때 다른 이들의 존경을 얻을 수 있을 것이라고 주장했다.

생애 첫 세계 여행

1921년 봄, 아인슈타인은 미국으로 향했다. 이것이 그의 첫 번째 미국행이었다. 당시 그는 두 가지 목표가 있었다. 첫 번째는 히브리 대학교를 대표하여 구제 기금을 마련하는 것이었다. 그는 예루살렘에 히브리 대학교를 세울 준비를 하고 있는 시오니스트의 계획을 강하게 지지했다. 아인슈타인은 특히 과학과 보건 과목의 중요성을 강조했다. 그는 히브리 대학교가 설립되면 다른 대학교에서 공부할 수 없었던 유대인들이 교육을 받고 연구를 할 수 있다고 생각했다.

그의 두 번째 목표는 뉴저지에 위치한 프린스턴 대학교를 방문하는 것이었다. 프린스턴 대학교의 학과장들은 그에게 상대성 이론을 주제로 네 차례의 강연을 제안한 바 있었다. 아인슈타인은 당시 건강이 좋지 않았기 때문에 엘자와 동행하는 것을 요청했다. 아인슈타인의 미국 여행을 주도한 사람은 미래의 이스라엘 대통령 하임 바이츠만이었다. 그는 세계 시오니스트 기구의 회장이자 영국 시민이었다. 이 두 남자는 시오니즘, 정책 그리고 과학에 대해서 토론했다. 바이츠만은 다음과 같이 이야기하기도 했다.

"만나는 내내 아인슈타인은 내게 상대성 이론을 설명해 주었다. 그러나 내가 확실히 알 수 있었던 것은 아인슈타인이 자신의 이론을 완벽히 이해하고 있었다는 것뿐이었다."

아인슈타인은 네덜란드 원양 정기선 로테르담을 타고 뉴욕에 도착했다. 이 소식은 순식간에 퍼져 나갔다. 천재를 만나기 위해 돌진해 온 기자들과 아인슈타인은 통역관을 통해 농담을 주고받기도 했다. 시 공무원들은 맨해튼에서 아인슈타인을 자동차에 태우고 거리 퍼레이드를 하면서 시청까지 향했다. 시청에서는 시장인 제임스 하이런이 그를 반겨 주었다.

아인슈타인은 미국에 머물면서 컬럼비아 대학교와 뉴욕 시립 대학교에서 강연을 했다. 그리고 프린스턴으로 향하기 전 워싱턴에 위치한 국립과학원에서도 한 차례 연설을 했다. 58년 후 국립과학원 건물 앞에는 아인슈타인의 위대한 조각상이 그가 탄생한 세기를 기리며 세워졌다. 독일어로 진행된 그의 강연은 모두 통역되어 청중들에게 전달됐다. 당시 아인슈타인은 국립과학원의 회원들과 잠시 백악관에서 대통령 워런 하딩을 만났다. 백악관에서는 아인슈타인을 위한 환영회가 열렸다. 전쟁이 종식되고 3년이라는 시간이 흘렀지만 환영회는 독일에 대한 미국의 태도를 반영하듯 냉담 그 자체였다. 반면 2주 후에는 프랑스 노벨상 수상자인 마리 퀴리에게 격식을 차려 극진히 대접했다.

프린스턴에서도 아인슈타인은 바쁜 나날을 보내고 있었다. 그는 맥코쉬 홀의 거대한 강의실에서 네 차례에 걸친 강의를 했고, 명예 학위를 받았다. 딘 안드류 웨스트는 아인슈타인에게 표창장을 건네며 "낯설기만 한 사상의 바다를 가로지르며, 콜럼버스처럼 새로운 과학을 항해하는 아인슈타인에게 경의를 표합니다"라고 낭독했다. 이는 존 히븐이 공식적으로 아인슈타인에게 학위를 수여하기 전의 일이었다.

아인슈타인이 프린스턴에서 강의를 한 데에는 재정적인 이유도 있었다. 그는 가족을 부양할 의무가 있었기에 돈이 필요했다. 전쟁 후 독일 경제는 악화된 상태였다. 아인슈타인은 국내가 아닌 국외에서 돈을 벌 수 있는 방법을 찾고 있었다. 프린스턴 대학교는 아인슈타인에게 두 달 동안 세 번의 강의를 제안했었다.

그는 대학교 측에 1만 5천 달러의 급여를 요구했는데, 이는 당시 엄청난 금액이었다. 타협을 통해서 일주일에 네 번이라는 강의 횟수를 정하고 1만 5천 달러보다는 적은 금액이지만 적당한 급여를 책정할 수 있었다. 아인슈타인은 '상대성의 의미'라는 주제로 강의를 했다. 이 강의를 바탕으로 만들어진 책은 다음 해 미국과 영국에서 출간되었고, 지금도 판매되고 있다.

그는 대서양 연안에서 의무를 충실히 시행한 후 바이츠만과 함께 미국 중서부와 시카고로 가서 구제 기금 모금 운동을 했다. 아인슈타인의 여행이 시오니스트의 기대만큼 성공적이지는 않았지만, 이 물리학자는 미국에 있는 유대인 공동체와 함께 어울리면서 자신의 정체성을 확고히 할 수 있었다. 그는 독일로 돌아와서 자신의 친구인 에렌퍼스트에게 다음과 같은 편지를 썼다.

"시오니즘은 새로운 유대인의 이상을 나타내고 있다네. 이 사상은 유대인들에게 자신들의 존재에 대해 큰 즐거움을 갖도록 도와주고 있어. 나는 바이츠만의 초대에 응한 것을 매우 잘했다고 생각하네."

독일로 돌아가기 전, 아인슈타인 일행은 영국에 들렀다. 그는 런던 킹스 칼리지와 맨체스터 대학교에서 상대성 이론에 대한 강의를 했다. 맨체스터 대학교 칠판에는 여전히 그의 이름이 남아 있다. 이 시기, 아인슈타인은 왕립천문학회에서 골드 메달을 받은 것으로 보인다. 그러나 그가 독일인이라는 이유로 이는 곧 철회되었다. 미국인들과 마찬가지로 영국인들도 아직 전쟁의 아픔 때문에 독일을 용서하지 못하고 있었다. 런던 시민이 되는 동시에 독일과 영국의 화해를 바라던 아인슈타인은 웨스트민스터 사원에 있는 아이작 뉴턴 무덤에 꽃 한 다발을 두고 경의를 표했다.

미국 여행을 끝낸 직후 아인슈타인은 미국 남편들은 아내의 애완용 개와 같으며, 아내들은 남편의 돈을 마구 쓰는 과소비자들이라고 말했다. 이 발언이 논란이 되자 그는 곧 미국인들의 따뜻함과 친근함을 언급했으며, 학생과 선생님 간의 친밀함에 대한 찬사를 표현하면서 논란을 수습하려 했다. 그는 미국인의 애국심은 민족주의적 모습보다는 위대한 나라의 시민이라는 내적 자부심처럼 보인다고 덧붙였다.

아인슈타인이 베를린으로 돌아온 후, 그는 이제 17살이 된 한스, 11살이 된 에두아르트와 함께 휴가를 보냈다. 그들은 발트해 연안에서 보트를 타기도 하고 마을 빵집에 있는 방에서 밤을 지새우기도 했다. 아인슈타인은 미국과 영국 여행을 하며 머물렀던 세련된 숙박 시설보다는 이렇게 조촐한 장소를 더욱 좋아했다. 그는 아들들과 더 잘 지낼 수 있게 되었고 밀레바 또한 아이들을 잘 키우고 있었다. 그녀는 아인슈타인이 아이들과 잘 지낼 수 있도록 도왔다. 당시 아인슈타인은 큰 독일 회사에서 진행 중이던 회전나침반 디자인에 참여하고 있었다.

공식적인 발표는 아니었지만, 1905년 발표 당시 혁명적이었던 '광전 효과'로 아인슈타인이 1921년 노벨 물리학상을 수상하게 될 것이라는 소문이 돌았다. 몇몇 물리학자들은 여전히 상대성 이론에 대해 논쟁을 하고 있었기 때문에, 노벨상 측은 아인슈타인이 가장 유력한 후보라는 것을 공식적으로 언급하지 않았다. 노벨상 수상은 그의 국적에 대한 의문점을 가져왔다. 아인슈타인은 자신은 스위스 시민이라고 생각했지만, 1914년 카이저 연구소의 이사가 되면서 자동적으로 독일 시민이 되었다. 이 시기까지도 아인슈타인은 스위스 시민권을 유지하는 한 독일 시민이 되는 것을 반대하지 않았고, 독일 측도 이를 허가했었다.

동시에 독일 경제는 곤두박질치고 있었다. 전쟁 종식 후 경제적으로 어려움이 생긴 주된 이유는 독일과 동맹국들 사이에 맺은 평화조약인 베르사유 조약의 가혹한 조건들 때문이었다. 유럽 국가들이 요구한 배상금은 실로 엄청났고 이는 고스란히 독일의 평범한 시민들의 몫이 되었다. 이는 극단적인 인플레이션을 야기했고 공산주의부터 파시스트까지 모든 범위의 정당들 사이에도 불안감을 조장했다. 점차 파시스트의 주장이 옹호되기 시작했다. 그들은 베르사유 조약을 강력하게 비난했는데, 새로운 독일 공화국이 추구하던 민주적인 목표와 배치되었기 때문이다. 파시즘의 도래와 함께 히틀러와 그의 정당인 나치당이 등장했다. 이들은 당시 독일인들이 느끼던 굴욕감과 절망적인 경제 상황을 끝내겠다는 장밋빛 미래를 약속하면서 독일인들을 현혹시켰다. 곧 민족주의가 커지면서 또 다른 세계 전쟁의 서막이 오르고 있었다.

양 대전 사이의 기간 동안 새로운 바이마르 공화국이 독일인들의 절망 가운데 도래하고 있었다. 예술, 음악 그리고 문학에서 실험적이고 새로운 형태의 낯선 르네상스 시대를 예고했다. 재즈와 클래식 음악, 카바레, 희곡, 초현실주의 그리고 다다이스트 예술 운동과 문학 등 모든 분야는 이 시기에 끊임없이 표현되고 있었다. 특히 세계 곳곳의 예술가들은 베를린에 호기심을 느끼기 시작했다. 1923년까지 받았던 국제 융자는 독일인들을 위해 잘 사용되고 있었고 이는 인플레이션을 줄일 수 있었다. 1930년 초, 세계적인 재정난이 생기기 전까지는 말이다.

평화주의자로서의 정치활동

아인슈타인은 물리학뿐 아니라 끊임없이 나타나는 새로운 현상에 관심을 두기 시작하면서 굉장히 바쁜 나날을 보냈다. 1921년, 그의 관점을 나타낸 기사 '교육에 대한 아인슈타인의 시각'에서 그는 현재의 수학과 과학 교육이 너무 추상적이라고 지적했다. 학생들이 학문에 좀 더 쉽게 접근할 수 있어야 한다고 생각했다. 그가 살면서 확실하게 느꼈듯이 시험은 필요하지 않으며, 하루 학교 수업 시간은 최대 6시간이면 충분하다고 설명했다. 그는 예술과 과학은 표현력과 창의력을 길러 주는 분야라고 강조했다. 과학은 논리를 통해서, 예술은 형체를 통해서 말이다. 그에 따르면 이 두 가지 요소는 사람이 지극히 단순한 시야에서 탈출할 수 있도록 도와주었다.

1922년은 빌헬름 쿠노가 독일의 수상이 되던 해였다. 당시 아인슈타인은 그의 첫 번째 논문 '통일장 이론'을 완성했다. 포괄적인 이 논문에서 아인슈타인은 중력 이론과 전자기 이론을 설명하려고 시도했다. 이 논문에서 아인슈타인은 중력과 전자기가 가지는 힘의 근본이 되는 원리를 보여 준다. 그는 자연 속에서 2개의 기본적인 힘을 설명하는 데 약간의 문제가 있었다. 그리고 이는 심지어 2개의 추가적인 힘인 강한 핵상호작용Nuclear Interaction과 약한 핵상호작용을 발견하기 전에도 그랬다.

오늘날의 물리학자들은 훨씬 더 고차원적 이론인 '만물의 이론TOE, Theory of Everything'을 발견했다. 그들은 이 이론을 통해서 모든 힘과 모든 물질이 통합되길 바라고 있다. 끈 이론은 1980년 초, 프린스턴 대학교의 존 슈바르츠, 에드 위튼 그리고 데이비드 그로스와 런던 대학교의 단과대학 중 하나인 퀸 메리 칼리지의 마이클 그린에 의해 발견되었다. 현재 끈 이론은 통일장 이론을 설명하는 최선의 도구로 등장하고 있다.

아인슈타인은 국제적인 정치 활동에 관심을 갖기 시작했다. 마리 퀴리, 로렌츠 등 여러 사람들과 함께 새롭게 형성된 '국제지적협력위원회'에 참여했다. 세계 평화를 위해 전 세계의 지식인들이 함께 힘을 모으는 것이 이 위원회의 목적이었다. 그러나 아인슈타인은 곧 위원회에 불만을 갖게 되었다. 위원회는 목적을 이루려는 '간절함'을 가지고 있지 않았다. 그는 세계 평화라는 원칙을 포기하진 않았지만 일단 위원회를 탈퇴했다. 그러나 1년 후에 마음을 바꿔 다시 가입했고, 1930년 모임에서 완전히 탈퇴하기 전까지 정기적으로 모임에 참석했다. 그는 자신이 위원회에 부적합하다고 생각했고, 목표 달성을 위해서 혼자 활동하는 것이 더 알맞다고 생각했기 때문에 탈퇴한 것으로 보인다.

독일의 경제 상황은 나아질 기미가 보이지 않았다. 그리고 저소득층 사이에서 공산주의가 인기를 얻기 시작했다. 유대인은 좋은 희생양이 되었고 반유대주의 사상은 점점 퍼져 가고 있었다. 그런 상황 속에서도 많은 독일인은 여전히 아인슈타인을 추앙했다. 그들은 자신의 학회를 빛내는 데 아인슈타인의 명성을 사용하고 싶어 했다. 아인슈타인은 그들을 비난하기도 했지만, 비난하던 학회들을 종종 순회하기도 했다. 비공식적으로 학회를 찾던 아인슈타인은 친절함과 민주적인 태도를 잃지 않았다. 서로 다른 관점을 가지고 있을지라도 존중받을 수 있어야 한다고 생각했기 때문이다.

그러나 2명의 광적인 민족주의자가 새롭게 선출된 독일 외무부 장관 발터 라테나우를 암살하는 사건이 일어났다. 발터 라테나우는 유대인으로 아인슈타인의 친구였다. 당시 나치당은 그가 '유대인-공산주의자 음모론'에 관련되어 있다고 생각했다.

1922년 6월이었다. 아인슈타인은 논쟁을 불러일으킬 수 있는 정당에서 빠져나오기 위해 노력했다. 그는 어떤 공식적인 석상에도 참여하지 못하도록 협박을 당하고 있었다. 6월 16일, 그는 자신의 친구인 모리스 솔로빈에게 "여기는 라테나우를 살해한 끔찍한 살인자들 때문에 굉장히 위험한 상황이네. 나는 계속 조심하라는 경고를 받고 있고 강의도 취소했다네. 나는 지금 공식적으로 '부재' 중인 상황이야. 나는 아직 여기 있는데도 말이지"라고 편지를 보냈다. 그는 카이저 연구소를 떠나야겠다고 생각했다.

그러던 중 위험에서 벗어날 수 있는 기회가 왔다. 일본에 초대된 것이다. 아인슈타인은 일본뿐 아니라 팔레스타인과 스페인 그리고 프랑스도 방문하기로 했다. 아인슈타인과 엘자는 일본의 잡지사 가이조샤의 초대를 받았고, 일본 전국에서 강연을 부탁받았다. 그는 나중에 '감명 깊은 일본'이라는 글을 그 잡지에 실었다.

10월 초, 아인슈타인은 독일을 떠나 프랑스 마르세유로 향했다. 일본 기선 기타누 마루에 탑승하기 위해서였다. 그는 이 기선을 타고 6주간 도쿄를 향해 항해할 예정이었다. 이 항로를 따라 아인슈타인 일행은 싱가포르와 홍콩, 실론 그리고 상하이를 방문할 예정이었다. 아인슈타인은 노트와 여행 다이어리를 항상 가지고 다니면서 새로운 사람을 만나거나 인상적인 장소에 도착하면 그 내용들을 기록하곤 했다.

   항해 중 아인슈타인은 또다시 끔찍한 고통에 시달렸고, 다행히 의사의 처방을 받을 수 있었다. 그 후 아인슈타인은 기분 좋은 소식을 들을 수 있었다. 그가 노벨상 수상자로 공식 발표된 것이다. 이제 그는 노벨상 수상자라는 명성을 가지고 도쿄와 센다이, 교토 그리고 후쿠오카 현에서 강연을 진행하게 되었다. 그는 어디를 가든지 국제적인 명사 대접을 받았고, 따뜻한 환대에 깊은 감동을 받았다. 아인슈타인은 '일본의 개선된 문화와 항상 활기 넘치는 모습'을 찬사했다. 그는 1924년 5월에 친구 베소에게 "나는 그렇게 행복이 넘치는 건강한 사회를 본 적이 없다네. 그 사회의 일원들은 하나가 되어 사회를 구성하고 있었다네"라고 편지를 보냈다. 후쿠오카 현에서 있었던 마지막 공식 일정 중, 그는 청중의 큰 환대를 받으며 YMCA 크리스마스 파티에서 바이올린 연주를 선보였다. 1923년 새해가 밝아 오기 며칠 전, 그와 엘자는 극동을 떠나 중동으로의 오랜 여행길에 올랐다.

   한 달 동안 많은 추억을 쌓은 아인슈타인 일행은 팔레스타인의 해안가에 다다랐다. 그곳은 제1차 세계대전 후 영국의 통치 하에 있었다. 팔레스타인에서의 생활은 아인슈타인에게 깊은 인상을 남겼다. 텔아비브와 예루살렘으로 온 유대인 이주민들은 장인이자 숙련된 노동자, 농부로서 자신들의 힘으로 일하고 있었다. 아인슈타인은 유대인 국가를 건설하겠다는 그들이 조금은 못 미더웠다. 그러나 유대인들이 생활하는 모습을 직접 보면서 그 걱정은 조금씩 줄어들 수 있었다. 반면 유대교 전통을 고수하며 기도로 많은 시간을 보내는 모습은 이상해 보였고 심지어 불쾌하기까지 했다.

며칠 후, 아인슈타인은 예루살렘 히브리 대학교의 역사적인 창립식에 참석했다. 그는 자리에 걸맞은 연설을 했다. 연설의 처음 몇 문장은 그가 잘 알지 못하는 언어인 히브리어로 진행하다가 그 다음부터는 프랑스어로 진행했다. 그는 캠퍼스에 세워진 첫 번째 건물의 초석이 되었다. 당시 아인슈타인이 미래의 유대인 국가에 대해 쓴 글을 보면 아직 '아랍 분쟁'에 대한 우려를 나타내지는 않았다. 그의 눈에 유대인들과 아랍인들은 조화롭게 살고 있는 것처럼 보였다. 그에게 중요한 문제는 위생 문제와 말라리아, 부채 문제였다. 지금까지 그는 미래의 조국을 '윤리적인 중심'이 있는 유대인들의 땅이라고 생각했다. 그 땅이 과연 그곳에 살길 원하는 모든 유대인들을 수용할 수 있을지는 확신할 수 없었지만 말이다. 아인슈타인은 생을 마감할 때까지 이스라엘 건국에 온 힘을 쏟았다. 그러나 그는 노력의 결실을 볼 수는 없었다.

팔레스타인에서 반유대주의 분쟁이 일어나자 아인슈타인은 아랍인들과 그들의 권리에 대해 걱정하기 시작했다. 시오니즘을 향한 그의 태도 역시 변하고 있었다. 그리고 히브리 대학교가 추구하는 방향은 그가 지지하던 처음의 방향과는 다르게 가고 있었다. 대학 설립을 위한 자금 대부분은 미국의 유대인들에게서 오는 것이었다. 자연스럽게 그들은 이제 학회의 목표를 결정할 수 있는 자격이 생겼다. 아인슈타인은 최고의 가르침과 연구를 제공하여 과학적 업적에 기여할 수 있는 대학을 상상하고 있었다. 그러나 미국인들은 가르침을 제공하는 대학의 역할에 만족했다. 그리고 훌륭한 가르침을 줄 수 있는 학자보다는 재정적으로 많은 기여를 한 미국인을 고용하길 원했다. 자연스럽게 아인슈타인과 설립자들은 의견 차이로 삐걱거릴 수밖에 없었다. 아인슈타인은 그들이 자신들의 목표를 이루는 데 '윤리적으로 하등한 사람'을 선택할 것이라고 생각했다. 그는 대학 측 학과장들과 쓰라린 논쟁을 거친 후 마지못해 타협했다. 그 후 아인슈타인은 조용히 사직서를 제출했다.

아인슈타인은 유대인들이 아랍인들과 화해하고 협력할 수 있는 방법을 찾아야만 한다고 생각했다. 땅까지 잠식해 가는 유대인 이주민들의 영향력이 높아지면서 팔레스타인 사람들은 이제 그들을 강제로 내쫓기 시작했다.

"우리는 아랍인들과 함께 열린 협정을 통해 협력하는 방법을 찾아야만 합니다. 그리고 2천 년 동안 고통을 겪으면서도 정작 배운 것은 아무것도 없다는 사실을 알아야 합니다. 그것이 우리의 운명입니다."

1929년 말, 그는 하임 바이츠만에게 아랍인들과 평화롭게 지낼 것을 강조하는 내용의 편지를 보냈다. 그는 '위대한 2명의 유대인'이 같은 미래를 꿈꾸길 희망했다. 그의 친구이자 수학자인 에른스트 슈트라우스는 시오니즘에 대한 아인슈타인의 관점을 이렇게 요약했다.

"아인슈타인은 국가적 관점의 시오니스트라기보다는 인도주의적 관점의 시오니스트다. 그는 시오니즘을 유럽의 유대인 문제를 해결할 수 있는 유일한 방법이라고 생각한다. … 아인슈타인은 공격적으로 민족주의를 이루는 것을 결코 원하지 않는다. 그러나 팔레스타인에 유대인 국가를 건설하는 것은 유럽에서 유대인을 지키기 위한 필수적인 방법이라고 생각한다."

아인슈타인은 독립적인 유대인 국가를 선호하지 않았지만 유대인과 팔레스타인 정부를 위한, 국제적 조직 같은 국가를 원했다. 아인슈타인은 팔레스타인에서 유대인 '민족'과 하나라는 느낌을 충분히 받을 수 있었다. 그 후 아인슈타인은 엘자와 팔레스타인을 떠나 프랑스와 스페인 여행길에 올랐다.

3월 중순, 베를린으로 돌아가기 전이었다. 스페인에 도착한 아인슈타인 일행은 과학의 본질과 국가적 가치에 대해 토론했다. 이는 막 현대화가 시작된 나라에서는 흔한 일이 아니었다. 아인슈타인의 발언들은 사회 계급과 직업에도 영향을 끼쳤고, 사람들이 과학의 적용과 가치에 대해 생각할 수 있도록 도와주었다.

7월, 아인슈타인은 스웨덴의 예테보리로 노벨상 강연을 하기 위해 떠났다. 스칸디나비아의 과학자 컨벤션이 이뤄지는 시기였다. 수상한 지 몇 달이 지나 강연을 했기 때문에, 상을 받은 광전 효과에 대해서는 토론하지 않았다. 과학자들은 당시 가장 뜨거운 이슈였던 아인슈타인의 강연을 듣기 위해 노력했고, 아인슈타인은 상대성 이론을 주제로 선정했다. 2천 명 가까이 되는 청중 대다수는 물리학자가 아니었다. 그중에는 스웨덴의 왕인 구스타브 5세도 있었다. 아인슈타인은 기술 강연에 관심이 있는 청중을 만족시키기 위해 통일장 이론에 대해서도 설명했다. 참석한 소수의 과학자들을 위해서였다.

노벨상으로 받은 상금은 스위스 은행 계좌에 입금되었다. 밀레바와 한스 알베르트는 상금 중에서 오직 이자만 사용할 수 있었기 때문에 불만이 있었다. 아인슈타인은 그들의 태도에 놀라기는 했지만, 이미 그들에게 관대해진 후였다. 밀레바는 주변 사람들의 조언에 따라 평생 수입을 얻을 수 있는 임대 건물 3채를 샀다. 그해 여름, 아인슈타인은 가족들과 화해하고 아들들과 함께 독일 남부에서 휴가를 보냈다.

세계 평화를 위한 구체적인 활동

아인슈타인은 이제 세계 평화를 위해 힘쓰기 시작했다. 그는 과학 기술의 발전이 군사뿐 아니라 국제적으로도 중요하기 때문에 조직을 만들어 전쟁을 막는 데 힘써야 한다고 간청했다. 과학 기술을 사용한 물품들이 전쟁에서 무자비하게 사용되기 때문이었다.

그는 자유당에 기울어 있는 몇몇 좌파 조직에 직접 참여하거나 아니면 적어도 조직에 그의 이름을 포함시켰다. 이러한 활동으로 그는 극단적 우파의 목표물이 되었고 오랫동안 위협을 받았다. 이는 1923년 11월, 뮌헨에서 일어난 히틀러의 맥주홀 봉기 즉 쿠데타와 연관이 있는 것으로 보였다. 히틀러는 새로운 바이마르 공화국을 타도할 계획을 세우고 있었다. 쿠데타 후 히틀러는 체포되어 감옥에 수감되었다. 그는 유죄를 선고받고 5년간 수감되는 형벌을 받았다. 정부를 타도하려는 시도는 보통 사형을 선고받지만 히틀러는 예외였다. 그에게 형을 선고한 판사도 히틀러의 계획을 지지하고 있었다. 교도소에 수감되어 있는 동안 히틀러는 우울증을 호소하고 자살 행위를 하면서 불과 8개월 만에 풀려났다. 그 8개월 동안 히틀러는 《나의 투쟁》이라는 책의 초반을 완성할 수 있었다. 그는 책을 통해 유대인과 슬라브인에 대한 증오를 나타냈으며 민주주의를 비난했다. 그 책은 교도소장이 가장 좋아했다. 그사이에 아인슈타인은 안전을 위해 최악의 상황이 진정될 때까지 네덜란드로 몸을 피했다.

1924년 5월 중순이 되어서야 아인슈타인은 독일의 정치 상황이 조금은 안정되었으며, 그의 인생 또한 조금씩 고요해졌다고 생각했다. 이 평화로운 환경은 그가 가족들과 함께 좋은 시간을 보낼 수 있게 해 주었다. 엘자의 첫째 딸 일제가 편집장인 루돌프 카이저와 결혼하면서 아인슈타인은 의붓아버지로서의 역할을 하게 되었다. 1930년에 카이저는 안톤 라이저라는 필명으로 아인슈타인의 전기를 처음 만든 사람이 되었다. 그는 원래 1929년 아인슈타인의 오십 번째 생일에 맞춰서 전기를 발행하려고 했지만 1년 더 연기되었다. 아인슈타인은 자신에 관한 전기를 싫어했다. 스스로가 대중의 관심에 목말라 있는 것처럼 보였기 때문이다. 그는 자신에 관한 글을 절대 읽지 않았다. 그가 참고 견딘 유일한 전기 작가는 칼 실리그였다. 물론 그의 전기를 읽지는 않았지만 말이다.

그는 일제에게 사랑을 느끼기도 했다. 그러나 일제가 결혼하면서 그녀에게 더 이상 관심을 가질 수 없게 되었다. 그러자 아인슈타인은 그의 새로운 비서 베티 뉴만에게 매혹되었다. 그는 그해 말까지 이 관계를 유지했다. 이 사실은 그 누구도 알지 못했다.

아인슈타인은 결혼한 몸이었지만 그의 인생에는 다른 여성들이 끊이지 않았다. 아인슈타인은 과학계의 록 스타라는 호칭이 생길 정도로 세계적으로 유명했으며, 중년의 나이에도 매력적이고 젊어 보였다. 그는 남자답게 근육도 있었고, 눈은 항상 반짝거렸다. 아인슈타인의 유머러스한 모습과 그의 웃음소리 또한 전설적이었다. 그의 조수였던 에이브러햄 페이스는 다음과 같이 회상했다.

"아인슈타인의 웃음소리는 굉장히 독특했습니다. 꽉 막힌 곳에서 호통 치는 소리 같았죠. 그것은 행복한 웃음소리였습니다. 그때부터 나는 그의 순수한 웃음소리를 듣기 위해 우리의 다음 만남을 기다리곤 했습니다."

아인슈타인과 문제를 일으켰던 여성 대부분은 아인슈타인에게 도움을 줄 수 있는 사람들이었고, 다른 사람들의 시선은 무시했다. 그의 이상형은 함께 지식을 공유하고 뮤지컬을 보거나 그의 평범한 요트를 타고 항해할 수 있는 사람이었다. 종종 그는 숙녀들을 매력적인 이벤트로 초대하곤 했다.

훌륭한 인성을 가진 아내와의 관계는 애정보다는 동료애에 가까웠다. 그리고 그녀는 다른 여자와 시간 낭비를 하고 있는 남편에 대해 질투심을 느끼거나 어떤 공격적인 반응도 보이지 않았다. 그녀는 남편의 여자관계에 대한 간섭을 포기한 듯 보였다. 그 대신 그녀는 유명한 남편의 아내라는 유명세를 충분히 즐겼다. 아인슈타인이 결코 자신을 떠나지 않을 것이라 확신하면서 말이다.

아인슈타인은 1922년에 남아메리카의 강연 제안을 거절한 적이 있었다. 그 후 1925년, 아인슈타인은 남아메리카의 제안을 받아들였다. 3월, 그는 아르헨티나와 우루과이, 브라질로 향하는 3개월의 여행을 떠나기 위해 승선했다. 이번에도 그의 여행에는 감명 깊었던 것을 기록하기 위한 여행기가 함께하고 있었다. 그는 과학학회와 정치인들 그리고 독일인들과 유대인협회에서 환영 인사를 받으며 강연을 했다. 아인슈타인은 휴식을 취하고 큰 즐거움을 얻을 수 있었다.

일찍이 알려졌듯이 1920년대 중반, 그러니까 아인슈타인이 중년에 접어들기 시작했을 때 그는 과학보다는 점점 정치와 사회 쪽으로 관심을 갖기 시작했다. 여전히 양자역학에 대한 논문을 발행하기 위해 연구를 하고, 통일장 이론을 발표하기도 했지만 말이다. 아인슈타인의 통일장 이론은 그의 마지막 이론이 되었고, 물리학계에서 그의 기여는 점점 줄어들었다. 나이가 들수록 물리학과 수학 분야에서 업적이 줄어드는 것은 이상한 일이 아니었다. 대부분의 물리학자들과 수학자들도 젊었을 때 가장 독창적이고 근본적인 업적을 세우는 것이 일반적이었기 때문이다.

1925년, 아인슈타인의 한 친구는 "아인슈타인은 낚시나 하며 지내는 편이 낫다"라고 말했다. 그럼에도 아인슈타인은 종전에 이룬 업적과 카리스마 있는 성격 덕분에 위대한 과학자라는 명성을 유지할 수 있었다. 초보 물리학자들은 아인슈타인에게 자신의 논문을 평가받고 싶어 했다. 우주론자인 조지 가모브도 아인슈타인에게 평가를 받았다. 그는 그의 이론 중 하나 정도는 맞을 것이라는 아인슈타인의 편지를 받았고, 그 편지 아랫부분에 "그 늙은이는 요즘 거의 모든 것에 동의할 테지"라고 휘갈겨 쓴 적도 있었다.

전문가 모임에서는 여전히 그의 업적을 존중하고 있었다. 1926년과 1928년 사이, 2년도 채 지나지 않는 기간 동안 영국왕립천문학회는 그에게 골드 메달을 수여했다. 영국의 저명한 왕립학회는 한때 뉴턴이 회장으로 있기도 했는데, 이 학회는 아인슈타인에게 물리학과 생물학을 번갈아가면서 매년 수여하는 최고의 상인 코플리 메달을 수여했다. 그리고 소연방과학연구원은 그에게 명예회원 자격을 주기도 했다.

아인슈타인은 제1차 세계대전 중 어떠한 노력도 소용없다고 느끼고는 평화주의 운동을 멈춘 적이 있었다. 그러나 전쟁이 끝난 후 그는 전쟁 재발을 사전에 막기 위해서 평화주의 활동을 재개했다. 1922년, 그는 평화에 대한 내용을 담고 있는 안내서에 과학자들은 연구를 위해 국제적으로 협력할 수 있는 조직이 필요하기에 세계의 평화를 추구한다는 내용을 실었다. 그리고 그는 "권위의 명령에 굴복하여 계획적인 살인에 참여하거나 전쟁을 준비하는 데 어떠한 방법으로라도 개입한다면, 그 누구도 스스로를 크리스천이나 유대인이라 칭할 수 없다"라고 발언했다. 아인슈타인은 1925년에 강력하게 평화를 주장하면서 강제 징집에 반대하는 성명서에 서명했다. 서명한 사람 중에는 마하트마 간디도 있었는데, 그는 평화주의자인 동시에 철학자이며 인도 독립운동의 선두주자였다. 그는 비폭력을 혁명의 수단으로 주장하는 것으로 유명한 사람이다. 서명자에는 신비주의자이자 시인, 음악가, 예술가로 노벨 문학상을 받은 라빈드라나드 타고르가 있었다. 그리고 영국 작가인 허버트 조지 웰스도 있었는데, 그는 단편 소설과 공상 과학 소설로 유명했다. 그의 대표작에는 '타임머신'과 '우주전쟁'이 있다.

아인슈타인은 전쟁을 막기 위해서는 병역에 저항할 수 있는 국제 단체를 조직해야 한다고 생각했다. 1931년, 그는 다음과 같이 썼다.

"전쟁을 반대하는 방법에는 합법적 방법과 혁명적 방법이 있다.

합법적 방법은 대체복무제를 소수의 특권으로 허용하는 것이 아니라 모든 사람에게 권리로 허용하는 것이다. 혁명적 방법은 평화 시에 군국주의를 무너뜨리거나 전쟁 시에 사용될 자원을 차단하는 것이다."

1925년, 독일 대통령으로 파울 폰 힌덴부르크가 선출되었고 한스 루터가 수상이 되었다. 1918년에 독일군에서 나온 힌덴부르크는 정당에서 활발하게 활동하고 있었다. 그는 1932년에 대통령으로 다시 선출되었으며 히틀러의 등장에도 반대하지 않았다. 반대하기는커녕 오히려 히틀러를 1934년 1월에 수상으로 임명했다. 힌덴부르크는 독일인들 사이에서 인기가 높았다. 그래서 히틀러는 1934년 그가 사망할 때까지 정권을 타도하려는 시도조차 하지 못하고 있었다. 히틀러청소년단이 창설되고 히틀러의 《나의 투쟁》이 출간된 사이에 독일은 국제연맹에 가입했다. 그리고 파울 괴벨스는 베를린에서 나치당의 선전 당관이 되었다.

1927년 가을, 솔베이 학회가 베를린의 브뤼셀에서 열렸다. 세계에서 가장 저명한 물리학자들은 다시 학회에 참석해 새롭게 정의된 양자론에 대해 토론했다. 이번 솔베이 학회의 스타는 아인슈타인과 닐스 보어였다. 학회 내내 그들은 양자역학에 대해 논쟁했고 그 논쟁은 아인슈타인이 사망할 때까지 계속됐다. 학회가 열리기 1년 전인 1926년, 물리학자 막스 보른에게 쓴 아인슈타인의 편지는 다음과 같다.

"양자역학은 높은 평가를 받을 만한 연구이긴 하지만 내 예감으로는 그것만으로 충분한 것 같지는 않네. 그 이론은 많은 성과를 내었지만 과거의 비밀에 결코 더 가까이 접근한 것 같지는 않다네."

그는 1942년 비슷한 내용의 편지를 또 다른 친구에게 보냈다.

"신의 카드를 몰래 보는 것은 매우 힘든 일일세. 그러나 신은 세상과 주사위 놀이를 하지 않았네."

그해 23살이 된 한스 알베르트는 프리다 크네히트와 결혼하겠다고 선언했다. 그녀는 한스보다 9살이 더 많았다. 아인슈타인은 그 결혼을 반대했고 밀레바 역시 프리다가 그리 좋은 느낌을 주지 않았기에 반대했다. 그러나 결혼은 성사되었다. 밀레바는 다음 해에 한스가 소름끼칠 만큼 끔찍해 보이며, 그의 아내는 어떻게 내조를 할지 생각하기보다는 그녀 자신만 생각하는 이기적인 여자라고 쓴 편지를 친구에게 보냈다.

사실은 따뜻하고 밝은 여자였던 프리다는 3명의 아이들을 낳았다. 데이비드, 클라우스 그리고 베른하르트를 낳았는데 그들 중 1명인 클라우스는 6살까지만 살았다. 한스와 프리다는 1941년에 에블린이라는 여자아이를 입양했다.

1727년에 사망한 아이작 뉴턴을 기리기 위한 200주년 기념일이 전 세계적으로 펼쳐졌다. 그 기념일에 참석한 사람 중에는 아인슈타인도 있었다. 그는 뉴턴을 위한 헌사를 요청받았고 영국인들의 전통과 대대로 인간의 정신이 크게 발전할 수 있도록 틀을 제공한 뉴턴을 칭송할 기회를 얻게 되었다. 아인슈타인은 뉴턴 이후에 발전한 이론 물리학은 전부 뉴턴의 연구에서 비롯된 것이며 양자론 역시 뉴턴의 미분법에 비하면 불완전한 것이라고 인정했다.

1928년 2월, 아인슈타인의 오래된 멘토인 네덜란드 물리학자 로렌츠가 사망했다. 아인슈타인은 로렌츠 장례식에서 추도 연설을 하기 위해 레이든으로 달려갔다. 그는 로렌츠를 이 시대의 가장 위대하고 고귀한 사람으로 표현했다. 그는 로렌츠는 그가 살아생전에 만난 그 어떤 사람들보다 더욱 의미 있는 사람이었다고 말했다.

"그의 삶은 아주 작은 부분까지도 고귀한 예술 작품 같았다. 그의 변하지 않는 친절함과 인자함 그리고 인간사에 대한 정확하고 직감적인 이해와 관련된 정의로움은 그가 어떤 방면에서든 지도자가 되게 만들었다."

1928년 3월, 아인슈타인은 스위스 다보스를 여행 중이었다. 그동안 그는 심각한 심장 질환으로 쓰러지고 말았다. 몇 달 동안 침대에서만 생활하던 그는 거의 1년이 지나서야 완전히 회복할 수 있었다. 이제 그는 늘어만 가는 사적인 문제들과 서신들을 다룰 누군가가 필요했다. 엘자는 그를 도와줄 시간이 없었다. 그래서 그는 엘자의 도움과 허락을 받고 젊은 여성인 헬렌 뒤카스를 비서로 고용했다.

헬렌은 15살에 학교를 그만두고 스스로 공부를 하면서 가족을 부양하는 여성이었다. 그녀는 아인슈타인과 남은 생애를 함께했다. 그 둘은 어떤 로맨틱한 관계없이 27년간을 조화롭게 일했다. 그에게 맹렬한 충성심을 가지고 있었던 그녀는 아인슈타인의 이미지를 사랑스럽고 친절하며 인자하지만 가끔은 어리숙

하기도 한 천재로 유지시키려고 했다. 그리고 때때로 난봉꾼 같았던 그의 사적인 생활은 지키려고 했다. 아인슈타인이 사망한 후 그녀는 그의 논문들을 프린스턴 고등연구소의 문서보관 담당자에게 기증했다. 1981년 후반 그 보관소가 예루살렘으로 옮기기 전까지 이 일은 그녀 삶의 목적이기도 했다. 그녀는 보관소가 예루살렘으로 옮겨간 지 한 달 정도 후에 사망했다. 당시 그녀의 나이 85살이었다.

아인슈타인에게는 많은 의무들이 있었다. 1928년, 그는 평화주의 조직인 독일인권연맹 이사회에서 새로운 직위를 맡게 되면서 풀타임 비서가 필요하게 되었다. 1917년에는 병이 재발하여 몇 달간 프러시아 과학 아카데미에도 참석할 수 없었는데, 동료들은 그의 논문을 가지고 와 대신 연설하기도 했다. 아인슈타인은 동료들을 통로로 삼아 끈덕지게 노력한 결과 통일장 이론 중 중력과 전력을 공식화할 수 있는 새로운 수학 방정식을 발표했다.

세계인의 사랑을 받는 과학자

1929년 3월 14일, 아인슈타인은 50살 생일을 맞았다. 그는 카드와 편지, 전보를 통해 많은 축하를 받았다. 국적과 나이를 불문하고 전 세계 사람들로부터 말이다. 그의 친구들은 그를 위해 뭔가 특별한 선물을 주려고 했다. 그들은 아인슈타인에게 별장을 하나 마련해 주고 싶었다. 그들은 베를린 시의 기부를 희망했지만 이는 정치적인 문제와 재산권 문제로 좌절되었다. 상황이 계속해서 엇나가자 아인슈타인은 베를린 근처 시골 마을인 카푸트에 있는 자신의 땅에 별장을 짓기로 결심했다. 이곳에서 몇 분만 나가면 항해를 할 수 있는 호수가 있었다. 아인슈타인에게 별장을 선물하려다 실패하고 우울해하던 친구들은 호수에서 자신의 배로 항해하려는 아인슈타인을 보고 놀랐다.

별장은 그해 여름 동안 빠르게 지어졌다. 그리고 아인슈타인은 베를린의 집에 머물면서 9월쯤 그 별장으로 들어갔다. 아인슈타인은 교외에 별장이 생기자 굉장히 신이 났다. 그리고 그의 건강도 빠른 속도로 나아지기 시작했다.

새로운 에너지를 얻은 그는 평화 조직과 시오니스트를 대표하여 많은 인터뷰를 했고 서신을 주고받았다. 그러나 가장 중요한 것은 1929년 그의 '통일장 이론'을 발간하는 작업이었다. 이는 출간 전부터 이미 주목을 받았으며 언론은 아인슈타인이 우주의 수수께끼를 풀었다고 보도했다. 그리고 독일 출판사들은 아인슈타인의 논문 발표를 애타게 기다렸다. 논문은 발행 즉시 동났고 더 많은 주문이 있었다. 그는 자신의 이론에 대한 믿음이 있었지만 이렇게 대중에게 주목받을 만큼 큰 발견인지는 확신할 수 없었다. 이는 전형적인 과장 광고였다. 그리고 곧 아인슈타인의 이론에서 발견된 오류에 대한 비평이 쏟아지기 시작했다. 몇 번의 수정을 거친 3년 후, 아인슈타인은 마침내 자신의 이론 중 잘못된 부분을 인정했다.

같은 시기, 아인슈타인은 벨기에의 엘리자베스 여왕과 오랜 시간 서신을 주고받으면서 우정을 이어 가고 있었다. 그녀의 남편인 알베르트 왕과도 마찬가지였다 그는 1934년 사망했다. 아인슈타인은 외삼촌 체자르 코흐를 방문하면서 여왕도 방문했다. 그는 라켄에 있는 그녀의 궁전에서 음악에 대한 지적인 대화를 나누었다. 여왕의 요청으로 그들은 시녀와 함께 삼중창으로 연주를 하기도 했다. 여왕은 겸손함과 다정함으로 아인슈타인을 매료시켰다. 그리고 그는 다음 해 여왕과 왕을 한 번 더 방문하기도 했다. 그들은 계속해서 우정을 지속시켰다. 몇 년 후 아인슈타인이 나치로부터 피신할 때 그에게는 굉장히 중요한 도움을 주기도 했다. 아인슈타인은 생을 마감할 때까지 여왕과 서신을 주고받았고, 그 서신의 말머리는 항상 '친애하는 여왕님'이었다.

1930년, 아인슈타인 가족은 중요한 국면을 맞이하게 되었다. 한스와 프리다가 아들 베른하르트를 낳아 아인슈타인이 할아버지가 된 것이다. 그리고 그는 마르고트가 디미트리 마리아노프와 결혼하면서 장인어른이 되었다. 아인슈타인의 사위인 루돌프 카이저는 그해 아인슈타인의 전기 편찬을 이어받았고, 마리아노프는 14년 후에 루돌프 카이저가 만든 전기를 출간하게 된다.

　그해, 아인슈타인과 엘자는 미국 여행을 떠날 채비를 했다. 이 시기 그는 패서디나에 있는 캘리포니아 공과대학교의 초청을 받아 캘리포니아로 향했다.

　아인슈타인은 독일 내 민족주의의 증가와 동요를 지켜보면서 정치적 활동을 준비하고 있었다. 나치는 독일 선거에서 많은 표를 확보했다. 이는 아직은 얼굴을 드러내지 않은 악마의 전주곡이었다. 우파가 의석을 거의 차지하고 있었지만 그는 아직 반유대주의에 큰 관심을 갖지는 않았다. 미국을 포함한 전 세계 경제가 침체되어 있었고 조금 나아지는 듯했던 독일 경제도 다시 경기 침체의 소용돌이에 휩싸였다. 실업률은 급증했으며 많은 사람들이 매우 힘든 시간을 보내고 있었다. 독일인들은 정부가 상황을 긍정적으로 변화시켜 주길 바라고 있었다.

소연방에서 반유대주의가 점차 두각을 나타내며 증가하고 있었다. 결과적으로 1930년대에 팔레스타인은 거의 20만 명에 달하는 동유럽 유대인의 엄청난 유입을 수용하기 시작했다. 그들은 러시아 유대인촌에서 선조의 땅을 재건축하기 위해 온 것이었다. 영국은 그렇게 거대한 유입에 대한 아랍의 저항을 예상하고 있었다. 그래서 유대인의 이주 중단을 요청했다.

이 시기 950만 명의 유대인이 유럽에 살고 있었으며, 대부분은 도시에 살고 있었다. 전체 6천500만 명의 인구가 모인 독일에서는 절반 가까이로 집계되는 유대인들이 살고 있었는데, 이는 유럽에서 가장 높은 유대인 수용 수치였다. 여러모로 그들은 일찍이 탈출에 가담할 의지가 없었다.

그해 여름, 아인슈타인은 인도의 예술가이자 음악가, 시인인 라빈드라나드 타고르를 카푸트에 있는 자신의 별장에서 만났다. 타고르는 굉장히 이국적으로 생긴 수행단을 데리고 왔다. 별장에 도착한 그는 검소해 보이는 풍성한 예복을 입고 있었다. 타고르 자신이 추구하는 대로 하얀 머리카락과 수염을 잘 정돈한 모습은 하나하나 다 신비로워 보였다. 두 번의 만남 중 한 번은 카푸트에서 있었고, 한 번은 그의 친구 브루노 멘델의 집 근처에서 이루어졌다. 2명의 노벨상 수상자들은 진실과 아름다움 그리고 음악에 대해 토론했다.

　아인슈타인의 사위인 마리아노프는 타고르를 '생각하는 머리를 가진 시인'으로, 아인슈타인은 '시인의 머리를 가진 생각하는 사람'으로 묘사했다. 또한 그는 "이 2개의 행성이 수다를 떨고 있다"는 인상 깊은 말을 남기기도 했다. 타고르와 아인슈타인의 대화 내용은 두 남자의 철학과 창의력에 대한 통찰력으로 풍성했다. 그들은 예술 중에서도 음악에 관심이 많았다. 첫 번째 대화에서 진실과 실재에 대해 이야기를 나누었다. 아인슈타인은 사람에게 진실과 아름다움이 독립적으로 존재하는 것인지 궁금했다. 멘델의 마을에서 이뤄진 두 번째 대화에서 그들은 가족, 독일의 청소년 운동 그리고 기회와 예정의 상호작용에 대해 이야기를 나누었다. 그리고 자연스럽게 서부와 인도의 고전 음악 이야기로 이어졌다. 타고르는 자신의 대화 상대였던 아인슈타인을 다음과 같이 기억했다.

　"부스스한 하얀 머리, 불타는 눈 그리고 따뜻한 마음을 가진 그는 나에게 깊은 인상을 남겼다. 그는 기하학과 수학을 매우 추상적으로 다루고 있었다. … 그는 나에게 가치 있는 관계를 심어 준 사람이었고, 진실한 관심과 이해를 보여 주었다."

1930년 10월, 아인슈타인은 브뤼셀에서 열린 그의 마지막 솔베이 학회에 참석할 예정이었다. 그는 또한 라켄에 있는 '왕실'을 방문했다. 그들은 음악을 연주하고 함께 저녁을 먹었다. 아인슈타인은 엘자에게 당시의 분위기를 전하며 "나 혼자 왕실에 있었어. 하인도 없었고 야채로 볶은 달걀과 감자를 곁들인 시금치도 없던 그곳이 굉장히 좋았지"라고 편지를 썼다.

벨기에를 지나 취리히로 여행을 하면서 그는 자신의 모교 취리히 연방 공과대학교에서 명예 학위를 받았다. 그리고 학교의 75회 기념 축하회에서 명예손님이 되었다.

자연을 숭배하는 우주적 종교관

아인슈타인은 1931년 12월 미국으로 두 번째 여행을 떠날 계획을 세웠다. 이 시기 동안 그는 캘리포니아 공과대학교에 방문하기 위해 캘리포니아에 머물렀다.

떠나기 직전, 아인슈타인은 '종교와 과학'이라는 제목의 글을 《뉴욕 타임즈》에 기고했다. 이 글과 사적인 편지들 그리고 다른 논문들은 1927년부터 1932년까지 발행되었다. 그는 거기에 그의 종교적 믿음을 요약했고, 미국에서 큰 논쟁을 불러일으켰다. 아인슈타인은 '우주적 종교'에서 그의 믿음을 공언했는데 이는 매우 도발적인 것이었다. 그에게 우주적 종교란 먼 옛날부터 전해 내려온 종교의 그 어떤 형태보다도 더 높고 깊으며 삶의 모든 것을 담고 있는 인생과 우주에 대한 해답을 주는 것이었다. 그는 다음과 같이 말했다.

"우주적 종교는 내가 이룬 과학적 업적에 견줄 수 있을 만큼 강력하고 고귀한 힘을 주었다. 지금까지 존재하는 종교적 인물들은 종교적 감정과는 구별되어 왔다. 나는 사람의 이미지를 가진 어떠한 신이나 신조는 존재하지 않는다는 것을 알고 있다. 내 생각에, 예술과 과학의 가장 중요한 기능은 이러한 감정을 깨우는 것이며 그 감정을 인지할 수 있게끔 하는 것이다. 그것이 바로 생각의 세계에서뿐만 아니라 자연에서 나타나는 기적의 모습이다. 믿는 사람은 종교에서 두려움을 허용하지 않는다. 그에게 있어서 보상과 처벌을 하는 신은 생각할 수도 없는 존재이다."

'우주적 종교'는 모든 유신론적 종교의 교리와 양립할 수 없기 때문에 많은 미국인들은 아인슈타인을 무신론자라고 결론 내렸다. 그는 무신론자가 아니었는데도 말이다. 심지어 아인슈타인의 지적 능력에 찬사를 보냈던 가톨릭 주교인 풀턴 쉰은 "아인슈타인의 '우주적cosmic' 종교에는 한 가지 오류가 있습니다. 단어에 's'를 넣은 것cosmic에서 s를 삭제하면 '웃기는'이라는 뜻을 가진 comic이 됨을 의미-옮긴이이죠"라고 말장난을 하기도 했다.

아인슈타인은 자신만의 방법으로 신앙심을 키웠다. 그는 17세기 네덜란드의 유대인 철학자 바뤼흐 스피노자가 상상한 신을 믿었다. 그는 유대인 신문에서 다음과 같이 설명했다.

"스피노자의 신은 인간의 행동에 개입하여 운명을 좌우하지 않는다. 그보다는 모든 존재에 질서와 조화를 부여한다."

그에게 종교란 모든 것에 드러나는 뛰어난 영적 존재에 대한 겸허한 찬양이었다. 잡지 《포럼과 세기》에 기고한 '내가 믿는 것'에서 아인슈타인은 자신의 개인적인 믿음과 철학을 "나는 지나친 윤리적 편견 때문에 그것들을 돼지우리의 이상이라고 칭했다. 그러나 나는 결코 안락함과 행복의 존재 자체를 간과한 적이 없다. … 나를 이끌어 준 것은 친절함과 아름다움 그리고 진실이었다"라고 표현했다. 그는 또한 신이 세상을 다르게 창조할 수 있는지도 궁금해 했다. 그리고 사람은 결코 사물의 진정한 본질을 알 수 없다고 생각했다.

ALBERT EINSTEIN

"저는 언론과 교육의 자유가 보장되지 않고,
법 앞에서 모든사람이 평등할 수 없는 국가에서는
살고 싶지 않습니다."

1933년 4월 5일, 독일을 영원히 떠나면서 한 연설

다시 그 길 위에서

　12월, 서쪽을 향해 항해를 계속하기 전 아인슈타인 일행은 먼저 미국 뉴욕의 해안에 다다랐다. 그들은 5일간 뉴욕 항구에 닻을 내렸다. 아인슈타인은 계속해서 질문을 던지는 언론사를 만날 수 있었다. 언론사뿐 아니라 공무원과 미국의 명사들 그리고 다양한 단체의 대표자들도 그에게 관심을 표했다. 아인슈타인은 사람들과 함께 포즈를 취하거나 짧은 연설을 했고, 종이나 책에 사인을 해 주는 등의 작은 호의를 베풀었다. 아인슈타인이 호의를 베푸는 동안 엘자는 그들에게 소량의 수수료를 청구하거나 기부를 요청하면서 아인슈타인의 행동 하나하나를 모두 관리했다. 모아진 돈들은 자선냄비로 직행했다. 부부는 밤이 되면 완전히 기진맥진한 상태로 개인 전용실로 돌아왔다.

예정에 없었던 활동을 하고 명사들과의 모임을 가지면서 아인슈타인 일행은 캐리비안 해를 향해 남쪽으로 나아갔다. 그들은 이틀 동안 쿠바에 머물렀고, 그 후 계속 남쪽으로 향했다. 파나마 운하를 지나고 멕시코 연안을 따라 북서쪽으로 가면서 캘리포니아와 점점 더 가까워졌다. 아인슈타인 일행이 샌디에이고 항구에 도착했을 때도 사람들의 반응은 뉴욕에서와 똑같았다. 그는 사람들의 관심에서 벗어나기 위해 재빨리 패서디나로 이동했다. 그리고 캘리포니아 공과대학교 근처에 작은 안식처를 마련했다. 캘리포니아의 햇살을 받고 야자수와 감귤 밭이 펼쳐진 곳에서 머무는 그들은 천국에 온 기분을 만끽할 수 있었다.

1931년 초, 아인슈타인 일행은 에덴동산처럼 평화로운 곳에서 약 두 달간 머물렀다. 아인슈타인은 노골적으로 자신의 의견을 표출하고 흔들림 없는 사람이었다. 그의 의견들은 보수적 성향을 가진 사람들 사이에서 논쟁이 되기에 충분했다. 아인슈타인은 군국주의에 반대하고 평화주의를 선호한다고 선언했다. 그리고 캘리포니아 공과대학교 학생들에게 학생들은 기술적 업적을 쌓아야 하며, 업적을 통해 사람을 향한 관심을 나타내야 한다고 강조했다.

"창조적인 생각을 바탕으로 인류를 저주가 아닌 축복할 수 있어야 합니다. 인생의 도표나 방정식 한가운데에서 이를 잊어서는 결코 안 됩니다."

캘리포니아 공과대학교 학과장들은 물리학에 대한 기대가 높았다. 대학교 측은 아인슈타인에게 괜찮은 보수와 함께 그가 원할 때면 언제라도 캘리포니아에서 살 수 있는 영구 거주권을 제안했다.

아인슈타인의 개인적 활동은 캘리포니아 남부뿐 아니라 할리우드에서도 이뤄지고 있었다. 독일에서는 영화 관람이 금지되어 있었지만, 이곳에서 아인슈타인은 영화 시사회에도 초대받았다. 그가 관람한 '서부 전선 이상 없다'는 제1차 세계대전에서 싸우다 죽어 가는 군인에 관한 이야기였다. 또한 찰리 채플린의 초대를 받아 '시티 라이트'를 관람했다. 카리스마 넘치는 이 두 남자는 시사회에서 함께 사진을 찍었고, 이 사진은 언론을 통해 공개되기도 했다. 아인슈타인은 영화에서처럼 채플린은 실제로도 굉장히 매력적인 사람이라며 찬사를 보냈다. 그는 다른 명사들도 만날 수 있었다. 그가 만났던 명사 중에는 헬렌 켈러와 사회비평가 업튼 싱클레어, 사회학자 노먼 토머스도 있었다.

3월이었다. 캘리포니아에서 기차를 타고 뉴욕으로 돌아가는 길이었다. 아인슈타인 일행은 그랜드 캐니언 근처에 있는 호피 인디언 보호 구역에 들렀다. 호피 인디언은 아인슈타인이 평화주의자인 것을 알고는 그에게 평화의 파이프를 선물했다. 그들은 아인슈타인의 상대성 이론을 가지고 말장난을 하면서, 아인슈타인에게 '위대한 친척'이라는 별명을 지어 주기도 했다.

아인슈타인은 평화에 관한 연설을 진행하기 위해 또 걸음을 옮겼다. 하루도 채 되지 않아 뉴욕에 도착한 그는 평화주의자들이 행동을 취해야 한다는 의견을 처음으로 표출했다. 그는 애스터 호텔에서 팔레스타인을 위한 기금 모금에 대한 연설을 했다. 연설에서 아인슈타인은 유대인은 유대인 국가를 건설하기 위해 아랍인들과 협력해야 한다고 촉구했다. 그리고 자정이 되었을 즈음 다시 배로 돌아와 독일을 향해 항해했다. 독일 정치의 미래는 아인슈타인이 독일을 떠났을 때보다 훨씬 더 불확실했다.

아인슈타인은 집으로 돌아와서도 정신없이 바쁜 나날을 보내고 있었다. 그는 프로시아 과학 아카데미에 2개의 논문을 발표했다. 그리고 5월에는 영국에서 한 달간 머물며, 옥스퍼드에서 강연을 했고 명예 학위를 받았다.

1931년 여름, 집으로 돌아온 아인슈타인은 한동안 카푸트에 있는 별장에서 지냈다. 독일은 이제 히틀러의 독재하에 있었다. 아인슈타인은 점점 전쟁이 두려워졌다. 그는 곧 병역 의무를 거부할 권리가 있다는 내용과 평화에 관한 수많은 편지를 쓰고 성명서를 발표했다. 한 평화 시위는 플라망어 Flemish, 벨기에 북부에서 사용되는 네덜란드어―옮긴이로 진행됐다. 이 시위대에게 아인슈타인은 '공격적 평화주의'와 군비 축소, 후대가 '전쟁을 선조들의 이해할 수 없는 일탈로 되돌아볼 것'을 희망한다는 내용의 성명서를 보냈다.

아인슈타인은 독일의 정치적 상황과 극단적 민족주의 현상에 혼란을 느끼고 있었다. 그는 독일 카이저 연구소에서 직책을 맡으면서 자연스럽게 생긴 독일 시민권을 포기하고 싶다는 생각이 들었다. 미래를 대비해야 했던 아인슈타인은 곧 캘리포니아 공과대학교와 계약을 체결했다. 대학 측은 그에게 생각할 시간을 주면서 일단 이번 겨울까지 캘리포니아에 머물 것을 제안했다.

물리학계는 계속해서 진보적 결과를 내놓고 있었다. 독일의 물리학자 볼프강 파울은 베타 붕괴 동안 에너지가 향하는 곳을 설명하기 위해 중성미립자, 즉 '작은 중성의 물체'의 존재를 증명했다.

25살의 오스트리아 논리학자 쿠르트 괴델은 그의 유명한 불완전성 정리를 포함한 논문을 발표했다. 이것은 수학적 명제인 참과 거짓 중에서 참이지만 증명될 수 없는 문장이 존재한다는 것이다. 자명한 이치나 규칙을 사용한들 말이다. 아인슈타인은 나중에 이 두 사람을 프린스턴에서 만날 수 있었다. 아인슈타인과 괴델은 함께 프린스턴의 거리를 몇 시간 동안 거닐면서 물리학에 대해 이야기했다. 괴델은 자신의 음식에 독이 있을지도 모른다는 생각과 굶어 죽을지도 모른다는 두려움을 갖고 있는 독특한 성격의 소유자였다.

어니스트 로렌스는 캘리포니아 버클리에서 '원자 가속기'와 사이클로트론 Cyclotron, 원자의 핵변환이나 동위 원소 제조에 쓰는 가속 장치 — 옮긴이을 실험하기 시작했다.

12월, 아인슈타인과 엘자는 벨기에와 네덜란드를 잠깐 방문한 후 곧바로 캘리포니아의 패서디나로 향했다. 그들은 연말 직전에 도착해 1932년을 패서디나에 있는 야자수 아래서 맞이했다. 당시 미국 경제 또한 불황이었지만 말이다. 그는 미국에 머무는 내내 평화주의를 계속 주장했고, 종종 미국 내 인종차별에 대해 당혹스러움을 표현했다. 아인슈타인은 미국흑인지위향상협회의 공식 학술지에 글을 게재했다. 그는 자신이 목격한 미국의 만연한 인종적 편견을 비판했다. 그는 후에도 남부에서 자행되는 인종차별과 교수형 같은 폭력적인 제재를 반대했다.

플렉스너와의 만남

아인슈타인은 캘리포니아에서 두 달 남짓한 시간 동안 머물면서 그의 여생을 바꿀 만큼 중요한 사람을 만났다.

저명한 교육 개혁자이자 기금 운동가 그리고 자선가인 에이브러햄 플렉스너는 뉴저지에 새로운 학회를 만들 예정이었다. 그는 아인슈타인과 함께 학회 활동을 하고 싶었다. 학회의 목표는 실험실 없이 학자들이 함께 이론적인 훈련을 해 나가는 것이었다. 플렉스너는 1930년 프린스턴에 설립될 고등연구소의 학회장이었다. 뉴저지에 살고 있는 두 사람이 돈을 기부하면서 뉴저지에도 고등연구소가 설립될 예정이었다. 아인슈타인은 그 프로젝트에 대한 설명을 들으면서 흥미를 느꼈고, 결국 플렉스너의 제안에 동의했다. 아인슈타인과 플렉스너는 옥스퍼드에서 연구소 설립 계획을 세웠다. 당시 아인슈타인은 자신이 결국은 독일을 떠날 것이라고 생각했고, 가능하다면 유럽에 머물고 싶었다. 그는 독일만 아니라면 스위스나 네덜란드 어디든 상관없었다.

1932년 봄이 왔다. 아인슈타인은 강연을 위해 캠브리지와 옥스퍼드로 향했다. 출발하기 전 아인슈타인과 플렉스너는 만날 약속을 정했고, 그들은 새롭게 설립될 고등연구소에 대해 토의했다.

플렉스너는 고등연구소가 프린스턴에 설립될 것이라고 말했다. 프린스턴은 아인슈타인이 이미 10년 전에 강연한 적이 있는 곳이었다. 플렉스너는 아인슈타인에게 연구소의 꽤 높은 직위와 함께 반년은 프린스턴 고등연구소에서, 나머지 반년은 그가 원하는 곳 어디에서든 지낼 수 있다는 조건으로 제안을 했다. 1933년 10월에 아인슈타인은 이에 동의했다.

같은 시기, 아인슈타인은 두 번째 손자가 태어나면서 할아버지가 되었다. 프리다와 한스 사이에서 클라우스가 태어난 것이다.

그해, 소연방에 엄청난 기근이 들었다. 유대인들과 많은 시오니스트들이 농업 국가를 건설하기 위해 새로운 약속의 땅 팔레스타인으로 탈출하고 있었다. 파울 본 힌덴부르크는 대통령 재임에 성공했고, 히틀러는 700만의 표로 낙선했다. 오스트리아에서 태어난 히틀러는 2월 독일 시민이 되었다. 힌덴부르크가 대통령으로 당선되었지만, 나치가 독일 의회인 라이히슈타크를 통치하고 있었다. 힌덴부르크는 히틀러가 아닌 다른 사람을 수상으로 지명했지만, 독일 의회를 달래기 위해서 히틀러를 부수상으로 지명했다. 그러나 히틀러가 원하는 자리는 수상이었다.

같은 시기, 아인슈타인은 정치적으로 불안정한 상황에서 자신의 정치 성향을 드러내는 것은 위험하다고 판단했다. 그는 이제는 나치가 독일을 장악하는 것을 피할 수 없다고 생각했다. 1932년 여름, 아인슈타인은 위험이 다가오고 있음을 감지했다. 그는 지그문트 프로이트와 전쟁의 원인과 원인을 차단하는 방법에 대해서 공식적으로 편지를 주고받기 시작했다. 평화를 지키려는 최후의 노력이었다. 세계지식인협력연맹은 다음 해에 아인슈타인과 프로이트가 교환한 서신의 내용을 발표했다.

"국제 안보를 이룰 수 있는 방법은 통치권의 일부를 무조건적으로 포기하는 것이다."

아인슈타인은 이제 세계 정부를 지지하기 시작했다. 이는 적어도 군비를 통제할 수 있었다.

12월에 아인슈타인과 엘자는 세 번째로 방문한 캘리포니아 공과대학교에서 머물다가 미국으로 가기 위해 배에 올랐다. 아인슈타인이 미국에 도착하기 전, 미국 영사는 그가 어떤 파괴적 조직의 일원도 아니라는 선언에 서명해 달라고 요청했다. 아인슈타인은 순순히 이에 응했다. 그는 독일을 떠나기 전에 동료와 가족에게 4월쯤 돌아오겠다고 말했다.

독일은 이제 조직적이고 계획적으로 공무원직이나 대학교에서 유대인과 공산주의자들을 제거하기 시작했다. 1933년 초, 미국 언론매체들은 강제 수용소의 존재를 보도했다. 보도는 독일에서 남부 바이에른에 있는 다하우 집단 수용소를 열어 공산주의자 집단과 나치의 정치적 성향에 반대하는 사람들을 투옥시킨 후에 나왔다. 수용소는 정치적인 이유로 투옥된 입소자들을 거칠고 가학적인 방법으로 다루며 악명을 떨치게 되었다. 1937년에는 또 다른 집단 수용소 부헨발트가 지어졌는데 독일 공산주의자들을 투옥시키기 위한 곳이었다. 그러나 나치의 반유대주의 운동이 시작되면서 유대인들도 수감되기 시작했다. 동성애자, 집시들, 여호와의 증인 그리고 성직자들도 다음 차례였다.

라이히슈타크는 1933년 2월 말에 불타 버렸다. 당시 아인슈타인은 여전히 패서디나에 머물고 있었다. 어떤 이들은 나치에 의한 방화라고 주장했고, 또 어떤 이들은 공산주의자에 의한 방화라고 주장했다. 이 가능성 모두 확실했다. 나치는 정신적으로 이상이 있는 공산주의 지지자에게 방화를 하도록 유인했다. 공산주의 전체를 비난할 명목을 만들기 위해서였다.

아인슈타인은 지금 독일로 돌아가는 것은 너무 위험하다는 조언을 따르기로 했다. 지금까지 그는 수배자였고, 정치적인 견해 따위는 존재할 수 없는 유대인일 뿐이었다. 나치는 아인슈타인의 책에 대한 불신을 조장했고 그의 이미지 또한 부정적으로 만들었다. 2만 명의 독일인들이 자신의 머리를 겨냥하고 있다는 소식을 듣게 된 아인슈타인은 자신이 그렇게 가치가 높은 사람인지 몰랐다는 농담을 하기도 했다.

망명을 준비하며

아인슈타인은 베를린으로 돌아가는 것이 불가능하다는 것을 깨달았다. 그래서 아인슈타인과 엘자는 계획을 세우기 시작했다. 아인슈타인 부부는 독일을 통하지 않고 유럽으로 돌아가고 싶었다.

패서디나를 떠나기 전, 아인슈타인은 프러시아 과학 아카데미 사임을 언론에 공표했다. 그리고 그는 나치에 대항하기 위해 세계는 '도덕적 개입'을 할 필요가 있다고 조언했다.

"내가 어떤 선택을 할 수 있는 한, 나는 정치적 자유와 관용 그리고 모든 시민이 동등한 권리를 갖는 국가에만 머물 것이다. … 이는 지금의 독일에는 존재하지 않는다."

여전히 아인슈타인에게 반감을 갖는 사상들이 독일에서 퍼져 나가고 있었다. 이와 관련된 소식을 들은 아인슈타인은 다시는 베를린에 돌아가지 않을 것이라고 말했다. 한 신문의 헤드라인은 '아인슈타인의 희소식-그는 돌아오지 않는다!'라고 외치고 있었다.

나치가 독일을 장악한 데 대해 독일인 모두가 반대한 것은 아니었다. 때문에 아인슈타인은 조심할 필요가 있었다. 막스 플랑크 같은 몇몇 독일 친구들은 아인슈타인 스스로가 문제를 일으킨다고 비난했다. 그러나 아인슈타인과 플랑크는 서로를 굉장히 존중하고 있었고, 이는 서로의 차이점을 극복하고 평생 우정을 지킬 수 있는 발판이 되었다.

3월, 아인슈타인 일행은 패서디나를 떠나기 위해 기차를 탔다. 일행은 바로 뉴욕으로 가지 않고 시카고를 거쳐 뉴욕을 향했다. 덕분에 뉴욕에서 남쪽으로 1시간 남짓 거리에 있는 프린스턴을 방문할 수 있었다. 아인슈타인 일행은 미래에 자신들이 머물 곳을 알아보고 있었는데 프린스턴이 유력했다. 일행은 같은 이유로 대서양을 건너 벨기에에 도착했다.

3월 28일, 아인슈타인은 프로시아 과학 아카데미에 사임을 표하는 편지를 보냈다. 그는 19년 동안 어떤 의무감 없이 베를린에서 자유롭게 일할 수 있는 기회를 준 아카데미에게 감사를 표했다. 그러나 그는 현 상황에서 아카데미가 프로시아 정부에 의존하는 것은 참을 수 없다고 말했다. 동시에 아카데미 회원들은 독일 정부에 대항하는 아인슈타인의 성명서를 읽게 되었다. 이에 분개한 회원들은 아카데미에서 아인슈타인을 추방시키기 위한 절차를 밟기 시작했다. 이 모든 일은 아인슈타인이 국외에 머물고 있는 동안 일어났다.

아인슈타인 일행은 코크 쉬로 메르에 잠시 머물렀다. 평화로운 해변가에 위치한 코크 쉬로 메르는 모래 언덕으로 둘러싸인 해안 마을이었다. 일행은 이곳에서 약 6개월간 머물렀고 벨기에 정부는 그를 보호하기 위해 안전 요원을 파견했다. 4월에는 베를린에 머물던 아인슈타인의 비서 헬렌 뒤카스와 그의 충실한 조수 발터 마이어가 아인슈타인 일행과 합류했다. 마르고트와 디미트리는 이미 파리로 도망쳤고, 일제와 루돌프는 여전히 베를린에 머물고 있었다. 벨기에에 머무는 동안 아인슈타인 일행은 엘리자베스 여왕과 그의 남편의 초대를 받았다.

7월, 나치는 아인슈타인의 집과 보트 그리고 은행 계좌의 잔고를 모두 몰수했다. 그들은 '프로시아 국가의 이익'을 위해서 '국가 적의 재산과 공산주의자의 재산을 몰수'하는 법을 명분으로 내세웠다. 일제와 루돌프는 베를린과 카푸트에 있는 아인슈타인의 집을 지켰다. 그리고 프랑스 대사의 도움으로 그들은 아인슈타인의 문서와 논문들을 외교 행낭에 봉하여 프랑스로 보낼 수 있었다. 그랜드 피아노와 아인슈타인이 좋아하던 가구들도 안전했다. 물건들은 뉴욕을 거쳐 프린스턴으로 보내졌다. 아인슈타인은 나치가 자신에게 가할 위협을 예상하고 있었다. 그는 미리 외국 계좌에 상당한 금액의 돈을 이체해 놓은 덕분에 경제적 위기를 피할 수 있었다.

아인슈타인은 독일에서 맡았던 모든 직위를 내놓았으며, 독일 시민권을 포기했다. 그에게 계속 스카우트 제의가 들어오고 있었다. 많은 제안 중에서 그는 자신에게 이상적이었던 플렉스너가 제안한 고등연구소의 연구직을 선택했다. 연구직에게는 교육의 의무가 없었다. 그리고 현재의 한 기록에 따르면 연구소는 다음과 같이 설명할 수 있다.

일정한 형식의 커리큘럼, 학위 프로그램, 강의 시간표, 실험실, 또는 다른 실험적인 시설이 없다. 연구소는 지식의 가장 기초적인 부분을 탐구하는 것을 목적으로 삼는다. 또한 연구소에서 추구하는 지식의 영역은 주목할 만하거나 즉각적인 결과를 기대하기 힘든 영역이다. 그럼에도 장기적으로 봤을 때 이 연구소의 영향력은 엄청날 것이다. … 연구소는 다른 교육 기관과 공식적으로 계약을 체결한 바 없지만, 연구소가 설립된 이후로 프린스턴 대학교뿐 아니라 가까운 기관과도 종종 협력적인 관계를 가졌다.

보수도 꽤 괜찮았던 고등연구소의 캠퍼스는 규모가 작은 편이었다. 캠퍼스는 목가적이었고 오래된 숲 주변에 자리 잡고 있었다. 그리고 캠퍼스 안에는 그림 같은 호수와 잘 정리된 잔디밭이 있었다. 이곳은 아인슈타인처럼 독립적이고 자유롭게 자신의 목표에 대해 생각하기를 원하는 사람에게는 최적의 공간이었다.

현실적인 문제와 더불어 아인슈타인은 20살이 된 그의 둘째 아들인 의학도 에두아르트가 정신분열증을 앓고 있다는 사실을 알게 되었다. 그러나 아인슈타인은 에두아르트가 어릴 적부터 매우 약하고 예민했기 때문에 크게 놀라지는 않았다. 아인슈타인은 당시의 의학 기술로는 아들의 병을 고칠 수 없다는 것을 알고 있었다. 그리고 그 병은 밀레바 직계의 유전적 요인 때문이라고 생각했다.

에두아르트는 스위스에 있는 정신병동에 입원했고, 일시적인 진정 증세를 보일 때만 외출할 수 있었다. 그러나 그마저도 잠시뿐이었다. 1933년 5월, 아인슈타인은 브르크휠츨리 정신병동에서 아들을 만났고, 이것이 마지막이었다. 아들을 방문하는 것은 아인슈타인에게 굉장히 고통스러운 일이었다. 마지막으로 아들과 함께 있던 아인슈타인은 아들이 재정적으로 어려움을 겪지 않도록 노력했다. 밀레바는 그녀의 인생에서 커다란 짐을 떠안게 되었다. 그녀는 헌신적으로 아들을 보살폈지만 상태는 계속 나빠지기만 했다. 결국 그는 영구적으로 정신병원에 입원하게 되었고, 아주 가끔만 집에 갈 수 있었다. 당시 밀레바의 자매인 조르카도 정신분열증으로 고통받고 있었다. 결국 그녀는 43마리의 고양이에 둘러싸여 건초들이 있는 헛간에서 사망했다. 밀레바는 1948년 73살의 나이로 병에 걸려 사망할 때까지 아들을 보살폈다. 에두아르트는 1965년 55살의 나이로 정신병원에서 생을 마감했다.

1933년 6월, 아인슈타인과 엘자는 다시 옥스퍼드를 방문했고 한 달 정도 그곳에서 지냈다. 아인슈타인은 '가끔 떠오르는 신비롭고 경외감을 느낄 만큼 대단한 그 어떤 것'인 이론적 체계의 발전과 과학의 순수한 기능에 관한 허버트 스펜서 강연을 진행했다. 영어로 힘들게 강연하던 아인슈타인은 순수한 생각은 실재를 움켜잡을 수 있다고 말했고, 자신의 이론을 정의하는 데 수학적 개념을 사용하기도 했다. 아인슈타인이 영국에 있는 동안 그는 윈스턴 처칠을 만날 수 있었다. 처칠은 명성 그대로 '대단히 똑똑한' 사람이었다. 아인슈타인과 처칠은 지금 독일이 위험에 처해 있다는 의견에 동의했으며, 처칠은 영국이 전쟁이 발발할 것에 대한 대비를 하고 있다고 말했다.

아인슈타인은 영국에서 두 번째 강연을 했고, 열흘 후에는 스코틀랜드에서 세 번째 강연을 했다. 그는 글라스고 대학교의 조지 깁슨 강연에서 일반 상대성에 관하여 설명했다. 조지 깁슨 강연의 스폰서들은 아인슈타인에게 과학적 연구의 역사에 관해 이야기해 달라고 요청했다. 이에 동의한 아인슈타인은 자신의 업적을 다른 사람보다 쉽게 설명할 수 있다고 말했다. 그러나 사람들은 그를 겸손하지 못하다고 비난하지 않았다. 아인슈타인은 자신에게 영향을 끼치고 자신이 새로운 사실을 발견할 수 있도록 도움을 준 사람들을 떠올렸다. 그리고 그는 자신이 극복했던 장애물에는 어떤 것들이 있었는지도 언급했다. 그 후 7월, 아인슈타인은 벨기에로 돌아왔다.

당시 아인슈타인은 평화주의에 환멸을 느끼고 있었고, 전쟁을 준비하는 독일에게 계속 경고를 했다. 그는 벨기에처럼 커다란 위험에 빠져 있는 나라들은 선택할 여지도 없이 무장 군대에 의존할 수밖에 없다고 느꼈다. 그리고 이 같은 상황에서 유럽의 문명화에 대응할 수 있는 군사력이 필요하다고 생각했다. 아인슈타인의 마음에는 여전히 평화에 대한 갈망이 있었지만, 히틀러가 집권하는 동안 생각이 바뀌었다. 그는 군사 독재 정치가 중단되는 순간에야 평화가 실현될 수 있다고 생각했다. 그가 의견을 조금 수정하자 그와 의견을 함께했던 평화주의자들은 아인슈타인을 변절자라고 비난했다. 그럼에도 독일의 군사를 타도해야 한다는 아인슈타인의 생각은 변하지 않았다.

9월, 아인슈타인은 영국으로 돌아와 4주간 머물렀다. 미국으로 출발하기 전의 일이었다. 10월 3일, 아인슈타인은 런던의 왕립극장에서 마지막으로 열정적인 연설을 했다. 그는 민주적 사상을 지켜 나가는 청중들에게 찬사를 보내면서 앞으로 닥칠 위험에 대해서도 경고했다. 연설에서 그는 위험과 격변을 경험한 나라만이 더욱 발전할 수 있다는 결론을 내렸다. 영국인들은 그를 사랑하고 아꼈다. 《뉴스테이츠먼 New Statesman, 지식인을 대상으로 하는 영국의 정치·학예 주간지 – 옮긴이》은 아인슈타인을 '용감하고 관대한 대표적인 부랑자이지만 순수한 마음과 쾌활한 영혼을 가진 사람'이라고 표현했다.

ALBERT EINSTEIN

"저는 미국 과학 연구소에 깊은 찬사를 보내고 싶습니다.
혹자는 미국의 수준 높은 연구 활동이
미국의 부유한 경제 상황 때문이라고 설명합니다.
그러나 이는 부당한 설명일 뿐입니다.
헌신과 인내, 동료애를 바탕으로
중요한 순간에 협력하는 능력이
미국의 높은 연구 실적을 이끈 원동력입니다."

1921년, 인터뷰에서

미국에서 자리 잡다

    1933년 10월, 아인슈타인 일행은 파리에 머물고 있는 일제와 마르고트 그리고 그들의 배우자들을 제외하고 대서양을 가로지르는 배에 올랐다. 10월 17일, 프린스턴에 도착한 아인슈타인 일행은 피콕 숙소라 불리는 빅토리아 저택에서 첫날을 보냈다.

    며칠 후, 일행은 마을의 중심에 위치한 머서 거리와 도서관의 모퉁이 사이에 임시 거처를 마련했다. 새로운 거주지는 아인슈타인의 임시 사무실이 있는 대학교 건물과 고등연구소의 완공 전인 운동장 중간 지점에 있었다. 아인슈타인이 영구적으로 머물게 될 거처는 머서 거리에 위치해 있었다. 임시로 거주하고 있는 곳과 그리 멀리 떨어지지 않은 곳이었다. 일행은 임시 거처에서 1년 반 정도 머물고 나서야 머서 거리에 위치한 집에서 살 수 있었다. 당시 54살이던 아인슈타인과 57살이던 엘자는 이제 독일이 아닌 곳에서 새로운 삶을 시작하게 되었다.

아인슈타인은 연구소 설립 이후 첫 번째 교수진에 포함되었다. 그 외에도 교수진에는 수학자 오스왈드 베블런, 제임스 알렉산더, 존 본 노이만 그리고 헤르만 바일이 포함되어 있었다. 아인슈타인은 그 후로 다시는 유럽으로 돌아가지 않았다.

영원한 안식처, 미국

아인슈타인에게 미국은 경제 대공황과 사회적 동요가 일어나고 있던 시기에도 안전한 안식처가 되어 주었다. 그는 미국에서 지적이고 인도주의적인 활동뿐만 아니라 정치적 활동에도 참여하기 시작했다. 이 활동들은 아인슈타인 일행에게 걱정을 가져다주기도 했지만 굉장한 흥미를 주기도 했다. 미국의 새로운 거주민이 된 아인슈타인은 대중 앞에 자주 서거나 자신의 의견을 공개적으로 표현하는 것을 자제했다. 정치적 사항과 유대인 문제에서는 더욱 조심했다.

아인슈타인의 상사가 된 고등연구소 소장 플렉스너는 아인슈타인이 지나치게 많은 활동을 하는 데 불안해했다. 플렉스너는 마치 암탉처럼 아인슈타인을 품고 있었다. 프랭클린 루스벨트 대통령이 아인슈타인에게 백악관으로 초대하는 서신을 보낸 적이 있었다. 이 사실을 먼저 알게 된 플렉스너는 아인슈타인에게 전달하는 대신 '아인슈타인은 대중을 피해 조용히 살길 원한다'고 전했다. 뒤늦게 이 사실을 들은 아인슈타인은 플렉스너에게 굉장히 화를 냈으며, 운영이사회에 불만을 표했다. 아인슈타인은 플렉스너가 자신의 삶에 자꾸 개입하면 고등연구소를 그만두겠다고 엄포를 놓기도 했다. 곧이어 아인슈타인은 루스벨트에게 정중히 사과했다. 1934년 1월 말, 아인슈타인은 서신을 통해 다시 한 번 백악관으로 초대받을 수 있었다. 아인슈타인 부부는 기쁘게 초대에 응했다. 이후 아인슈타인은 친구에게 루스벨트 대통령이 바쁘지만 않았어도 자신과 더 많이 만났을 것이라고 아쉬워하며 말했다.

아인슈타인은 재정적으로 더욱 안정되어 갔다. 그의 잔고는 외국 계좌로 옮겨졌으며, 다른 대학 교수에 비해 평균 두 배 이상의 급여를 받았다. 나라는 경제적으로 불안정했지만 아인슈타인은 재정적 혜택을 받으며 생활할 수 있었다. 아인슈타인의 강연료도 굉장히 높았다.

만일 그가 호화스러운 생활을 원했다면 충분히 가능했을 것이다. 그러나 그는 소박한 생활을 선호했다. 독일에서 살았을 때보다 더 소박하게 살았다. 최소한만 충족하며 사는 아인슈타인과는 다르게 엘자는 중산층으로서 즐길 수 있는 여유로운 삶을 추구했다. 유럽에서의 삶은 아인슈타인에게 희생적인 모습과 부담을 안겨 주었지만 이는 그가 더욱 양심적으로 살아가는 데 도움이 되었다. 그는 분수에 넘치는 삶을 살지 않았다. 그러나 아인슈타인은 이 시기에 작은 요트 하나를 장만했다. 프린스턴의 그림 같은 카네기 호에서 항해를 하기 위해서였다. 그는 틈틈이 이 스포츠를 즐길 수 있었다.

정치에 관여하지 않은 덕분에 아인슈타인은 더욱 안전하게 인도주의적 활동에 집중할 수 있었다. 그는 미국에서 다양한 활동에 참여했는데 그중 뉴욕에서 자선 바이올린 독주회를 가진 적이 있었다. 독일 과학자들을 돕기 위한 기금을 마련하기 위해서였다.

한동안 조용한 삶을 살고 있던 아인슈타인이었지만 '세계 정부'라는 주제는 그가 세상으로 나오게 만들었다. 이 주제는 그가 가장 관심을 갖고 추구하는 분야였다. 아인슈타인은 세계에서 생산되는 무기 전체를 담당하는 기구를 조직해야 한다고 생각했다. 그는 그 조직만이 파시즘에 대항하여 세계 평화를 지킬 수 있는 유일한 방법이라고 생각했다.

1934년 5월, 파리에 있는 일제가 병에 걸려 죽음과 싸우고 있다는 슬픈 소식이 전해졌다. 엘자는 그녀 곁을 지키기 위해 유럽으로 건너갔고, 일제는 37살이 되던 해 7월에 세상을 떠났다. 그 후 마르고트와 디미트리도 프린스턴으로 왔다. 홀아비가 된 일제 남편 루돌프 카이저는 네덜란드에서 스스로를 위안했다. 그리고 아인슈타인은 자신의 필적들을 모아 《나의 세계관》을 편찬하느라 바쁜 나날을 보내고 있었다. 이 책은 미국과 영국에서도 번역되어 편찬되었다. 동시에 아인슈타인은 대서양을 항해하면서 친구들과 함께 로드아일랜드 주에서 여름을 보냈다.

독일의 정치 상황이 극단으로 치닫고 있었다. 공산주의자에 대해 강경한 입장을 취한 정부는 평화에는 관심이 없었다. 결국 독일은 국제연맹에서 탈퇴했다. 이로써 독일은 무장 해제나 군비 축소와는 관련이 없는 국가가 되었다.

1934년, 대중의 사랑을 받던 독일 대통령 힌덴부르크가 사망했고, 마침내 히틀러의 세상이 도래했다. 히틀러는 자신을 지도자를 뜻하는 나치의 칭호인 '퓌레 Fuhrer'라 칭했고, 군인을 포함한 모든 사람들이 자신에게 충성할 것을 강요했다. 거수경례와

'히틀러 만세'라고 외치는 것은 이미 나치 당원에게는 당연한 구호가 되었다. 이 모습은 독일이라는 나라의 상징이 되어 버렸다. 히틀러는 '제3제국 Third Reich, 1933년 1월부터 1945년 5월까지 독일 나치 정권의 공식적 명칭—옮긴이' 뿐만 아니라 다른 모든 정당을 장악했다. 히틀러는 자신이 추구하는 사상과 계획을 따르도록 강요하고 있었다. 그는 자유주의적 이상을 비난했으며, 아인슈타인과 프로이트를 포함한 모든 유대인을 핍박하고, 그의 정치사상에 반하는 책들을 불태웠다.

광적인 흥분 상태가 지속되면서 상황은 점점 악화되었다. 독일 정부의 관용을 호소하던 독일인들은 체포되거나 처형당했다. 대부분 유대인이거나 공산주의자들이었다. 당시 모든 근대주의 예술 또한 억압당하고 있었으며, 과학 연구도 정부가 제정한 규정에 따라 활동이 제한되고 있었다. 1939년 초반, 수천 명의 예술가들과 과학자들은 가까스로 독일을 등질 수 있었다.

독일은 가까운 이웃 국가인 오스트리아를 위협하고 있었다. 당시 오스트리아의 수상은 엥겔베르트 돌푸스였다. 그는 보수 성향이 있는 정치인으로 오스트리아의 독재 정부를 형성한 장본인이었다. 이 때문에 독일이 요구하던 오스트리아와 독일의 합병을 반대하고 있었다. 그러나 1934년, 그의 반대는 대가를 치르게 되었다. 8명의 오스트리아인 나치 당원에 의해 암살된 것이다. 그가 새롭게 등장하고 있는 국가사회주의자들을 무자비하게 억압한 후에 일어난 사건이었다. 그러나 암살범들이 정부에 굴복하여 곧바로 처형되면서 오스트리아를 점령하려던 나치의 시도는 실패로 끝나는 듯했다. 6월, 히틀러는 자신의 정치적, 군사적 사상에 위배되는 독일인들을 제거하기 시작했다. 그리고 자신에게 복종하지 않는 나치 당원들을 축출해 냈다. 히틀러는 나치의 사상에 위배되거나 반대하는 자들은 혐의가 발각되는 즉시 모두 처형했다.

1930년 중반, 앞으로 10년에 걸쳐 지대한 영향을 가져올 핵 과학이 대두하고 있었다. 1934년에는 마리 퀴리가 세상을 떠났다. 같은 해 프레데릭과 이렌 졸리오퀴리는 폴로늄에서 방출되는 헬륨 원자핵인 알파 입자를 원소에 충돌시켜 인공 방사능을 만들어 내는 데 성공했다. 이 연구에 자극을 받은 로마 대학교의 엔리코 페르미는 방사능 베릴륨에서 나온 중성자를 파라핀에 통과시켜 속도를 감속시키는 데 성공했다. 그는 속도가 느린 중성자가 방사능 입자를 방출시키는 데 특히 효과적이라는 것을 발견했고, 이 방법은 우라늄에 적용되었다. 즉 방사능 물질을 얻게 된 것이다. 페르미는 자신이 해낸 일에 대해 확신하지 못하고 있었다. 그는 그것이 세상을 뒤흔들 만한 발견이라는 것을 알지 못했다. 페르미는 원자를 분리해 냈는데 이 발견은 핵 연쇄 반응의 전주곡이었다.

이 시기에 아인슈타인의 오랜 친구인 레오 실라르드는 핵 연쇄 반응의 아이디어를 특허 신청하기 위해 준비하고 있었다. 그는 특허를 비밀로 하기 위해 영국 해군에 자료를 맡겼다. 1914년 발간된 허버트 조지 웰스의 공상 과학 소설 《해방된 세계》는 실라르드에게 영감을 불어넣어 주었다. 웰스의 책은 방사성 붕괴 진행 속도가 빨라지는 것은 평범한 폭발을 일으키지만, 이는 연쇄적으로 엄청난 폭발을 일으킬 것이라고 예언했다.

실라르드는 훌륭한 과학자로 알려져 있지만 과소평가된 점도 있다. 헝가리에서 태어난 그는 핵물리학, 열역학, 원자력 그리고 분자생물학에 기여한 업적으로 알려졌다. 그는 에드워드 텔러, 유진 위그너, 한스 베테와 함께 '파멸의 헝가리 4인'으로 불린다. 실라르드는 핵 연쇄 반응을 착상했을 뿐만 아니라 사이클로트론, 선형 가속기 그리고 전자 현미경을 개발했다. 그러나 당시 정치적, 경제적 상황이 굉장히 불안정했기 때문에 실제로 상품을 만들지는 못했다. 후에 다른 사람들이 실라르드의 이론을 더욱 발전시켰고, 이들은 심지어 노벨상을 수상하기도 했다. 실라르드는 1939년 8월, 아인슈타인이 루스벨트 대통령에게 서신을 보내는 데 중요한 역할을 한 사람이기도 했다.

1934년 11월, 아인슈타인은 비과학 분야에 힘을 쏟으며 바쁜 나날을 보내고 있었다. 그는 진보주의교육협회 뉴욕 회의에서 발표할 교육과 평화에 관한 내용을 작성하고 있었다. 발표문에는 '미국은 학교에서 평화주의를 교육하기에 굉장히 좋은 위치에 있는 국가'라는 내용도 담고 있었다. 미국은 외국의 침략에 직면한 국가가 아니었기에 학생들에게 군사적 사상을 심어 줄 필요가 없었다. 그는 방어 차원에 있는 국가적 군사력보다는 국제적인 힘을 기르는 것이 중요하다고 강조했다.

1935년, 아인슈타인은 프린스턴 머서 거리 112번가에 자리하고 있는 집 하나를 장만했다. 이 집은 대학교와 고등연구소에 세워질 미래의 캠퍼스와 1킬로미터밖에 떨어지지 않은 곳에 있었다. 하얀색 판자로 만든 2층짜리 집에는 검정색 셔터, 나무로 된 현관 그리고 작은 앞마당이 있었다. 이 집은 점점 유명해졌다. 세계 곳곳에서 프린스턴을 찾는 방문객들은 여전히 자신들의 차를 길 건너편에 주차하고 건물 앞에서 사진을 찍었다. 자신이 서 있는 장소가 한 천재가 살았던 곳이라는 것을 보여 주기 위해서 말이다. 그 집은 연구소 교수단의 회원을 위한 사적인 용도로 사용하기 위해 여전히 보존되고 있으며, 아인슈타인의 요청대로 박물관이나 '성지'로 바뀌지 않았다.

아인슈타인은 프린스턴에 머무는 동안 일반 시민처럼 사생활을 존중받으면서 생활할 수 있었다. 그럼에도 그와 관련된 일화들이 엄청나게 많은 것이 사실이다. 많은 사람들이 아인슈타인을 특이한 사람으로 기억한다. 특히 그의 외모와 독특한 행동 때문이었다.

아인슈타인은 슬리퍼를 신고 발을 질질 끌며 아이스크림을 들고 마을을 돌아다녔다. 그는 아이들이나 애완동물을 만나면 반갑게 인사했고, 이발사와 함께 이야기를 나누기도 했다. 그는 헝클어진 옷과 오래된 가죽 재킷을 즐겨 입었다. 헝클어진 그의 하얀색 머리카락은 이제 상징이 되었다. 아인슈타인의 이러한 모습은 강한 인상을 남겼고, 만화가들의 이상적인 모습이기도 했다. 그가 보관하고 있던 한 편지를 보면, 아인슈타인의 머리 스타일에 대해 지적하는 어린 소녀의 편지를 발견할 수 있다. "신문에서 당신의 모습을 보았어요. 머리를 자르면 훨씬 더 보기 좋아질 거예요."

그의 유명한 초상화 중 하나는 사진작가 필립 할스먼이 찍은 사진이다. 이 사진은 우표에 새겨지기도 했고 《타임》의 '세기의 인물' 표지에 실리기도 했다. 사진 속 아인슈타인은 오래된 스웨터를 입고 옷깃에는 펜이 고정되어 있다. 또한 아인슈타인은 양말을 싫어한다는 소문에 대해서는 어렸을 때부터 발가락이 너무 커서 항상 양말에 자주 구멍이 났다며, 그때부터 양말을 안 신기로 결정했다고 핑계를 대기도 했다.

아인슈타인의 사망 후, 사람들은 프린스턴에서 소박한 아인슈타인의 모습을 발견할 수 있었다. 최근까지도 연구소는 연구소 소유의 거리에 아인슈타인의 이름을 따서 지었다. 그리고 아인슈타인의 '박물관'은 나소 스트리트에 위치한 랜도의 옷가게 뒤편에 몇 년간 존재했다. 프린스턴 역사학회 또한 나소 스트리트에 있었는데 이곳에서는 여전히 아인슈타인과 관련된 기념품들을 팔고 있다. 2005년, 학회는 '아인슈타인의 방'을 만들어 아인슈타인과 관련된 기억할 만한 사건들과 연구소에서 기증한 가구로 방을 꾸며 놓았다.

2005년 4월, 워싱턴에 있는 미국 과학 아카데미 앞에 세워져 있던 로버트 버크스의 아인슈타인 조각상이 구청 앞에도 세워졌다. 학부 휴게소에는 아인슈타인의 어록 '신은 교묘하지만 심술궂지는 않습니다'가 벽난로에 독일어로 새겨져 있다.

아인슈타인은 미국 시민이 되고 싶었다. 당시 시민권 신청은 외국 영사관에서만 가능했다. 1935년 5월, 아인슈타인은 헬렌 뒤카스와 마르고트에게 이끌려서 아일랜드로 떠났다. 그들은 아일랜드에서 미국 시민권 지원서를 등록하고, 미국 영사관에서 열어 준 파티에 초대받을 수 있었다. 이 여행이 미국을 떠난 마지막 여행이었다. 그들은 남은 여름을 매사추세츠에서 보냈다. 처음 방문한 이곳에서 아인슈타인은 하버드 대학교로부터 명예 학위를 받았다. 그리고 코네티컷 강에 있는 해안 마을인 코네티컷 올드라임에서 휴가를 보냈다.

히틀러의 등장과 세계대전

같은 시기, 독일 정부는 17년 전 제1차 세계대전을 종식한 베르사유 조약을 고의적으로 이행하지 않고 있었다. 이는 전쟁 배상금 지불을 이행하지 않을 것이며, 강제 군복무를 재도입하겠다는 일종의 선언이었다. 독일이 다시 번영하기 시작하면서 정부는 뉘른베르크 법을 통과시켰다. 법의 첫 번째 조항은 '독일의 혈통과 명예 수호법'이었다. 이는 유대인과 독일인 사이의 혼인을 금지하며, 45살 이하의 독일 여성은 유대인 가정부를 고용한다는 내용이었다. 두 번째 조항은 '제국 시민권'으로 유대인에게서 독일 시민권을 박탈한다는 내용이었다. 뉘른베르크 법의 통과는 이미 유대인에게 공공연히 시행되던 조치들이 공식적으로 효력을 발효한다는 뜻이다. 나치 지도자들은 뉘른베르크 법은 정당이 추구하는 사상과 일치하며, 이로써 유대인은 시민으로서의 권리를 박탈당할 것이라고 강조했다.

히틀러의 대외 정책과 계획은 1936년 3월 29일 실시된 국민투표에서 98.8퍼센트라는 경이로운 찬성률로 통과되었다. 히틀러의 영향력은 점점 유럽 전체로 퍼지고 있었고, 그는 계속해서 자신의 영향력을 확장시키려 했다. 많은 나라들 또는 자주적인 지역들은 세계 대공황으로 치명적 피해를 입었는데 따라서 쉽게 히틀러의 목표물이 되었다. 히틀러는 제1차 세계대전에서 패배하면서 잃은 독일의 특권과 권위를 다시 회복할 것이라고 공표했다. 그러나 모두 여기에 동참하고자 했던 것은 아니었다. 오스트리아와 독일의 통합을 주제로 열린 회의에서 오스트리아는 독립 국가로서의 현 상황을 유지할 것이라고 못 박았다. 하지만 2년이 채 지나지 않아 두 나라는 통합되었다. 그동안 유럽에서 권력을 가지고 있던 독재자들 역시 자국민의 저항에 맞서고 있었다. 그 독재자들은 스페인의 파시스트 프란시스코 프랑코, 이탈리아의 베니토 무솔리니, 포르투갈의 안토니오 살라사

르, 공산주의자인 소련의 스탈린이었다.

  그러나 스탈린도 히틀러의 반인도주의적 모습을 넘어서지는 못했다. 1936년, 히틀러는 공산주의자들을 제거하는 데 힘을 쏟고 있었다. 그는 이미 오래전부터 독일에 존재하고 있었던 볼셰비키와 트로츠키주의자들을 체포하여 투옥했으며 처형했다. 대부분이 지식인이거나 유대인이었다. 문화나 정부, 산업과 관련된 사건들을 주도한 젊은 지도자들 역시 히틀러의 목표물이 되어 추방당했다. 이 사실은 유대인 학살에 비해서는 덜 알려졌다.
  독일 비밀경찰은 일반 시민들까지도 공포에 떨게 만들었다. 일반 시민들은 혐의가 없음에도 누명을 쓰고 처벌 대상이 되기도 했다. 1938년이 되어서야 이러한 히틀러의 숙청이 조금씩 가라앉고 있었다. 이때까지 전 소련 지도자들과 공무원들 그리고 다른 죄 없는 시민들은 계속해서 처형당하거나 시베리아의 강제 노동 수용소로 보내졌다. 이 사건들은 나중에 '대숙청'으로 알려지게 되었다.

  프린스턴에 있던 아인슈타인은 세계 곳곳의 나쁜 소식들을 전해 듣고 있었다. 그래서 그는 미국에서 자신의 정치 견해를 드러내는 행위를 가급적이면 하지 않았다. 동시에, 전쟁이나 평화에 관한 자신의 의견은 지속적으로 표출했다. 아인슈타인은 세계 모든 나라가 국제적인 협력을 통해서 통치권의 일부분을 포기할 수 있어야 한다고 주장했다. 그리고 사람들은 국제적인 관점을 가지고 세계를 볼 수 있어야 하며, 세계 종말을 피하기 위해서는 공격은 사라져야 한다고 덧붙였다. 즉 아인슈타인은 다른 나라의 문화를 인정하고 이해할 수 있는 세계적인 교육 방법을 통해서 전쟁을 사라지게 할 수 있다는 믿음이 있었다.

그는 또한 학교 교육에 관해서도 의견을 표했다. 1936년, 아인슈타인은 올버니에 있는 뉴욕 주립대학교 학위 수여식에서 연설을 했다. 그는 연설에서 교육의 목적은 학생들이 독립적으로 사고하도록 돕는 것이며, 학생의 원대한 꿈이 공동체를 위해 사용되도록 이끌어 주어야 한다고 강조했다. 아인슈타인은 학교가 두려움이나 힘 그리고 인위적인 권위를 학생들에게 사용해서는 안 된다고 촉구했다. 어린 시절 독일의 교육 정책에서 그가 받은 답답함을 그 누구보다 잘 알기 때문이었다.

불행히도 엘자는 그녀의 새로운 집과 만족스러운 삶을 오래 즐길 수 없었다. 1936년, 엘자는 신장병으로 고통스러운 나날을 보내고 있었다. 그녀는 뉴욕 북부에 있는 사라낵에서 종종 시간을 보내기도 했다. 엘자는 60살의 나이로 크리스마스 직전에 사망했다.

그러나 아인슈타인은 혼자가 아니었다. 그에게는 수줍음 많은 의붓딸인 마르고트가 있었다. 당시 마르고트는 남편 디미트리와 이혼한 상태였다. 아인슈타인에게는 마르고트뿐만 아니라 그의 비서인 헬렌 뒤카스도 있었다. 3년 후에는 그의 여동생 마야도 아인슈타인과 함께할 수 있게 되었다. 아인슈타인은 아내 엘자가 세상을 떠나면서 자신만의 은신처에 숨어 있는 '곰 같은' 모습의 사람이 되었다. 그리고 '자신보다 더 다른 사람들에게 애착을 가졌던' 아내를 잃게 되면서 사교성도 점차 사라졌다.

1936년 초, 한스 알베르트는 아버지 아인슈타인의 모교인 취리히 연방 공과대학교에서 박사 학위를 받았다. 다음 해인 1937년, 한스는 홀아비가 된 아버지를 만나기 위해 미국으로 향했다. 그리고 1938년, 한스는 스위스에서의 직위를 사임하고 가족과 함께하기 위해 미국으로 이사를 왔다. 아무 사건 없이 1년이 흐르는 듯싶더니 또 다른 비극이 찾아왔다. 한스 부부의 작은 아들인 클라우스가 6살의 나이로 돌연 사망한 것이다. 클라우스는 디프테리아_{Diphtheria, 주로 어린이가 많이 걸리는 급성 전염병의 하나-옮긴이}로 사망한 것으로 추정된다. 이 사실을 전해 들은 아인슈타인은 한스 부부에게 편지를 썼다.

"너희에게 커다란 슬픔이 왔구나. … 나는 클라우스를 오래 보진 못했지만 그 녀석은 항상 내 옆에 있는 것처럼 친근한 존재였단다."

당시 베른하르트는 어린 아이였다. 그러나 그 부부는 에블린이라는 여자 아기를 1941년에 입양했다. 한스는 미국 농림부에서 일하면서 사우스캐롤라이나 주 그린빌에서 짧은 시간을 보냈다. 그리고 1947년, 버클리에 있는 캘리포니아 대학교의 수력 엔지니어링 교수가 되었다. 1958년, 프리다가 사망한 후 한스는 엘리자베스 로보츠와 재혼했다. 한스는 1973년, 매사추세츠 주 우즈 홀에서 머무르는 동안 세상을 떠났다.

아인슈타인은 계속해서 인터뷰와 연설을 했으며, 친구뿐 아니라 세계 곳곳의 많은 사람들과 상당한 양의 서신을 주고받았다. 그는 이제 이전처럼 활발하게 연구 활동을 하는 과학자가 아니었다. 따라서 그의 출판물도 점차 줄어들었다. 1937년, 젊은 협력자인 네이선 로젠과 함께 과학 논문 한 편을 발표했을 뿐이었다. 그해는 엘자가 사망한 다음 해였다. 사실 아인슈타인이 연구에 쏟는 에너지가 점점 줄어들면서 그의 과학 연구 활동은 대부분 젊은 조수에 의해서 이루어졌다. 1935년 발행된 유명한 논문 역시 보리스 포돌스키와 로젠의 도움 덕분이었다. 이 논문은 3명의 앞 글자를 따서 'EPR'로 알려졌다. 연구소에 있는 3명의 물리학자들은 이 논문을 통해서 양자론에 대한 아인슈타인의 비판적 태도가 대중의 집중을 받을 수 있게 했다. 그들은 양자역학이 물리적인 실재를 완벽하게 설명할 수 없다고 생각했다. 즉 양자역학은 완벽한 이론이 아니라는 것이다. 이 논문은 많은 물리학자들 사이에서 논쟁거리가 되었다. 1964년, 존 벨이 이룩한 업적의 중요성이 시사된 후에 말이다.

아인슈타인의 영어 실력에 대해서는 여전히 말이 많다. 미국에서 생활하는 동안 아인슈타인은 영어를 꽤나 잘 이해하고 읽을 수 있을 정도의 실력이 되었다. 그러나 이 중년 남성의 말하기 실력은 늘 생각을 하지 않았다. 그래서 그는 종종 친구에게 영어의 어려움에 대해 불평 섞인 내용을 편지로 보내기도 했다. 아인슈타인은 간단한 문장 정도는 쓰고 말할 수 있었고, 준비된 연설문도 읽을 수 있었다. 그러나 토론이나 포럼에 참가하기 위해 독일에 머물면 영어 실력은 다시 제자리로 돌아왔다. 아인슈타인의 많은 편지와 논문들은 먼저 독일어로 작성된 후 헬렌 뒤카스나 그의 동료에 의해서 영어로 번역되었다.

아인슈타인은 독일을 피해 미국 망명을 꿈꾸는 피난민들을 돕고 있었다. 피난민들은 직업이 필요했다. 아인슈타인은 피난민들을 도와주기 위해 직장을 알아봐 주기도 했다. 그리고 필요하다면 돈을 빌려 주기도 했다. 1938년, 독일에 의한 오스트리아 합병이 이뤄지면서 많은 사람들이 미국 망명을 원하게 되었다. 아인슈타인도 더 이상 자신에게 내미는 도움의 손길에 모두 화답할 수 없게 되었다. 당시 미국도 경기가 좋지 않았고 실업률도 급등하고 있었기 때문이다. 그는 자신이 급증하고 있는 유대인 피난민 중 하나일 뿐이라고 생각했다.

루스벨트 대통령은 유럽에서 다가오고 있는 격동의 움직임을 감지하고 있었다. 그는 유럽인 이주 문제를 우호적으로 해결하려는 의지를 독일과 이탈리아에 내비쳤다. 그러나 소용이 없었다.

1938년 11월 9일에서 10일 사이, 히틀러의 '당 선전과 인기 있는 계몽사상의 우두머리'였던 요제프 괴벨스는 독일 유대인들을 처단하기 위한 악명 높은 사건인 크리스탈나흐트Kristallnacht, 수정의 밤 사건에 착수했다. 그날 밤, 독일 전역의 폭도들은 집이나 길거리, 직장 등에서 닥치는 대로 유대인들을 처단했다. 거의 7천 500명에 달하는 유대인들이 이 사건으로 사망했다. 폭도들은 수십 개의 유대교 회당에 불을 질렀으며, 3만 명에 달하는 유대인들을 수용소로 보냈다. 그들은 결코 정부가 배후로 있었던 것이 아니며, 순전히 자발적으로 이루어진 일이라고 주장했다. 그리고 유대인들이 그날 밤에 벌어진 사건을 배상해야 한다고 덧붙였다. 나치는 경제 활동을 하는 유대인의 사업을 막을 수 있는 법안을 통과시켰고, 유대인들을 '아리아인'과 구별했다. 히틀러는 '유대인 문제'는 마침내 해결되었다고 선언했다. 크리스탈나흐트는 종종 홀로코스트 또는 쇼아의 발단이라고 여겨지기도 한다. 이것은 히브리어로 '참사'를 뜻한다.

같은 시기, 비행사이자 의학 실험실 조수인 찰스 린드버그는 독일 헤르만 괴링에게 메달을 받았다. 미국을 격노케 한 이유에서였다. 1933년, 히틀러의 지명으로 수상이 된 괴링은 게슈타포라는 독일의 비밀 국가 경찰의 우두머리가 되었다. 그는 나치의 실권자였다. 나치에는 2명의 실권자가 있었다. 다른 1명인 하인리히 힘러는 엘리트와 나치당의 불법 무장 단체인 'SS'의 우두머리였다. 라인하르트 하이드리히는 SS의 조수였다. 일찍이 괴링은 이 두 사람과 함께 나치의 정치적 적을 위한 수용소를 준비하고 있었다.

다음 해 린드버그는 루스벨트의 정책을 비판했고, 이로 인해 미국 내 그의 인기는 급격히 떨어졌다. 미국 대통령 역시 린드버

그를 비난했다. 이 미국인 비행사는 뉴저지의 아인슈타인이 머물고 있던 호프웰과 가까운 곳에서 살고 있었다. 불과 몇 킬로미터 떨어지지 않은 곳이었다. 그는 미국인이었지만 나치로부터 받은 메달을 결코 반환하지 않았다.

1938년, 아인슈타인은 여전히 시오니즘을 대표하여 노력하고 있었다. 그리고 그는 뉴욕에서 열린 팔레스타인을 위한 국제노동위원회에서 강연을 하기도 했다. 그는 '시오니즘에게 진 빚'이라는 주제로 유대인이 가진 현재의 문제점에 초점을 두고 이야기했다. 문제점을 이야기하고 있었지만, 아인슈타인이 바라보는 미래는 낙관적인 모습이었다. 시오니즘은 유대인들이 새로운 공동체로 변모할 수 있게 도와준다는 것이었다. 아인슈타인은 반유대주의에서 벗어나 팔레스타인에 거주하면서 생산적인 일을 할 수 있다고 설명했다.

물리학계의 커다란 발견, 핵분열

같은 해, 물리학에 엄청난 영향을 주는 동시에 새로운 돌파구가 된 사건이 벌어졌다. 유럽의 어느 실험실에서 실험을 진행하던 오토 한, 리제 마이트너, 프리츠 슈트라스만, 마이트너의 조카인 오토 프리쉬가 핵분열을 발견한 것이다. 그들은 처음으로 우라늄 원소가 중성자에 의해서 폭발할 때면 핵이 분열되고 이는 곧 연쇄 반응으로 이어진다는 것을 알아냈다. 이 반응이 엄청난 열과 빛을 동반한 에너지를 방출한다는 것도 함께 말이다. 에너지가 일단 한 번 방출되면 이는 엄청난 폭발 즉 핵폭발을 일으키게 될 것이었다. 실험은 1934년의 페르미 실험과 비슷했다. 정작 페르미는 자신이 발견한 연구가 얼마나 중요한 것이었는지 깨닫지 못했지만 말이다. 이 발견은 물리학계뿐 아니라 세계 정치계에도 혁명적인 영향을 미쳤다.

같은 시기, 이탈리아에 머물던 아인슈타인의 여동생 마야가 프린스턴으로 왔다. 그러나 그의 남편 파울 벤텔러는 건강상의 이유로 미국 입국이 거부되었다. 파울은 일단 미국이란 안전한 땅에서 오빠 아인슈타인과 함께 생활할 수 있도록 마야를 프린스턴으로 보냈다. 그리고 자신은 친구와 함께 제노바로 향했다. 마야는 유럽이 하루라도 빨리 안전해져 파울과 함께하길 바랐다.

머서 거리에 위치한 아인슈타인의 집에는 이제 아인슈타인, 마야, 마르고트, 헬렌 뒤카스가 함께하고 있었다. 뿐만 아니라 강아지 치코 그리고 프린스턴 대학교의 상징물에서 이름을 따온 수고양이 티거와 비보라는 앵무새도 있었다. 앵무새는 그의 75살 생일에 선물로 받은 것이었다. 그는 강아지 치코에 대해서 "이 강아지는 매우 영리합니다. 그는 내가 편지를 엄청나게 받는 것에 대해 굉장히 불편해한답니다. 그래서 우체국 배달원을 그렇게나 물어 댔겠죠"라고 설명하곤 했다.

1939년 5월, 아인슈타인은 프린스턴 신학교에서 열린 과학과 종교에 관한 회의에 참석했다. 그는 자신의 연설에 '우리의 목표'라는 제목을 붙였다. 이 연설에서 과학적이고 이성적인 수단이 개인의 신념이나 믿음에 완벽하게 영향을 끼치는 것은 불가능하다고 말했다. 따라서 우리 사회에서 종교의 가장 중요한 기능은 사회의 가치와 목표를 깨끗하게 만드는 것이라고 주장했다. 즉 전통이 사회가 추구하는 가치나 열망을 결정하는 데 기본이 된다는 것이다. 건강한 사회에서는 전통이 긍정적인 영향을 끼친다. 그런 사회에서 전통은 그 자체로 가치가 있기 때문에 전통을 굳이 정당화할 필요가 없는 것이다.

이제 아인슈타인은 물리학계의 이방인이 되어 가고 있었다. 중심이 되는 연구 활동에는 더 이상 참여하지 않았다. 대신 그는 양자역학에 대한 비판과 논쟁을 계속 이어 갔으며, 통일장 이론

연구에 힘을 쏟았다. 아인슈타인은 자신의 힘으로 새로운 연구 성과를 얻지 못했다. 그는 과학적 만족을 자신의 젊은 조수들이 이루어 내는 업적을 통해 느낄 수 있었다. 그럼에도 많은 사람들에게 아인슈타인은 여전히 '천재'로 통했다. 또한 그의 인도주의적 활동들은 아인슈타인이라는 이름에 가치를 더하여 주었다. 덕분에 그가 이끌었거나 참여했던 프로젝트는 대부분 성공할 수 있었다.

1939년 어느 무더운 여름날, 그의 오래된 친구인 레오 실라르드는 아인슈타인을 방문했다. 당시 아인슈타인은 롱아일랜드의 피코닉 베이에서 여름휴가를 보내고 있었다. 물리학자인 헝가리 출신 유진 위그너도 실라르드와 함께 있었다. 그들은 아인슈타인에게 우라늄-235에서 얻은 새로운 발견에 대해 말했다. 핵분열에 관한 것이었다. 그들은 만일 독일 과학자들이 이 엄청난 에너지의 고유 성질을 알아낸다면 원자폭탄을 만들지도 모른다는 두려움을 가지고 있었다.

한 예로, 그들은 프랑스의 프레데릭 졸리오가 그 발견의 중요성을 인지했다고 생각했다. 발견은 1934년에 그와 그의 아내 그리고 엔리코 페르미가 독립적으로 발견한 것이다. 졸리오는 벨지언 콩고에서 6톤의 산화 우라늄을, 노르웨이에서는 중수를 주문했다. 둘 다 핵 장치를 만드는 데 없어서는 안 될 중요한 성분이었다. 중수는 화학적으로는 일반 물과 같다. 2개의 수소 원자가 중수소 원자와 대체될 수 있다는 점만 제외하고 말이다. 중수소는 하나의 중성자를 가지는데 이는 중수가 일반 물보다 10퍼센트 정도 더 무겁게 만든다. 이는 원자로에서 감속재와 냉각제로 사용된다. 감속재는 핵분열 반응률을 높이고 연쇄 반응을 유지하면서 연쇄 반응에서 생성되는 중성자의 속도를 떨어뜨린다. 연쇄 반응은 적어도 하나 이상의 핵에서 추가적인 핵분열 분해되고 부분으로 쪼개지는 과정을 발생시키는 과정에서 중성자를 생성시킨다. 이 핵은 차례로 중성자를 만들어 내고 이 과정은 반복된다. 이 과정은 원자력에서의 사용을 위해 조정되거나, 핵무기에서의 사용을 위해 조정되지 못한다. 그 원료들은 독일 침략의 경우를 대비하기 위해서 영국으로 보내졌다.

이 소식을 전해 들은 아인슈타인은 당혹감을 감추지 못했지만, 곧 참여하기로 결정했다. 실라르드는 루스벨트 대통령에게 원자력의 군사적 사용에 대한 경고를 하기 위해 지속적으로 서신을 보냈다. 그는 편지에서 만일 독일이 폭탄을 제조하는 데 성공했음에도 미국이 이를 간과한다면, 곧 재앙이 닥칠 것이라고 강조했다. 아인슈타인은 즉시 편지에 서명했지만 그가 서명한 유일한 사람이었다 8월에 보낸 이 서신은 10월까지도 루스벨트 대통령에게 전해지지 않았다. 유럽에서 이미 제2차 세계대전이 발발하고도 한 달이 지난 시기였다.

미국은 아직 참전하지 않았지만 루스벨트는 조만간 참전할 가능성을 염두에 두고 있었다. 아인슈타인이 소식을 전해 준 덕분이었다. 그는 우라늄과 원자력 연구를 실시할 위원회를 모집하기 시작했다. 그 결과 아인슈타인은 뉴멕시코 사막에 있는 로스앨러모스에서 일급 기밀인 맨해튼 계획을 이끌게 되었다. 그리고 1945년에 촉발된 원자폭탄의 디자인과 제조 준비를 시작했다.

1939년 9월 1일, 독일은 폴란드를 침공하고 주민 대부분이 독일인으로 구성된 항구 도시 단치히를 합병시켰다. 이틀이 지나지 않아 영국과 프랑스는 독일과의 전쟁을 선포했다. 미국은 여전히 중립을 지키고 있었다. 독일은 폴란드의 서부 지역을 계속 침략했고 수도 바르샤바에 독일 총독을 세웠다. 한편 영국 런던의 많은 아이들은 안전한 곳을 찾지 못했다. 아이들은 친척도 없이 서쪽으로 보내져 마음씨 좋은 이방인의 도움으로 몸을 숨길 수 있었다. 어떤 아이들은 어머니와 함께 캐나다로 향했지만, 대서양을 건너는 유보트는 모든 사람들을 수용하기에는 턱없이 부족했다. 당시 미국 경제는 회복세에 들어서고 있었다. 유럽 국가들이 미국에 미친 듯이 군사 물품을 주문한 덕분이었다.

　전쟁은 점차 번지고 있었다. 그 소란 속에서도 1940년 뉴욕에서는 '내일의 세계'를 주제로 만국 박람회가 열리고 있었다. 아인슈타인과 그의 일행들은 박람회 참석을 위해 뉴욕 플러싱 메도우에 도착했다. 박람회의 목적은 과학과 기술을 경제 번영과 개인의 자유를 위한 도구로 사용하는 것을 장려하려는 것이었다. 경제 대공황과 미국의 제2차 세계대전의 참전이 다가오면서 박람회는 미래를 향한 희망으로 상징화되었다. 요청대로 아인슈타인은 박람회의 타임캡슐에 넣을 '후세를 위한' 내용을 담은 기록문을 제출했다. 그는 몇몇 세계적인 기술적 업적과 함께 후세 사람들은 경제적 두려움과 전쟁에 대한 두려움을 안고 살지도 모른다는 내용을 담았다.

　1940년대가 시작되면서 아인슈타인은 미국 시민이 되었다. 그는 뉴저지 주의 트렌턴에서 충성을 맹세했다. 전쟁은 유럽 전역뿐 아니라 극동까지 퍼지고 있었다. 군용 비행기로 무거워진 하늘 아래서 윈스턴 처칠은 영국 수상이 되었다. 네빌 체임벌린이 사임한 후의 일이었다. 처칠은 열정적으로 '피, 땀 그리고 눈물'이라는 유명한 연설을 했다. 동포들을 다시 하나로 모으고 앞으로 다가올 미래를 준비하기 위해서였다.

그사이 독일은 노르웨이, 덴마크, 네덜란드, 벨기에, 룩셈부르크를 침략했다. 네덜란드와 벨기에는 항복했고, 독일의 침략은 그 두 나라를 점령하면서 본격화되었다. 이탈리아는 프랑스와 영국에게 전쟁을 선포했고 독일 군대는 6월 중순 파리에 들어갔다. 엄청난 수의 독일 공군이 영국 해협을 건너면서 이틀 내내 런던을 공습하고 있었다. 낮 동안은 너무 많은 비행기들이 격추되어서 밤에만 공습을 진행했다. 온 유럽은 안전한 곳으로 시민들을 피난시켰다. 그러나 소용이 없었다. 일본과 독일 그리고 이탈리아는 군사 조약과 경제 조약에 서명했다. 자신들의 목표를 이루기 위해 서로 협조하자는 내용의 조약이었다. 재앙이 시작되면서 유럽의 수많은 위대한 과학자들은 미국과 캐나다로 피난했다. 그들 대부분은 유대인이었다.

루스벨트는 다시 대통령으로 선출되어 세 번째 임기를 시작했다. 루스벨트는 전쟁을 준비하기 위해 의회에 엄청난 금액의 국방비를 요청했고, 5만여 대의 비행기 생산을 명령했다. 의회는 미국 선발 징병제인 SSS Selective Service System를 조직했다. 21살부터 36살 사이의 모든 남성은 SSS에 등록해야만 했다. 모든 외부인이 등록해야 하는 스미스 법도 빠르게 제정되었다.

일본의 진주만 습격 한 달 전, 미국 정부는 마침내 원자력 발전을 지원하기 위한 엄청난 기술적, 과학적 기업을 건설하기 시작했다. 정부 관료들은 고도화된 맨해튼 계획을 추진했다. 숙련된 물리학자들과 기술 전문가들은 로스앨러모스에 위치한 극비 실험실에서 실험을 진행했다. 1942년 초, 레슬리 그로브스 장군이 맨해튼 계획의 총책임자로 지명됐다. 그는 로스앨러모스 국립연구소의 연구 책임자로 물리학자인 로버트 오펜하이머를 지명했고, 오펜하이머는 원자폭탄의 발전을 총괄적으로 감독했다.

맨해튼 계획 추진이 결정되었을 때, 가장 중요한 것은 폭탄에 적용 가능하고 풍부한 자원을 찾아내는 일이었다. 우라늄-235와 플루토늄-239가 바로 그것이었다. 우라늄-235와 플루토늄-239만이 당시 연쇄 반응을 가능하게 하는 연료였다. 즉 원자폭탄을 발사하는 데 꼭 필요한 연료였다. 플루토늄이나 우라늄이 에너지를 발생시키는 과정에서 핵분열을 겪게 되는데 이는 엄청나고 잠재적인 파괴력을 가진다. 그러나 문제가 있었다. 이 연료들을 사용할 수 있는 실험실이 없었던 것이다. 즉시 실험실 2개가 만들어졌다. 한 실험실은 우라늄을 위한, 또 다른 실험실은 플루토늄을 위한 실험실이었다.

정부는 실험실 하나를 만들기 위해 테네시에 거주하고 있는 천여 가구를 새롭게 배치했다. 그리고 클린턴엔지니어링 공장에서 연구를 시작했다. 이는 1943년, 오크리지로 이름이 변경되었다. 이 연구소는 자연 우라늄 광석과 우라늄-238에서 우라늄-235를 뽑아내기 위해 만들어졌다. 1945년까지 과학자들은 로스앨러모스에서 사용할 우라늄-235의 충분한 양을 생산해 낼 수 있었다.

그러나 자연적으로는 생산되지 않는 플루토늄을 만들기 위해서 50만 에이커 크기의 공장을 짓기 시작했다. 1943년에 콜롬비아 강을 따라 형성된 워싱턴 주에서 일어난 일이었다. 이는 후에 핸포드 화학 공장으로 알려졌다. 이 과정에서 1천500여 가구가 재배치되었고, 3개의 작은 마을과 농장 그리고 포도원이 영원히 사라지게 되었다.

이제 미국은 전쟁에 참여하고 있었다. 미국은 일본으로부터 침략 가능성을 경고 받았고, 직후인 1941년 12월 7일에 진주만이 습격당했다. 즉시 미국과 영국은 일본에 대한 전쟁을 선포했다. 그리고 12월 10일, 독일은 미국에 대한 전쟁을 선포했다. 이탈리아도 여기에 곧 합류했고, 미국 역시 이 2개의 파시스트 유럽 국가에 대한 전쟁을 선포했다.

아인슈타인에 대한 공산주의자 논란

이탈리아 물리학자인 동시에 노벨상 수상자이기도 한 엔리코 페르미는 유대인인 자신의 아내와 함께 파시스트 국가인 이탈리아에서 도망쳐 미국으로 향했다. 그의 동료들은 통제된 핵반응을 만들기 위해 시카고 대학교에서 연구를 시작했다. 진주만 습격이 1년 정도 지난 1942년 12월 2일 오후, 그들은 처음으로 작은 연구소에서 원자핵에서 발생되는 통제된 에너지를 발견했다. 이제 오크리지와 핸포드의 실험실에서 핵무기를 위한 핵연료를 얻는 방법을 개발할 수 있게 된 것이다.

아인슈타인은 또한 방어 체제를 위한 준비도 하고 있었다. 그러나 이는 실행될 수 없었다. 정부가 그에게 허가를 내리지 않은 것이다. 아인슈타인의 새로운 고향은 그의 정치 견해가 논쟁을 불러일으키곤 했기 때문에, 그가 보안상 위험을 겪을 수 있다고 판단했다. 그리고 좌파와 거리낌 없이 지내는 겁 없는 아인슈타인의 모습 역시 위험하다고 판단했다. FBI 요원은 몇 년 동안 아인슈타인의 모든 움직임을 관찰했고, 심지어 그가 사망한 후에도 그의 정보를 수집했다.

FBI 요원들은 1천400페이지 이상 분량의 파일을 모았다. 이

자료들은 현재 FBI의 웹 사이트에서 찾아볼 수 있다. 그 자료의 서두를 보면 FBI는 아인슈타인을 공산주의자로 표현한다. 비록 아닌 것 같다는 결론을 내리기도 했지만 말이다. FBI 요원들은 아인슈타인의 경고가 맨해튼 계획의 자유와 국가를 방어하는 데 도움을 주었다고 생각한다. 그리고 아인슈타인을 충실한 미국 시민에 가깝다고 여겼다. 다음 해에 아인슈타인은 "나는 결코 공산주의자인 적이 없다. 그러나 내가 만일 공산주의자였다고 할지라도 나는 그 사실을 부끄러워하지 않았을 것이다"라고 주장했다. 그는 미국인들이 공산주의의 위험에 대해 과민하게 반응한다고 말했다. 서부 유럽 국가들은 그곳에 공산당이 존재하더라도 그러한 두려움이 없다는 사실을 덧붙이면서 말이다.

미국 정부가 아인슈타인에게 맨해튼 계획을 위해 필요한 보안 허가를 내리지 않았지만 그가 이에 동의했는지 하지 않았는지는 분명하지 않다 그는 다른 방법으로 자신의 애국심을 표현했다. 아인슈타인은 하루에 25달러의 자문료를 받으면서 미 해군의 폭발물 자문가가 되었다. 동료들은 아인슈타인에게 그 역시 해군의 일원이지만 머리를 짧게 깎을 필요는 없다고 농담을 하기도 했다.

워싱턴에서 방문자들이 왔다. 그들은 최적의 폭발에 대한 정보를 구하고 있었다. 당시에는 잘 알려지지 않았지만 아인슈타인은 파괴적인 무기를 개발하는 데 그 어떤 직접적인 관여도 하지 않았다.

1944년, 미국 군자금은 상당히 풍성해질 수 있었다. 전시공채 위원회는 유명인의 원고나 다른 유명한 원고를 경매에 내놓아 벌어들인 돈으로 전시공채를 구매했다. 위원회는 아인슈타인에게도 만일 가능하다면 그가 상대성에 관해 쓴 1905년의 원고를 기부해 달라고 요청했다. 원본은 사용할 수 없었지만 아인슈타인은 인쇄되어 발행된 논문을 손으로 써 주겠다며 요청을 받아들였다. 비서 헬렌 뒤카스는 아인슈타인이 받아쓸 수 있도록 큰 소리로 원고를 읽어 주었다. 이 작업은 꽤 오래 걸렸다. 때때로 그는 중요한 구문이 나오면 작성을 멈추고 더 간단하거나 좀 다르게 썼다. 그는 같은 이유로 다른 원고도 기부했다. 그가 기부한 2개의 원고는 2월에 경매되었다. 상대성 복사본은 650만 달러에 낙찰되었고 다른 원고는 500만 달러에 낙찰되었다. 이는 당시뿐 아니라 지금도 상당한 금액이었다. 익명의 구매자는 이 2개의 복사본을 미국의회 도서관에 기부했다.

전쟁은 한창 진행 중이었다. 아인슈타인은 여전히 반독 사상을 가지고 있었다. 특히 폴란드에서 바르샤바 게토의 봉기에 대한 소식을 들었을 때는 더더욱 그랬다. 폴란드를 지배하고 있던 나치는 바르샤바의 유대인들을 게토Ghetto, 유대인 거주 지역—옮긴이에 가두어 놓았다.

미국의 홀로코스트기념박물관 웹 사이트에 따르면, 1942년 여름에 30만 명 이상의 유대인이 게토에서 추방되기 시작하면서 25만 명이 트레블링카 집단 수용소로 보내졌다. 그곳의 끔찍한 소식들은 게토에 남아 있는 5만 6천여 명의 거주자에게 전해졌다. 다음 해, 게토의 젊은이들은 비밀 그룹을 형성했다. 이 젊은이들은 희생자들을 죽음으로 내몬 독일에 저항해야 한다고 주장했다. 독일 군대가 임무 수행을 위해 나타났을 때 비밀 그룹은 밀수입한 무기로 군대에 불을 질렀다. 갑작스러운 공격에 군대는 일단 후퇴했지만 몇 달이 지나 더 많은 군인을 이끌고 다시 나타났다. 아직 남아 있는 거주민들을 제거하기 위해서였다. 젊은 유대인들은 한 달이라는 시간 동안 용감하게 군대에 맞섰다. 그러나 결국 독일 군대는 그들을 짓밟았고 게토에 불을 질렀다. 남은 이들은 전의를 상실하고 말았다. 독일 군대는 사실상 모든 거주자들을 붙잡아 7천 명은 그 자리에서 바로 죽이고 나머지는 강제 노동을 위해 남겨 두거나 수용소로 보냈다.

바르샤바에서의 영웅들에 대한 이야기를 전해 들은 아인슈타인은 희생자들에게 바치는 유명한 헌사를 작성했다. 그는 공개적으로 '독일 전체'는 유럽의 대량 살인범이라고 비난했다. 히틀러를 선출한 것이 바로 독일인이기 때문이었다. 독일인들은 히틀러의 저서나 연설을 통해 그의 장기 목표가 무엇인지 알고 있으면서도 그를 선출했다.

아인슈타인은 군비 확장 경쟁을 염려하고 있었다. 1945년 3월, 그는 레오 실라르드의 요청으로 루스벨트 대통령에게 서신을 보냈다. 많은 물리학자들이 무엇을 염려하고 있는지 토론할 필요가 있다는 내용이었다. 실제 연구와 정부 정책 사이에는 벽이 있었다. 아인슈타인 역시 맨해튼 계획의 정확한 목적을 알지 못했다. 그러나 그 계획이 심각한 결과를 초래할 수 있다는 것은 짐작할 수 있었다. 4월 12일, 루스벨트가 사망하면서 아인슈타인의 서신을 받아 볼 수 없었다. 한 달 후에 일어날 중요한 사건 또한 볼 수 없었다. 4월 30일, 저항의 끝자락에서 히틀러가 자살했다. 그리고 5월 7일에 독일은 항복했다. 연합국은 힘들게 승리를 거머쥘 수 있었고, 5월 8일을 유럽전승기념일로 지정했다. 그러나 일본은 패배를 인정하지 않았다.

1945년, 일본과의 전쟁이 끝나기 전 미국 정부는 스미스 보고서라고 불리는 자료를 발행했다. 그것은 아인슈타인이 1939년 루스벨트에게 독일이 폭탄을 제작할 능력이 있을지도 모른다고 알렸기 때문에, 아인슈타인에게도 미국이 지휘한 원자 연구에 대한 책임이 간접적으로나마 있다는 내용이다. 1945년 6월의 마지막 날에 작성된 그 보고서는, 과학자들과 군대가 원자폭탄 계획을 세웠고 당장이라도 폭탄을 실험할 수 있다고 기록되어 있다. "파괴력을 가진 무기의 개발은 계속 진행되어 왔다. 이는 가장 끔찍한 악몽 그 이상이다"라고도 적혀 있었다. 보고서에 따르면 원자력은 평화적인 방법으로도 사용할 수 있다고 주장한다. 대부분의 전문가들은 미국이 폭탄을 제조했을 것이라는 점에 동의한다. 이는 미국과 영국 두 나라의 기술 수준을 보면 짐작할 수 있다.

세계를 위협한 원자폭탄

7월 16일, 로스앨러모스의 과학자들은 앨라모고도에서 원자폭탄을 실험할 준비를 마쳤다. 실험은 성공적이었다. 성공적인 실험에 과학자들은 마냥 행복해하고 있었다. 많은 사람들은 성공적인 실험이 세계 평화에 미치는 영향에 대해 놀랄 수밖에 없었다. 폭탄 실험이 성공했다는 소식을 들은 실라르드는 죄책감 때문에 빠르게 진정서를 보냈지만 소용이 없었다. 그는 일본에 폭탄을 투하할 계획을 세우고 있는 미국 정부에게 도덕적인 이유로 그 폭탄을 사용해서는 안 된다고 요청했다.

이제 우리는 실험 지역과 사막에서 거대한 버섯구름이 솟아오르는 영화 같은 모습을 보게 된다. 3주 후, 폭발은 더는 실험으로 멈추지 않았다.

8월 6일, 원자폭탄과 12명의 사람을 태운 미국의 폭격기 에놀라게이가 서태평양의 티니안 섬에서 출발했다. 폭격기는 밤하늘 2천414킬로미터를 가로지르면서 일본에 다다랐다. 그리고 '꼬마'라는 별칭을 가진 우라늄-235 원자폭탄이 히로시마에 떨어졌다. 3일 후, 폭격기 박스카는 '뚱보'라는 별칭을 가진 플루토늄-239 원자폭탄을 나가사키에 투하했다. 엄청난 불과 방사선은 히로시마에 살고 있는 7만여 명의 목숨과 나가사키에 살고 있는 4만여 명의 목숨을 앗아갔다. 그 후로도 수천 명이 사망했다. 결국 일본은 항복했고, 이로써 8월 4일 제2차 세계대전은 종식되었다. 군인과 시민 그리고 집단 수용소에서 사망한 사람들을 포함하여 전 세계적으로 거의 5천만 명이 전쟁으로 목숨을 잃었다.

원자폭탄이 야기한 황폐함과 고통을 목격한 아인슈타인은

1905년에 이룬 자신의 업적이 끼친 영향에 괴로워했다. 만일 아인슈타인이 독일이 폭탄 제조에 성공하지 못할 것을 알고 있었다면 결코 루스벨트에게 보내는 서신에 서명하지 않았을 터였다. 독일 과학자들은 핵 연쇄 반응의 가능성은 알고 있었다. 그러나 그들은 반응에 필요한 원료를 사용할 수 없었기 때문에 폭탄을 제조하지 않은 것이다. 만일 독일 과학자들이 폭탄 제조를 시작한다 할지라도 전쟁 상황에서 제대로 만들 수 없었을 것이다.

   1945년 11월, 아인슈타인은 잡지 기사에서 원자폭탄의 사용을 규제하고 모든 군비나 무기를 통제해야 한다는 주장을 공개적으로 지지했다. 그는 세계 정부가 모든 군사적인 문제에 권력을 행사할 수 있으며, 압력이 행해지는 나라에서는 중재자 역할을 할 수 있다고 주장했다. 심지어 전제군주적인 세계 정부가 전쟁보다 훨씬 더 악랄한 악마를 선호한다고 할지라도 말이다.
   후에 러시아 과학 아카데미는 다음과 같은 발언을 한 아인슈타인을 비난했다.

   "모든 정부는 악마적 성향을 가지고 있습니다. 그리고 전쟁은 이보다 더 심각한 수준의 악마적 성향이 드러난 것입니다."

전쟁이 종식됨과 동시에 아인슈타인은 고등연구소에서 은퇴했다. 이제 그는 평화를 추구하는 활동을 재개했다. 세계 정부를 계속 지지하기 위해서였고, 전쟁과 평화 그리고 무장 해제에 대한 자신의 의견을 글로 쓰기 위해서였다. 그는 "원자력의 등장이 새로운 문제를 만들어 낸 것은 아니다. 이는 현존하는 문제를 해결할 필요성을 더욱 촉구하게끔 만들었을 뿐이다"라고 기록했다.

사실 현존하는 문제는 항상 똑같다. 일찍이 1905년, 노벨 평화상을 받은 베르타 폰 주트너 남작부인은 전쟁 관련법이 개선되는 것은 기름 속에서 어떤 사람이 끓고 있음에도 온도만 조절하는 것과 다름없다고 언급했다. 전쟁에서 '진보'란 없는 것이다. 아인슈타인은 이제 과학자들은 기본적인 연구를 할 때도 도덕적 의무를 가져야 하고, 결코 군사적 문제에 협력해서는 안 된다고 경고했다.

"나는 제3차 세계대전이 어떻게 진행될지 예상할 수 없다. 그러나 나는 그들이 무엇을 사용할지는 알고 있다. 바로 암석이다."

ALBERT EINSTEIN

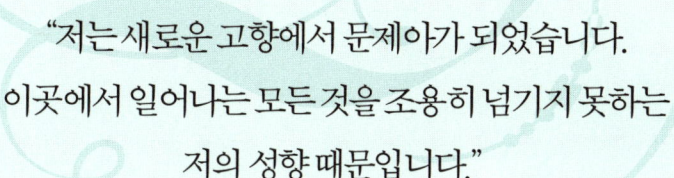

"저는 새로운 고향에서 문제아가 되었습니다.
이곳에서 일어나는 모든 것을 조용히 넘기지 못하는
저의 성향 때문입니다."

1954년 3월 28일, 벨기에의 여왕 엘리자베스에게

평화주의자의 마지막 순간

 1945년 12월, 뉴욕 애스터 호텔에서 노벨상 수상식이 열렸다. 여기에서 아인슈타인은 동료 물리학자들에게 원자폭탄에 대한 자신의 염려를 드러냈다. 그는 진지하게 "전쟁은 승리했습니다. 그러나 평화를 지키지는 못했습니다"라고 말했다. 아인슈타인은 국가들 사이에서 계속되는 군비 확장 경쟁을 걱정하고 있었다.

 이 시기 즈음, 아인슈타인은 원자폭탄과 폭탄의 사용 가능성에 대한 불안감이 날로 커졌다. 그는 군국주의에 반대한다는 의견을 피력함으로써 평화를 주장했다. 그리고 세계 정부를 지향하면서 그것을 이루기 위해 '간디의 방법'을 제안했다. 아인슈타인은 국가가 독립적으로 군사력을 향상시키기 위해 노력하는 한 전쟁은 존재할 수밖에 없다고 믿었다.

그는 곧 새로 조직된 핵과학자긴급위원회의 의장을 맡게 되었다. 이 위원회는 원자력의 평화적인 사용을 목적으로 했다. 아인슈타인은 삶이 끝날 때까지 평화와 세계 정부를 이룩하기 위해 힘썼다. 그러나 독일과의 관계에서는 화해할 생각을 하지 않았고, 그 어떤 독일인과도 함께하고 싶어 하지 않았다. 히틀러에 반대하는 몇몇을 제외하고는 말이다. 아인슈타인은 독일에 돌아가 상을 받은 유대인 철학자 마르틴 부버와 같은 이들을 비난했다. 그리고 자신과 잘 지내보려는 독일인들을 모두 거부했다. 아인슈타인은 저명한 막스 플랑크 연구소의 외국인 회원 제의뿐 아니라 자신이 태어난 곳인 울름의 명예시민권도 거절했다. 1952년의 서베를린에서도 똑같았다. 1953년, 그는 국제병역반대자조직의 독일인 회원 제의도 거절했다.

1947년, 아인슈타인은 불침략으로 분쟁을 해결하려는 운동에 참여하고 있었다. 그는 군사력에 초점을 맞추고 있는 미국을 비난했다. 미국의 이러한 태도는 국가 간의 관계에 영향을 줄 수 있으며 결과적으로 독재 정신을 낳을 수 있다는 것이 그의 생각이었다. 아인슈타인은 독일에서 드러나는 이 같은 태도에 대해서도 경고했다. 이는 오토 폰 비스마르크와 빌헬름 2세의 시대가 시작되면서 드러났으며, 결국 독일의 쇠퇴를 가져오게 되었다. 이제 그는 더 강력해진 무기 때문에 군사 정신은 위험한 수준이라고 주장했다. 그는 또한 원자폭탄의 사용과 제조를 금지하는 국제 법을 제정해야 한다고 덧붙였다.

질병과 고통의 시기가 지날 즈음인 1948년, 아인슈타인의 첫 번째 부인 밀레바가 취리히에서 72살의 나이로 사망했다. 이로써 어머니의 보살핌과 사랑을 받던 에두아르트는 홀로 남겨졌다. 카를 젤리히는 에두아르트에 관심을 갖고 그를 정기적으로 방문했다. 그는 아인슈타인의 전기 작가이자 아인슈타인이 존경하는 사람이었다. 아인슈타인은 젤리히의 배려에 크게 감사했고 에두아르트에 대한 자신의 무관심을 깊이 반성했다. 그는 젤리히에게 "제가 왜 편지에서조차 아들에게 따뜻한 말 한마디를 못하는지 이해할 수 없습니다. 그리고 아들에게 마지못해 사랑을 주는 저의 태도도 이해할 수 없습니다"라고 편지를 적어 보냈다. 그는 아들에 대한 태도를 이렇게 합리화시켰다. "만일 제가 어떤 모습으로든지 아들 앞에 나타났다면, 아들에게 고통을 주었을 것입니다."

이스라엘의 대통령직 제의

1947년 이후, 이스라엘에 새로운 국가가 형성되고 있었다. 국제연합은 팔레스타인을 2개의 자주 국가로 분리하자는 데 의견을 모았다. 이로써 팔레스타인은 아랍 국가와 유대인 국가로 분리되었다. 그리고 영국은 팔레스타인에 대한 그들의 권한을 포기했다. 그러나 130만 명의 아랍인들은 60만 명의 유대인을 위해 자신의 땅 절반을 포기한다는 것에 동의할 수 없었다.

1948년, 유대인 지도자는 이스라엘의 임시 정부를 공표했다. 영국은 두 달이라는 시간에 걸쳐 팔레스타인에서 철수했고, 이스라엘은 독립을 선포했다. 아랍인들은 여전히 자신의 땅을 포기할 수 없었다. 그래서 아랍인들은 새로운 국가를 침략하려 했지만 이스라엘 사람들은 아랍인들을 쫓아냈다. 대략 80만 명의 유대인들이 아랍 국가로 달아났고, 50만 명의 유대인들은 이스라엘로 떠났다. 이스라엘은 모든 유대인에게 열려 있는 곳이었다. 1년 정도 지난 후, 이스라엘은 아랍과의 휴전에 서명했다. 모든 지역에 불완전한 평화가 선언되었다. 하임 바이츠만은 이스라엘의 대통령이 되었다. 그리고 다비드 벤구리온은 거의 2천년 만에 유대인 국가의 수상이 된 첫 번째 인물이었다.

1952년, 바이츠만이 사망한 후 아인슈타인은 새로운 국가인 이스라엘의 대통령직을 제안 받았다. 아인슈타인은 이 제안을 굉장히 영예롭게 느끼면서도 자신은 그렇게 높은 직위를 맡을 자격이 없다는 말로 거절했다. 아인슈타인은 새로운 국가가 추구하는 정책과는 생각이 달랐다. 국가의 정책은 그가 추구하는 정책이 아니었다. 당시 이스라엘의 지도자들은 엄청난 영향력을 가진 아인슈타인이 대통령 제안을 거절한 것에 무척 안도했다. 벤구리온 수상은 후에 이스라엘의 대통령이 되었다. 그는 수상 시절 자신의 보좌관인 이츠하크 나본에게 이렇게 말했다.

"만일 아인슈타인이 제안을 수락한다면 어떻게 해야 할지 말해 주게나. 나는 그에게 그 직책을 제안할 수밖에 없었네. 그러나 만일 그가 그 제안을 수락했다면 우리는 정말 곤경에 처했을 거야."

같은 시기, 미국에서는 제2차 세계대전 이후 유럽의 경제를 회복시키기 위해 유럽 부흥 계획으로도 잘 알려진 마셜 플랜을 제정했다. 1947년, 조지 마셜 국무 장관은 하버드 대학교 학위 수여식에서 연설할 예정이었다. 그는 연설에서 6년 동안 이어진 전쟁 때문에 서유럽의 16개 국가에서 2억 7천만 명의 사람들이 기아와 노숙, 질병, 실업 그리고 정치적 학살로 고통받고 있다고 설명했다. 그리고 그들을 도와줄 수 있는 방법을 합리적이고 타당하게 요약했다.

전쟁을 겪은 지역의 경제는 최악의 상황이었고 수많은 사람들이 집을 잃었다. 농사도 지을 수 없는 상황에서 많은 이들이 기아에 허덕이고 있었다. 유럽의 대도시도 폐허가 되었고 다른 곳들 역시 상황은 마찬가지였다. 철로나 도로 역시 치명적인 폭격으로 회복하기 힘들었다. 상선 또한 침몰했기 때문에 교통 산업은 무엇보다 심각했다. 상황이 이러했지만 유럽은 전쟁에 많은 비용을 소비하고 배상금을 지불하고 있었기 때문에 복구에 힘쓸 여력이 없었다. 반면 미국은 하와이가 타격을 받은 것 말고는 별다른 피해가 없었기에 더 나은 형국이었다.

마셜 플랜이 기부한 130억 달러 이는 오늘날의 1천억 달러와 비슷한 금액이다는 4년간 유럽의 경제 구조를 회복하기 위해 사용되었다. 기부는 재정적으로 이뤄졌지만 기본적으로는 유럽인들이 더 부지런히 국가를 재건할 수 있는 데 힘을 주기 위한 것이었다. 이 덕에 유럽은 전후 피해를 상대적으로 빠르게 극복할 수 있었다. 1953년, 조지 마셜은 노벨 평화상을 수상했다. 그는 《타임》에서 이미 1948년 '올해의 인물'로 선정되기도 했다.

평화를 지지하고 세계 정부 조직을 위해 힘쓰던 아인슈타인은 여전히 종교에 관심이 있었다. 1948년, 그는 《크리스천 레지스터》에 과학의 양립에 대한 글을 기고하기도 했다. 아인슈타인은 이렇게 말했다.

"보통 사람들은 과학이 무엇인지에는 의견을 같이하지만, 종교에 대해 정의할 때에는 종종 의견을 달리한다. 과학과 종교는 복잡할 수밖에 없다. 갈등을 빚는 부분은 종교의 신화적인 측면 종교의 유일한 양상인이다. 그러나 신화는 종교가 종교의 목적을 추구할 때 꼭 필요한 부분은 아니다."

아인슈타인이 찬미했던 종교 단체는 퀘이커교도 또는 친우회 Society of Friends라 불리는 단체가 유일했다. 그는 오스트리아의 통신원에게 이렇게 말했다.

"퀘이커교도는 가장 높은 도덕적 기준을 가진 단체라고 생각한다. 내가 아는 한 그들은 결코 악마와 타협하지 않으며, 항상 자신들의 양심을 따른다. 특히 국제적 관점에서 봤을 때, 그들의 영향력은 매우 긍정적이고 유익한 결과를 가져올 것이다."

그리고 아인슈타인은 수녀에게 다음과 같은 편지를 보냈다.

"사람의 도덕적 가치는 살아가는 동안에 자연적으로 받게 되는 정서적 충동보다는 자신의 종교적 믿음이 무엇이냐에 따라 측정됩니다."

아인슈타인의 여동생 마야는 전쟁 후 유럽으로 다시 돌아갈 계획이었다. 아픈 남편을 돌보기 위해서였다. 그러나 그럴 수 없었다. 마야는 오빠 집에서 몇 년간 살면서 병이나 몸져누웠다. 당시 아인슈타인도 위장병 때문에 고통스러워하고 있었기 때문에 그녀를 잘 돌볼 수 없었다. 그가 70살이 되기 전, 의사는 아인슈타인의 장에 궤양이 있다고 판단했다. 그래서 의사는 아인슈타인에게 브루클린에 있는 유대인 병원에 입원할 것을 권고했다. 검사 결과, 그의 복부에 있는 대동맥에 문제가 있었다. 복부의 주요 대동맥이 팽창하여 포도알 정도의 크기까지 피가 찼다는 것이다. 당시 아인슈타인의 상태는 심각했기 때문에 몇 주간 입원 치료를 받은 후 퇴원했다. 퇴원 후 그는 잠시 동안 플로리다에 머물면서 회복 기간을 가졌다. 그리고 《살아 있는 철학자 전집》 중 한 권에 실을 '자전적 기록'을 정리했다. 그는 자신의 기록을 '사망 기사'라고 부르기도 했다.

프린스턴으로 돌아간 아인슈타인은 마야의 상태가 더 악화됐음을 알았다. 그리고 그는 매일 밤 동생에게 책을 읽어 주었다. 중년의 나이가 된 남매는 점차 닮아가고 있었다. 특히 헤어스타일이 너무 비슷해서 뒷모습을 보면 누가 누군지 분간하기 힘들 정도였다. 릴리 캘러라는 한 친구는 "함께 앉아 있는 머리숱 많은 2명의 노인들은 서로를 완벽하게 이해하고 사랑했다"라고 표현했다. 마야는 몇 년간 병으로 고통받다가 1951년 70살의 나이로 프린스턴에서 사망했다. 아인슈타인은 공허함을 느꼈다. 마야가 사망한 바로 다음 해 마야의 남편인 파울도 세상을 떠났다.

아인슈타인의 노년기 활동

1949년, 아인슈타인은 이제 70대가 되었다. 이를 기념하는 축하 파티를 위해 300명의 과학자들이 프린스턴에 모였고, 아인슈타인의 업적에 대한 심포지엄을 개최했다. 아인슈타인이 강당에 들어섰을 때, 청중은 모두 뒤를 돌아 그를 바라보았고 강당은 한순간에 조용해졌다. 아인슈타인은 복도를 걸어 들어왔다. 사람들은 모두 일어나 그에게 박수갈채를 보냈다.

1950년, 아인슈타인의 건강은 점점 악화되었다. 그는 유언을 써서 사인 후 밀봉했다. 그는 경제학자인 자신의 친구 오토 나탄을 유언 집행자로 지정했다. 헬렌 뒤카스에게는 자신의 문학 작품을 맡겼다. 나탄과 뒤카스가 사망한 뒤 그의 논문들은 예루살렘의 히브리 대학교에 유증되었다. 그의 바이올린은 손자 베른하르트에게 전달되었다. 아인슈타인의 재산은 비서 헬렌 뒤카스, 두 아들 한스 알베르트와 에두아르트 그리고 의붓딸 마르고트가 물려받았다.

1950년 2월, 트루먼 대통령은 놀라운 소식 몇 개를 전해 주었다. 미국이 수소폭탄을 성공적으로 제조했다는 소식이었다. 수소폭탄은 원자폭탄보다 훨씬 더 강력한 폭탄이었다. 헝가리 출신의 물리학자인 에드워드 텔러는 '수소폭탄의 아버지'로 불린다. 이 소식을 듣고 격분한 아인슈타인은 프린스턴에서 전국적으로 방송되는 텔레비전에 출연하기로 결정했다. 그는 만일 수소폭탄이 사용되면 지구는 방사능의 독성에 노출되어 모든 생명이 사라질 것이라고 경고했다. 6월, 미국 라디오 인터뷰에서 그는 또다시 경고했다.

"경쟁적인 군비 확충은 전쟁을 막는 방법이 아닙니다. 이것이 계속된다면 우리에게 재앙이 닥칠지도 모릅니다. 저는 군비 확충이 전쟁을 막는 방법이 결코 아니며, 이는 오히려 전쟁으로 가는

지름길이라고 다시 한 번 더 강조하고 싶습니다. … 평화와 전쟁은 양립할 수 없습니다."

많은 미국인들은 정치적 소동에 크게 놀랐다. 소연방이 미국과의 동맹을 중단한 후 종전은 미국 내 공산주의에 대한 두려움을 증폭시켰다. 보수파 정치인들은 특히나 공산주의를 두려워하고 있었다. 반미활동조사위원회 House Un-America Activities Committee, HUAC는 미 하원에 여러 해 전부터 존재하고 있었다. 전쟁 후에 그 위원회는 할리우드에 영향을 끼치는 공산주의자를 조사하기 시작했다. 1947년 9월, HUAC는 41명의 사람들을 소환했다. 공청회에서 증언하게 만들기 위해서였다. 위원회는 41명 중 증언을 거부하는 19명을 '비우호적'으로 분류했다. 11명은 질문에 대답하길 거부했고, 위원회를 비난했으며 의회에 대한 경멸감을 표현하여 투옥을 선고받았다. 곧 풀려났지만 그들은 영화 산업에서 몇 년간 블랙리스트에 이름을 올렸다. 사실 블랙리스트는 HUAC가 만든 것이 아니었다. 그들을 다시 고용하고 싶지 않았던 스튜디오 경영자단체가 만든 것이었다. 게리 쿠퍼, 로널드 레이건, 로버트 테일러를 포함한 '우호적' 증언자들은 할리우드 영화 산업에 침투한 공산주의자들에 대해 증언했다. 1952년, HUAC는 한 차례 할리우드 조사단을 지휘했다.

조셉 매카시가 위스콘신의 상원의원이 되었다. 매카시는 적색 공포를 촉진하는 데 헌신하면서 공산주의의 마녀 사냥에 착수했다. 그는 1950년부터 1953년까지 상원의 영구적 조사소위원회의 회장이었다. 매카시는 할리우드보다는 정부에 잠입한 공산주의자를 조사했다. 1950년의 한 연설에서, 그는 미 국무부에 잠입한 공산주의자들과 그 지지단의 이름을 적은 종이 한 장을 격하게 흔들었다. 특별상원위원회는 곧바로 명단에 적힌 사람들의 혐의를 조사했다. 그러나 그들에게서 혐의를 발견할 수는 없었다. 이에 굴하지 않고 매카시는 계속해서 반공산주의 운동을 추진했다. 그는 혐의가 입증되지 않았음에도 일단 정치적으로 의심이 가는 공무원들과 정부 관료들을 무작정 비난했다. 그는 의회 앞에서 공청회를 열어 그들에게 방어할 수 있는 기회를 제공하기도 했다. 주장을 뒷받침해 주거나 어떤 증거도 가지고 있지 않은 위원회의 비난은 사람들의 삶을 파괴하기도 했다. 그러나 위원회 측은 그 어떤 사과의 말도 하지 않았다.

아인슈타인은 이 공청회에 협력하지 말라고 조언했다. 이 공청회는 내부보안소위원회를 포함하고 있었다. 이 소위원회도 HUAC와 똑같았다. 개인의 권리를 침해하는 위원회 활동을 지켜보던 아인슈타인은 1953년 5월, 브루클린에 살고 있는 윌리엄에게 편지를 보냈다.

"저는 이곳에서 간디의 방법과는 전혀 다른 혁명적인 모습만을 볼 수 있을 뿐입니다. … 증언을 거부한다는 이유만으로 아무런 혐의가 없는 시민을 심문하는 것은 부끄러운 짓이 틀림없습니다. 이러한 심문은 헌법의 정신에 위배되는 것입니다."

그의 또 다른 편지에서는 자유 국가의 시민은 당원에게 설명이나 증언을 할 의무가 없다고 썼다.

1953년, 매카시는 육군과 싸우기로 결정했다. 그는 육군에도 공산주의자들이 잠입해 있다고 주장했다. 그리고 그들이 누구인지 조사할 것을 명령했다. 육군의 변호인은 매카시가 지나치게 권력을 남용한다고 주장하며 "당신에게는 체면도 없습니까? 결국 체면도 버리신 겁니까?"라고 항의했다.

매카시의 영향력은 줄어들고 있었다. 특히 텔레비전으로 공청회가 방영되면서 수많은 사람들이 매카시의 행동을 지켜볼 수 있었을 때는 더욱 그러했다. 1954년 말, 상원 결의안에서 이 상원의원을 견책했다. '상원을 불명예와 오명으로 이끈' 이유로 말이다. 그때까지도 '매카시즘McCarthyism'은 이상한 사상이나 정치적 의견을 축출해 처벌하고 있었다. 그는 정부에 의해 자행되던 마녀 사냥을 시작할 준비를 하고 있었다. 매카시는 2년 반 후 알코올 중독에 의한 간염으로 사망했다.

정치에 환멸을 느낀 아인슈타인은 과학 분야의 정책 입안에서 정치인들을 제외시켜야 한다는 주장을 지지했다. 1952년, 그는 정치가들은 과학을 통제해서는 안 되며, 다른 나라의 과학자들과 과학적 이론을 자유롭게 교환하는 것을 지연시켜서는 안 된다고 주장했다. 아인슈타인은 평화로운 시기에도 마치 전쟁과 같은 상황을 유지하려는 정치인들을 의심하고 있었다. 정치인들은 전쟁에서 승리할 수 있는 정책들이라면 무조건 지지했다.

1953년, 아인슈타인의 물리학 활동은 점차 줄어들었다. 나이가 들면서 건강이 점점 더 악화되고 있었다. 그는 여름이 지나가고 있는 프린스턴의 거리를 거닐면서 매미 울음소리를 들었다. 아인슈타인은 이 광경이 그가 목격할 수 있는 마지막 모습이라는 사실을 깨달았다. 아이스크림콘을 먹고 강아지의 머리를 쓰다듬으며 이웃과 함께 이야기하는 평화로운 날들도 이제 얼마 남지 않은 것이다.

그는 가까스로 통일장 이론에 대한 짧은 논문을 썼다. 그 주제에 관해서는 마지막 논문이었다. 아인슈타인은 종종 자신은 수학적 개념은 확신하지만 물리학 개념에는 확신하지 못한다고 말하기도 했다.

1954년, 아인슈타인은 용혈성 빈혈로 발전하고 있었다. 그러나 골수 상태가 악화되면서 파괴되는 적혈구가 재생되지 못하고 있었다. 그럼에도 아인슈타인은 자신의 마지막 과학 논문을 작성했다. 브루리아 카프만은 팔레스타인에서 출생하고 미국에서 교육을 받은 젊은 물리학자였다. 동시에 아인슈타인의 공동 연구자이기도 했다. 그녀는 1년 내내 머서 거리에 있는 아인슈타인을 찾아와 그를 만났고, 연구 과정을 보고했다. 종종 틀린 부분이 있었고 미완성이었지만 말이다. 그들은 마침내 논문을 완성했고, 다음 해 논문을 발행했다.

1954년, 매카시와 HUAC의 공판이 절정일 때였다. 미국 정부는 로스앨러모스 전 소장인 동시에 '원자폭탄의 아버지'로 불리는 로버트 오펜하이머가 공산주의 추종자라는 혐의를 제기했다. 그의 형제인 프랑크가 1930년대에 공산당의 일원이었다는 사실은 그의 혐의에 무게를 실어 주었다. 정부의 인사보안이사회가 공판을 지휘하고 있었다. 이사회는 오펜하이머를 신뢰할 수 없는 사람이라 판단하고 그의 비밀 정보 사용 허가를 철회했다. 그들은 또한 과학계에서 오펜하이머의 영향력을 차단했으며 원자력위원회에서 그의 직위를 박탈했다. 위원회의 이러한 결정에는 '수소폭탄의 아버지'라 불리는 에드워드 텔러의 증언도 영향을 끼쳤다. 일전에 오펜하이머가 에드워드를 비난한 적이 있었다. 우연의 일치로 두 번째 수소폭탄은 그해 마셜 제도에 있는 비키니 환초에서 폭발했고, 그중 3개의 제도가 사라졌다. 오펜하이머는 1947년 이후로 고등연구소의 소장이 되었다.

아인슈타인은 수소폭탄 제조를 반대하는 오펜하이머의 의견에 함께했다. 아인슈타인은 조사위원회에서 오펜하이머의 태도도 지지했다. 좌파와 자유당의 영웅인 아인슈타인은 우파의 적군이 되었다. 우파는 아인슈타인이 시민권을 박탈당하고 추방당하길 원했다. 이 나이든 과학자는 지식인들이 박해받고, 시민의 자유와 표현의 자유가 거부되는 현실에 고통받고 있었다. 그러나 그는 이미 이런 고통에 익숙해져 있었다.

말년을 보내는 아인슈타인은 점점 우울해졌다. 1954년 3월 14일, 아인슈타인의 75살 생일이었다. 그러나 그는 축하는 물론 어떠한 기념 파티도 피하고 싶었다. 그는 생일 케이크를 지나치게 많이 먹었다고 불평했다. 그는 셀 수 없이 많은 편지와 선물을 알지도 못하는 사람들에게 받았다. 그중 하나의 선물이 앵무새였는데, 그는 그 앵무새에게 비보라는 이름을 지어 주었다. 이 앵무새는 평범한 편지 중 하나처럼 머서 거리 112번지에 도착했다. 그는 긴장하고 우울해 있는 앵무새에게 농담을 던지면서 기분을 풀어 주기 위해 몇 주 동안이나 노력했다.

친구 1명 또는 2명과 프린스턴의 고요하고 평온한 카네기 호수에 있는 그의 보트를 타고 항해를 즐기기도 했다. 주치의는 아인슈타인이 파이프 담배를 피우는 것을 금지시켰다. 그러나 그는 여전히 담배를 가지고 다니면서 피우는 것을 좋아했다. 바이올린 연주를 그만둔 지도 꽤 되었다. 지나치게 물리학 연구에 힘을 쏟은 탓이다. 여전히 피아노 앞에 앉거나 라디오나 레코드에서 흘러나오는 음악을 듣는 것을 좋아했다.

놀랄 만큼 많은 손님이 아인슈타인을 찾았는데 대부분 급박한 이유에서였다. 외지 사람이 그를 찾은 경우도 있었고, 또 어떤 사람은 한밤중에 그를 찾아오기도 했다.

아인슈타인은 거의 20년을 홀아비로 살았다. 그러나 그에게 호감을 표하던 여자들은 많았다. 여자들은 아인슈타인의 아내가 되기 위해 신상 정보를 담은 편지를 보내기도 했다. 어떤 이들은 아인슈타인의 집까지 따라오면서 호감을 표하기도 했다.

그가 미국에서 가장 좋아하던 '친한 친구들' 중 1명은 마르가리타 코넨코바였다. 그녀는 아인슈타인의 청동 흉상을 조각한 유명한 조각가의 아내였으며, 흉상은 현재 고등연구소에 있다. 마르가리타는 후에 소련의 스파이라는 소문에 휩싸였다. 이 부부는 프린스턴에서 1시간 정도 떨어진 뉴욕의 그리니치빌리지에 살고 있는 소련 이주자였다. 1920년 초부터 1945년까지, 그들이 소련의 부름에 다시 소련으로 돌아갈 때까지 그들은 그곳에서 살았다. 아인슈타인은 그녀가 스파이로 의심받고 있다는 사실을 알지 못했다. 만약 그녀가 스파이였더라도 아인슈타인에게서 원하는 정보를 얻지 못했을 것이다.

그녀가 떠난 후 아인슈타인은 조안나 판토바와 친구가 되었다. 그녀는 그가 죽을 때까지 우정을 이어 갔다. 판토바는 아인슈타인보다 20살이나 더 어렸지만, 아인슈타인의 몸이 노쇠할 때까지 그의 곁을 지켜 주었다. 이제 아인슈타인의 생애도 1년 반 남짓밖에 남지 않았다. 그동안에도 아인슈타인과 조안나는 종종 연락을 하고 있었다. 그녀는 아인슈타인과의 통화 일지를 기록하고 있었다. 일기의 도입부를 보면 아인슈타인은 여전히 그가 흥미를 가졌던 주제에 대해 토론하고 있음을 알 수 있다. 그리고 그 나이에 겪는 건강상 문제에 대한 이야기도 있었다.

1954년 10월, 아인슈타인은 다시 삶을 살 수 있다면 과학자가 되지 않겠다고 말했다. 그는 차라리 약간이라도 독립된 시간을 가질 수 있는 배관공이나 행상인이 되겠다고 말했다. 그가 물리학을 포기하겠다는 의미로 한 말은 아니다. 단지 그는 연구자와 학자에게 수반되는 다른 의무들로부터 조금이라도 벗어나길 원했다. 아마도 그는 베른 특허청에서의 생활을 그리워했던 것으로 보인다. 아직은 유명하지 않고 자유와 능력이 넘쳤으며 관심이 생기는 주제에 관해 더욱 창조적으로 생각할 수 있었던 그때를 말이다.

1955년, 철학자이자 작가인 버트란트 러셀이 아인슈타인을 찾았다. 그는 아인슈타인에게 국제적인 군비 확장 경쟁에 반대하는 과학자들의 모임 참여를 제안했다. 러셀은 1950년 노벨상을 수상한 사람으로, 냉전 후에 올 수 있는 핵전쟁의 가능성을 경고하는 자료를 작성해 온 사람이었다. 러셀은 자신의 자료를 미국 의회에 제출하고 싶었다. 러셀이 제안한 모임의 일원들은 수소폭탄이 터진 전쟁에는 승리자도 패배자도 없으며, 재앙만 있을 뿐이라고 경고했다. 그들은 의회에 '인간 대 인간'으로 호소했다. 러셀은 이 성명을 아인슈타인에게 보냈고, 4월 11일 아인슈타인은 성명에 사인한 후 러셀에게 다시 돌려보냈다. 이 성명은 평화를 위한 '러셀-아인슈타인 선언'으로 잘 알려져 있다. 여기에는 9명의 다른 저명한 과학자들의 서명이 알파벳 순서로 기록되어 있으며 전 세계적으로 수천 명이 서명하였다.

위대한 천재의 마지막 가는 길

다음 날, 아인슈타인은 심각한 복부 아래쪽의 고통을 느끼기 시작했다. 비서 헬렌 뒤카스에게는 의사에게 전화하지 말라고 요청했다. 그러나 그녀는 걱정이 되어 마르고트에게만 이 사실을 알렸다. 당시 마르고트는 건강상의 문제로 병원에 입원해 있었다. 그녀는 아인슈타인의 주치의인 딘에게 즉시 이 사실을 전했다.

4월 13일 오후, 결국 아인슈타인은 쓰러지고 말았다. 뒤카스는 즉시 의사를 불렀고, 의사는 아인슈타인에게 모르핀 주사를 투약했다. 아인슈타인은 그저 작은 체내 출혈로 병원에 입원해야 한다는 사실이 탐탁지 않았다. 출혈은 곧 멈출 것이라고 생각했기 때문이다. 다음 날 전문가들이 도착했다. 아인슈타인은 평온을 유지하려고 노력했지만, 그들 때문에 슬슬 짜증이 났다. 그는 혼자 있고 싶었다. 아인슈타인도, 그 자리에 있던 사람들도 아인슈타인의 죽음이 가까워졌음을 직감했다. 그의 동맥류는 파열된 상태였다. 아인슈타인은 의사에게 자신이 '끔찍한 죽음'을 맞이할 수도 있는지 물었다. 그의 유일한 질문이었다. 의사들은 잘 모르겠다고 답했다. 헬렌 뒤카스는 흥분하고 있었다. 아인슈타인은 그녀에게 "넌 정말 과잉 반응을 하고 있구나. 언젠가는 거쳐야 할 과정이야. 그 누구도 그게 언젠지 모르는 것이란다"라고 말하며 꾸짖었다. 시간이 갈수록 그의 상태는 점점 더 악화되었다. 의사들은 아인슈타인을 프린스턴 병원으로 옮겨야 한다고 주장했다. 아인슈타인은 곧 정맥 주사를 맞았다. 간호사들은 고통을 없애 주는 모르핀 주사를 투약했다. 병원 관계자들은 아인슈타인이 조금이라도 더 편안하게 느끼도록 노력했다.

4월 17일부터 18일 사이 아인슈타인은 평화롭게 자고 있었다. 자정이 지나자 그는 잠을 자는 것처럼 죽음을 맞이했다. 야간 근무를 하던 간호사 알베르타 로젤은 아인슈타인의 마지막을 본 사람이었는데, 그가 두 번 숨을 쉰 후 사망했다고 전했다. 그의 의붓딸인 마르고트는 헤드윅 보른에게 편지를 써 보냈다. 아인슈타인의 죽음에 대한 소식을 전하기 위해서였다.

"아버지는 죽음이라는 자연의 섭리를 기다리셨어요. 그는 조용하고 겸손하게 죽음을 맞이하셨고, 살아생전에 보였던 두려움도 없어 보였지요. 미련도 없이, 후회도 없이 이 세상을 떠나셨어요."

ALBERT EINSTEIN

"나이가 들수록 실험에 대한 열정이
점점 더 강해지고 있습니다."

1915년, 36살의 아인슈타인

실험가 아인슈타인

아인슈타인은 추상적인 것들에 관심이 많았다. 특수 상대성 이론과 일반 상대성 이론은 일반 현실에 위배되는 이론이었지만, 그렇다고 아인슈타인이 실용적이고 현실적인 현상에 관심이 없던 것은 아니었다. 오히려 관심이 많았다. 그는 항상 자신의 이론이 실험을 통해 증명되기를 바랐다. 그의 초기 연구 중에서 분자에 관한 논문을 보면, 일상적인 현상을 적용했고 전체적으로는 새로운 방법으로 이론을 설명했다. 그리고 그는 누구든 볼 수 있는, 또는 그들이 봤으면 하는 사물의 본질을 볼 수 있는 통찰력을 제공했다.

1905년의 아인슈타인 논문을 살펴보자. 그의 박사 학위 논문을 보면, 그가 어떻게 아보가드로 수를 알아냈는지를 알 수 있다. 당액에 실제 데이터를 적용하면 값을 구할 수 있었다. 아인슈타인은 브라운 운동에서 화분의 이상한 움직임에 대해 설명했다. 이는 무려 75년이나 일찍 발견한 것이었다. 1906년, 그는 액체가 들어 있는 기둥에서 입자들이 어떻게 퍼지는지를 보여주었다. 실험에 기둥을 사용하는 이유는 실험자가 상대적으로 쉽게 과정을 관찰할 수 있게 하기 위해서였다. 또한 그는 화학자들이 더욱 쉽게 이해할 수 있는 논문을 쓰기도 했다. 그들은 아무래도 물리학자들보다는 수학적인 교육을 덜 받았으니 말이다. 상대성 이론에 관한 논문에서 아인슈타인은 길이 수축, 시간 지연 그리고 방사성 분리를 통해 자신의 이론이 증명될 수 있음을 시사했다. 이는 추상 이론가들이 추구하는 방법이 결코 아니었다.

아인슈타인은 양자 물리학과 통계 물리학 그리고 중력에 관심이 많았다. 그럼에도 여전히 물리학을 더 깊이 탐구하는 것을 잊지 않았다. 잘 알려지지 않은 사실이 하나 있다. 1926년, 아인슈타인은 자연과학 저널에 '강의 흐름에서 강이 굽이치는 이유에 관하여'라는 논문을 발표했다. 당시 양자 물리학 연구 활동은 지극히 초보적인 수준이었다. 이러한 상황에서 아인슈타인은 이를 더욱 발전시키기 위해 노력하고 있었다. 그렇다고 그가 양자물리학을 긍정적으로만 바라본 것은 아니었다. 아인슈타인은 강어귀에서만 볼 수 있는 강줄기의 이상한 물길을 설명하기 위해 양자론을 깎아내리곤 했다. 그는 소리가 어떻게 가스를 통해 이동하는지에 관한 논문에서 일반 상대성 이론에 수학적 요소를 엄격하게 적용했다. 이는 아인슈타인에게는 재충전과 같은 시간이었을 것이다.

아인슈타인은 많은 실험을 생각하고 고안해 냈다. 직접 실행하지 않을 때에는 다른 사람들이 자신이 생각해 낸 실험을 하도록 촉구하기도 했다. 어느 날, 아인슈타인은 새로운 실험 하나를 떠올렸다. 이 실험은 '슈테른-게를라흐 실험 Stern-Gerlach Experiment, 자기장 내에서 원자의 방향 양자화가 일어난다는 사실을 밝힌 실험—옮긴이'에 기초한 것이었다. 초기 실험을 보면, 은 원자는 자기장을 통해서 이동한다. 전자와 같은 원자 입자들은 전자스핀을 가지고 있는데 이러한 스핀은 원자의 자기모멘트와 관련이 있다. 은 원자의 자기모멘트는 하나의 전자 때문이다. 자기장을 통과한 은 원자들에는 '스핀업' 또는 '스핀다운'이 나타나는데 이는 스핀을 결정하게 된다. 자기모멘트와 관련이 있는 스핀의 전자는 작은 자석처럼 행동하는 전자를 의미한다. 이 실험에 매료된 아인슈타인은 수정을 제안했다. 그리고 그는 초전도현상을 탐사하기 위한 새로운 실험도 제안했다.

아인슈타인의 친구이자 노벨상 수상자인 네덜란드의 하이케 카메를링 오네스는 초전도현상을 발견한 것으로 유명한 사람이다. 어떤 물질은 낮은 온도에 있을 때, 전류에 대한 저항력을 완전히 잃어버린다. 그러나 만일 초전도체에 전기가 흐르기 시작하면 저항력은 결코 줄어들지 않는다. 오늘날은 '실온 초전도현상'을 사용하여 전기 에너지를 생산하는 데 막대한 양의 금액을 줄일 수 있게 되었다. 1922년, 카메를링 오네스를 위한 에세이에서 아인슈타인은 그 현상을 탐사하는 다른 방법의 실험을 제안했다. 여기에는 '양자역학'도 언급되어 있는데, 이 내용이 출간된 것은 이 에세이가 처음이다. 그는 에세이에서 이렇게 썼다.

"우리는 아직 합성 시스템의 양자역학에 무지하기 때문에 여기에서 이론을 구성하기란 쉬운 일이 아닙니다. 즉 우리가 의지할 곳은 실험밖에 없습니다."

아인슈타인은 어설픈 실험가가 아니었다. 다른 네덜란드 친구 로렌츠에게는 반더 데 하스라는 물리학자 사위가 있었다. 당시 아인슈타인은 베를린에 있었는데, 1915년 4월 직장이 필요했던 하스는 아인슈타인의 조수가 되었다. 그들은 자기장을 함께 연구했고, 이에 대해 아인슈타인은 로렌츠의 사위와 함께 무척 훌륭한 실험을 완수했다고 기록했다. '암페어의 분자 흐름에 관한 실험적 증명' 논문은 다음 해 독일 물리학회지에 발표되었다. 그리고 이 논문은 일반 상대성 이론에 관한 아인슈타인의 주요한 업적 중 하나로 당당히 자리할 수 있었다.

1916년 말, 하스와 아인슈타인은 다른 논문을 위해 또다시 힘을 모았다. 논문 제목은 '암페어의 분자 흐름의 존재에 관한 실험적 증명'으로 이전 논문과 비슷한 제목이었다. 두 번째 논문은 로렌츠와 그의 사위가 쓴 논문에 실수가 발견되었기 때문에 꼭 필요했다. 새로운 논문은 오류를 교정하여 완성되었으며, 이는 네덜란드 암스테르담의 왕립 과학 아카데미에 발표되었다.

1820년, 암페어는 자성은 움직이는 전류에 의해 생긴다고 말했다. 1915년 당시 전자는 이미 오래전에 발견되었기 때문에 이 사실은 암페어의 생각에 무게를 실어 주는 듯 보였다. 아인슈타인과 데 하스는 커다란 철로 만들어진 실린더를 준비하고 실린더 주변을 코일로 감쌌다. 코일을 통해서 교류가 흘렀고 흐름이 변하면서 실린더의 자화를 바꾸었다. 자화가 바뀌면서 실린더를 회전하게 만들었다.

 좀 더 실질적으로 적용해서 보트에 있는 노 젓는 사람들의 한 무리를 생각해 보자. 만일 그들이 아무렇게나 노를 젓고 있다면, 목적지는커녕 어디도 갈 수 없을 것이다. 그러나 키잡이의 지시에 따라 노를 젓는다면, 그 노력이 함께 모아져 보트가 물을 가로지를 수 있다.

 아인슈타인과 데 하스는 자화의 역할이 키잡이의 역할과 비슷하다고 생각했다. 그리고 철로 싸여진 실린더에 있는 원자들과 전자들이 함께 움직인다는 사실을 알았다. 전자의 각운동량이 동시에 이루어질 때, 실린더는 회전하기 시작한다. 아인슈타인과 데 하스는 곡선 경로로 궤도를 순환하는 전자의 움직임을 이론적으로 설명했다. 그들은 실린더를 회전시키는 것으로 자화와 각운동량의 관계를 알아냈다. 자석이 자이로스코프Gyroscope, 회전 관성에 의해 항상 같은 방향을 유지하도록 고안한 장치처럼 행동한다는 것은 곧 '아인슈타인-데 하스 효과'로 알려지게 되었다.

 결론부터 말하자면 이 실험은 틀렸다. 그러나 당시는 이 실험이 옳은 것처럼 보였다. 원자에 양자의 개념을 적용한 닐스 보어는 아인슈타인-데 하스 효과를 지지했다. 보어는 전자들이 핵 주변을 빙빙 돈다는 원자 모형을 개발했는데, 이는 보수 물리학자들에 의해 비판을 받았다. 보수 물리학자들의 관점에서 보어의 발견은 결코 일어날 수 없는 일이었다. 원을 그리면서 움직이는 전자들은 에너지를 발산했고, 나선형으로 빠르게 원자의 중심에 다다르게 된다. 아인슈타인과 데 하스는 보어의 생각에 실험적인 지원을 제공했다. 그들은 양자론을 향해 나아가는 중요한 과정을 통과하고 있었다. 보어는 이에 대해 이렇게 말했다.

"아인슈타인과 데 하스가 지적했듯이, 그들은 실험을 통해 전자가 에너지 방사선의 방출 없이 원자의 주변을 돌 수 있다고 강력하게 증명했다."

발명가로서의 탁월한 능력

실험으로는 충분하지 않았는지 아인슈타인은 특허를 받았다. 스위스 특허청에서 일한 적이 있던 아인슈타인은 특허 절차를 정확하게 알고 있었다. 분명 무엇이 특허를 받을 수 있고 무엇이 특허를 받을 수 없는지 구별할 수 있는 감각이 있었다. 아인슈타인은 브라운 운동을 연구하면서 축전기 내부에 전압 변동이 있을 것이라고 예상했다. 이는 곧 논문으로 발표되었다. '열역학적 평형 법칙의 타당성의 한계와 초기 양자의 새로운 법칙의 가능성에 관하여'

라는 아주 긴 제목을 붙여서 말이다. 이 논문은 1907년《물리학 연보》에 실렸다.

아인슈타인은 자신의 이론을 실험으로 증명해야 했다. 볼트의 아주 작은 부분까지도 감지할 수 있는 섬세한 장치가 필요했다. 그는 아비히트 형제들과 함께 장치를 만들어 냈다. 아마도 아버지 헤르만 아인슈타인의 전기 회사가 아들의 창의력에 불을 지폈던 것으로 보인다. 아인슈타인은 특허를 받을 만한 장치들이 많았다. 그러나 제조자의 관심을 끈 것은 거의 없었다.

아인슈타인은 결국 특허 몇 개를 받을 수 있었다. 대부분이 1920년 후반에서 1930년 초반에 받은 것들이었다. 당시는 아인슈타인이 헝가리 출신의 발명가이자 물리학자 레오 실라르드와 함께 일하고 있던 때였다.

1927년 11월, 2명의 과학자는 특허받은 내용을 집에 있는 냉장고에 적용시켰다. 이 특허는 '아인슈타인-실라르드 펌프'로 잘 알려지게 되었다. 그들은 당시 영국, 독일, 오스트리아, 스위스를 포함한 유럽 국가에서 추구하던 특허 허가의 추세를 따르기 위해 펌프의 기본 원리는 지켰다. 그 시대의 냉장고는 소음을 만들었고 불편했다. 그리고 독성 냉매가 누출되어 사람들이 독성에 중독되기도 했다. 따라서 이 두 남자들은 소음을 흡수하고 무해한 냉장고를 제안하게 된 것이다. 이 기술은 인정받았고, 후에 일렉트로룩스 회사에서 당당히 한자리를 차지할 수 있게 되었다. 그들은 총 5개의 디자인을 고안해 냈는데 AEG는 그중에서 세 번째 디자인을 구매했다.

    1932년, 경제 불황과 안전한 냉각제인 프레온의 발명으로 개발을 그만둘 수밖에 없었다. 그럼에도 두 과학자는 7년 동안 계속해서 수많은 다른 장치를 만들고 특허를 받기 위해 노력했다. 그리고 특허로 많은 돈을 벌었다. 그들의 장치는 원자력이 작동하는 데 중요한 역할을 하게 되었다. 장치는 연쇄 반응을 하는 핵 원료들이 냉각 작용을 하는 데 사용되었다. 아인슈타인이 미국에 도착한 직후 그는 루돌프 골트슈미트와 함께 확성기 특허를 받기 위해 특허 등록을 했다. 두 발명가는 친구인 음악가 올가 아이스너를 위한 청력 장치를 만들기도 했다. 나치 독일의 특허청은 아인슈타인의 호칭을 '소재 미궁'이라고 표현하기도 했다.

    아인슈타인은 또한 헤르만 캄페가 자이로컴퍼스Gyrocompass, 회전나침반를 발명하는 데 도움을 주기도 했다. 쿼터백 미식축구에서 공격을 지휘하는 선수—옮긴이이 공을 던졌을 때 그는 그 공을 스핀하게 만든다. 이 스핀은 공이 던져진 지점에서 공이 계속 유지되도록

하며, 스핀은 쿼터백이 리시버에 갈 수 있게 해 준다. 아인슈타인은 이 원리가 나침반에도 적용된다는 사실을 깨달았다. '북'쪽 방향으로 무언가가 스핀하도록 지정해 놓으면 그것은 항상 그 방향만 가리키게 되는 것이다. 이 자성을 가진 자이로컴퍼스에 대한 생각은 데 하스와 일하는 중 우연히 아인슈타인의 머리를 스쳤다. 캄페는 이 장치로 특허를 받을 수 있었는데 아인슈타인은 1퍼센트의 로열티만 받았을 뿐이다. 아인슈타인은 또한 독일 출신의 물리학자 구스타프 버키와 함께 미국에서 특허를 받았다. 오랜 친구였던 그들은 자동으로 명암을 조정하는 카메라를 개발했는데, 이는 오늘날의 자동 플래시 카메라의 선구자라 할 수 있다. 이 장치는 광전기의 사용을 가능하게 만들었다.

아인슈타인의 위대함을 측정할 수 있을까? 만일 아인슈타인에게서 그의 유명세의 주요한 원천인 물리학을 제외한다면, 그럼에도 그는 여전히 가장 위대한 사람들 가운데 자리할 수 있을까? 만일 그게 아니라면 아인슈타인은 항상 물리학자로만 살아갔던 것일까?

물리학과 학생들은 아인슈타인의 특수 그리고 일반 상대성 이론과 브라운 운동, 광전자 효과에 대해 접하게 되었다. 그들은 또한 특정한 열과 방사선과 입자의 통계에 대한 아인슈타인의 설명을 만날 수 있다. 이러한 심오한 주제를 통해 오늘날에도 상당한 양의 새로운 연구가 만들어지고 있다.

쇳덩이를 준비해 열을 가해 보자. 금속 1그램의 온도를 1도씩 올리기 위해서는 얼마나 많은 양의 에너지가 필요할까? 이것이 바로 금속의 비열용량 c이다. 1819년, 프랑스 물리학자 피에르 루이 뒬롱과 프티는 많은 고체로 이루어진 물질들이 같은 비열용량을 가지고 있다는 사실을 알아냈다. 그 값은 대략 6cal/mol 정도였다. 이는 후에 '뒬롱-프티의 법칙'으로 알려졌으며, 이 법칙은 모든 물질은 같은 c의 값을 가지고 있다고 시사했다. 그러나 1840년, 법칙에서 문제점이 발견되었다. 상온에서 다이아몬드의 비열용량 c는 뒬롱-프티의 법칙에서 제시한 값보다 더 적었다. 가스의 경우는 그 차이가 더 심했다.

아인슈타인의 교수였던 하인리히 베버는 이 문제에 엄청난 진전을 만들어 냈다. 그는 다이아몬드의 비열용량은 변화하는 것이 아니라 온도에 따라 달라진다는 것을 증명했다. 베버는 다이아몬드가 섭씨 0도에서 200도 사이에서 세 가지 요인에 의해 변화된다는 것을 알아냈다.

제임스 듀어는 보온병을 발명한 사람으로, 가까스로 헬륨을

액화시켰다. 이는 과학과 물리학의 국면을 새롭게 재창조했다. 듀어는 곧 다이아몬드에 집중했고, 20~85 켈빈의 비열용량을 측정했다. 그는 c의 값이 대략 0.5cal/mol이라는 것을 알아냈고, 이는 뒬롱-프티의 법칙에 비해 백배 정도 적은 값이었다.

1896년, 루트비히 볼츠만은 통계 물리학의 선구자로 이론적인 진보를 보여 준 사람이었다. 아인슈타인의 친구인 파울 에렌퍼스트와 막스 플랑크처럼 볼츠만 또한 비극적인 삶을 살았다. 볼츠만은 20대에 대부분의 주요한 물리학 업적을 이루었다. 볼츠만은 금속에서의 원자를 연구했다. 원자들은 마치 발진기처럼 정확한 빈도수로 앞뒤로 움직였다. 모든 발진기의 에너지를 더함으로써 그는 c=6cal/mol이라는 정확한 값을 구했다. 따라서 그는 뒬롱-프티의 법칙에 이론적인 도움이 될 수 있었다. 1907년, 아인슈타인도 여기에 합류했다. 아인슈타인은 플랑크의 가능성과 함께 볼츠만의 모형을 조합했다. 1천900페이지에 달하는 방사선에 관한 그의 원고에는 '플랑크 발진기는 정확한 에너지를 가지고 있지만 그 에너지가 모두 동등하진 않을 것'이라고 기록되어 있다. 즉 발진기 에너지는 특정하게 나눠져 있다는 것이다. 볼츠만처럼 아인슈타인도 고체 발진기를 한데 모아 모형화했다. 그리고 플랑크처럼 같은 에너지 비율을 사용했다.

아인슈타인이 받아들인 유일한 에너지는 hf의 배수였다. 그는 모든 이러한 발진기에 에너지를 더했다. 그 결과는 고체의 비열에 대한 아인슈타인의 법칙으로 나타났다. 1907년에 발표한 그의 논문에서 아인슈타인은 베버에게 얻은 데이터를 설명하는 방법을 수록했다. 거의 0도에 가까운 온도에서는 아인슈타인의 표현이 조금 바뀌기도 했다. 1912년, 피터 디바이는 아인슈타인의 이론을 발전시켰고, 구해 낸 값들을 더욱 훌륭하고 실험적인 방법으로 설명했다. 그러나 고체에 양자론을 적용했다는 명예는 아인슈타인에게 주어졌다.

오늘날, 방대한 양의 서적이 고체 물리학을 다루고 있다. 그 결과 고체 물리학이 발달할 수 있었다. 이는 컴퓨터, 비디오 그리고 모든 다른 실리콘이나 게르마늄 Germanium, 반금속원소―옮긴이에 기초한 장치를 만드는 데 기본이 되었다.

왜 하늘은 파란색인가요?

아이들은 한결같이 하늘이 왜 파란색인지 궁금해 한다. 이 질문은 물리학자들을 당혹스럽게 만들었다. 마리안 스몰루코프스키는 브라운 운동을 매우 훌륭하게 발전시킨 사람으로, 이 질문에 대한 답을 알고 있다고 생각했다. 브라운 운동 이론에서, 한 지점에서의 변동은 시간과 관련이 있다. 스몰루코프스키는 가스를 완벽하게 분석했고, 밀도에서의 변동이 시간과 어떤 관계가 있는지 보여 주었다. 스몰루코프스키는 가스가 어디든지 일정한 밀도로 있는 것처럼 보이지만 여기에도 밀도가 높은 지역과 낮은 지역이 존재한다고 주장했다. 이러한 지역은 불규칙하게 발생하는데, 그래서 우리는 그것들이 언제 어디서 나타날지 예상할 수 없다. 그는 가스의 특정한 지점에서는 밀도 변동이 믿을 수 없을 만큼 커진다는 것을 알아냈다. 그 특정한 지점은 가스와 액체가 동시에 존재할 수 있는 압력에서의 온도이다. 섭씨 100도에서의 수증기와 물은 특정 지점에서 존재하는 물질의 한 예이다.

물이 들어 있는 유리잔에 색깔이 있는 빨대를 넣었다고 가정해 보자. 그러면 빨대가 휘어져 보이는 이상한 현상을 볼 수 있을 것이다. 이 착시 현상은 공기와 물 사이의 굴절률 변화에 의한 것이다. 굴절률은 특정 물질에서 빛의 속도의 측정을 말해 준다. 공기에서의 빛의 속도는 물에서의 빛의 속도보다 훨씬 빠르다. 즉 물에서 빛 광선이 휘어져 보이는 것이다. 이는 '겉보기 깊이 Apparent Depth'의 문제를 나타낸다. 만일 당신이 물이 들어 있는 컨테이너 안을 들여다본다면 실제 있는 양보다 더 적게 보일 것이다. 때문에 물을 나누어야만 한다면 컵을 눈높이에 맞춰서

양을 맞추어야 한다.

밀도에 의존하는 가스의 굴절률은 '글래드스톤-달 법칙'으로 알려졌다. 스몰루코프스키는 밀도 변동이 가스의 굴절률 변동에 의한 것이라고 생각했다. 그래서 특정 지점에서 가스에 의해 빛은 거대하게 산란될 수 있다는 것이다. 1874년, 아베나리우스는 특정 지점에 가까울수록 가스에 의한 산란이 더 강력해진다는 것을 증명했다. 이것이 바로 임계젖빛현상 Critical Opalescence 이다. 존 틴들은 하늘이 파란 이유를 대기에 있는 물의 방울에 의해 빛이 산란되기 때문이라고 설명했다. 물방울이 맑지만 촉촉이 젖은 날 무지개가 뜨는 것처럼 말이다. 그는 먼지의 입자도 빛의 산란 때문이라고 말했다. 이러한 이유로 오염된 하늘에서 해가 질 때 종종 화려한 빨간색을 띠는 반면 담배에서 피어오르는 연기는 보통 푸른색인 것처럼 말이다.

아인슈타인은 스몰루코프스키의 연구를 조금 수정하고 훨씬 더 단순화시켰다. 아인슈타인은 특정한 각도에서 특정 지점의 가스에 의한 명확한 빈도의 빛의 산란 양을 예측했다. 이 연구는 전형적인 아인슈타인의 모습이었다. 그는 몇몇 실험적 결과와 이론적 견해를 체계적인 이론으로 바꾸었다. 단순화시키는 과정에서 사용한 아인슈타인의 표현은 수년 전 레일러 경이 한 표현과 비슷했다. 보너스로 아인슈타인은 아보가드로의 수를 결정하는 새로운 방법도 제시했다. 스몰루코프스키는 이를 증명하기 위해 실험을 실시한 아인슈타인의 노력에 큰 감명을 받았다. 일단, 결론은 성공적인 듯 보였다. 그러나 애석하게도 결론이 완전히 마무리되기 전에 스몰루코프스키는 사망하고 말았다. 대기 과학자들은 결국 아보가드로의 수를 측정하기 위해 아인슈타인의 방정식을 사용하게 되었다. 이 역시 또 다른 성공이었다.

아인슈타인은 빛의 성분에 관심을 갖고 있었다. 광전 가설을 연구할 때든지 아니면 가스에 의한 산란을 조사할 때든지 말이다. 그는 빛의 성분을 항상 마음속 한쪽에 담고 있었다. 이는 방사선이 결코 그의 마음을 떠나지 못하는 것과 같았다. 1916년 11월, 그는 놀라운 생각이 번뜩 들었다. 바로 방사선의 흡수와 방출에 관한 생각이었다. 이 번뜩였던 생각으로 그는 3개의 논문을 발표했다. 2개는 1916년에, 하나는 1917년에 발표되었다.

아인슈타인은 이론을 단순화했다. 그는 입자의 가스를 방사선의 목욕 그릇에 담근다고 생각했다. 입자는 2개의 가능한 에너지 하나는 높고 다른 하나는 낮은 중 단 하나만 가질 수 있다고 가정했다. 그는 얼마나 많은 입자들이 특정한 시간 동안 높은 데서 낮은 에너지로 그리고 낮은 데서 높은 에너지로 이동하는지 스스로에게 질문했다. 한 입자는 진동수 f의 흡수하는 방사선에 의해 높은 에너지까지 뛰어오를 수 있다. 그들은 스스로 에너지를 줄일 수도 있다. 진동수 f의 방사선을 방출하면서 말이다. 그는 현재 '아인슈타인의 A와 B 계수'로 잘 알려진 2개의 계수를 도입했다. 먼저 A는 방사선이 없을 때도 일어나는 자발적인 전환을 뜻한다. A는 높은 에너지에서 낮은 에너지로 점프하기 위한 방정식에만 나타난다. 이것 말고는 에너지를 자발적으로 증가시킬 수 있는 방법은 없다. 다른 계수인 B는 방사선에 의해 전환이 유도되는 모델이다. 이는 위쪽을 향하든 아래쪽을 향하는 전환이든 모두 일어날 수 있다.

실제적인 예로, 아이들이 담 옆에서 놀고 있다고 가정해 보자. 그 담은 오르기에 너무 높지만 점프해도 될 만큼 충분히 안전한 높이이다. 땅에는 아이들이 탈 수 있는 엘리베이터가 있는데 이는 담 높이까지 오른다. 엘리베이터 방사선가 운행하지 않는다면 담에 있는 아이들은 점프를 해서 땅에 내려올 것이다. 이는 A 계수에 의해 진행되는 모형이다. 아이들이 엘리베이터를 타고 담을 오르내리는 것은 계수 B에 의한 모형이 된다.

만일 모든 것이 안정적으로 자리를 잡고 균형이 잡힌 상태라면, 아래를 향해 점프하게 만드는 입자들과 위를 향해 점프하게 만드는 입자들이 같을 것이다. 이는 아인슈타인이 필요로 했던 공식 하나를 발견하는 데 도움이 되었다. 높은 온도에서 그의 방정식은 '빈의 방사 법칙 Wien's Radiation Law'과 같아야만 했다. 만일 그렇다면 입자들은 아주 적은 양이 에너지는 hf의 몇 배의 방사선만을 흡수하거나 방출할 수 있다고 설명했다. 그는 아직 광양자설을 지지할 수 있는 증거를 제시하지 못하고 있었다.

아인슈타인의 숨겨진 이론은 또 있다. 만일 입자들이 높은 수준까지 '점프'할 수 있다면 그리고 그들이 낮은 에너지 수준까지 내려올 수 있다면, 그들은 방사선 형태의 빛을 발하게 된다. 모든 방사선은 같은 진동수를 가지고 있는데 이것이 바로 레이저의 원리이다. 이는 '방사선의 자극이 되는 방출에 의한 광증폭'을 의미한다. 빛의 짧은 폭발은 레이저 안의 몇몇 원자가 높은 에너지 수준까지 갈 수 있도록 도와준다. 그리고 그들은 다시 낮은 에너지 수준으로 내려온다. 레이저 빛을 생산하면서 말이다. 이는 엘리베이터가 아이들을 담까지 올려다 놓는 것과 비슷하다. 또한 그들이 점프해서 내려올 때, 즉 착지할 때 '쿵' 하는 소리가 난다. 레이저 개발자인 아서 숄로와 찰스 타운스는 그들의 고안물로 노벨상을 받았다. 이는 아인슈타인의 연구를 바탕으로 제조한 많은 노벨상 수상 작품 중 하나이다.

만일 아인슈타인이 생각해 낸 것처럼 에너지가 전환되는 단계를 세는 방법이 잘 적용되었다면 그는 엄청난 돈을 벌었을 것이다. 1924년 6월, 아인슈타인은 영어로 된 한 통의 편지를 받았다. 그 편지는 젊은 인도의 물리학자 사티엔드라 보스에게서 온 것이었다. 이 젊은 남자는 철학 잡지에 싣기 위한 논문을 거절 받은 상태였는데, 그는 왜 자신의 논문이 거절되었는지 이해할 수 없었다. 보스는 아인슈타인에게 자신의 논문 중 어느 부분이 잘못되었는지 봐 달라고 부탁했다. 만일 틀린 부분이 없다면 아인슈타인이 그의 논문을 물리학 저널에서 발행할 수 있도록 해 달라는 부탁도 잊지 않았다. 아인슈타인은 보스의 논문을 확인하고 그 논문이 발행될 수 있게 도움을 주었다. 비록 그는 처음에 그 논문을 독일어로 번역해야 했지만 말이다. 그것은 영향력 있는 논문이 되었다. 그는 플랑크 복사 공식이 훨씬 더 탄탄한 발판이 되는 데 도움이 되었다. 보스는 후에 이렇게 말했다.

"나는 내가 해낸 것이 그렇게 새로운 것이었는지도 알지 못했습니다."

입자들의 무리가 덩어리로 이루어지지 않았다고 생각해 보자. 여기에 더해서 양극 가장 위와 가장 아래 중 한쪽에 그것들이 존재한다고 가정해 보자. 더군다나 이 입자들의 수는 정해져 있지 않다. 보스는 공간을 특정한 크기의 박스들로 분리했다. 그는 얼마나 많은 '상태'에서 얼마나 많은 방법으로 입자들이 각각의 특정한 작은 크기의 박스 안에서 운동량을 가지고 존재하는지 궁금했다. 1924년 당시는 이러한 카운트 방법이 상당히 이상해 보였다. 그는 입자가 아닌 '상태'로 센 것인데 아무도 이 방법을 생각하지 못했으니 말이다. 이에 굴하지 않았던 보스는 마지막 단계로 돌입했다. 이러한 상태에서 운동량은 hf/c였다. 마지막 실험에서 그의 연구는 드디어 끝날 수 있었다. 보스의 이상해 보이는 카운트 방법은 플랑크의 방사선 법칙으로 발전했다. 방사선은 에너지 hf와 운동량 hf/c를 가진 덩어리가 없는 입자처럼 행동했다.

아인슈타인은 보스의 이론에서 한발 더 나아갔다. 그는 이 새로운 카운트 방법과 광자와의 유사성을 결합했다. 뭔가 전체적으로 새로운 방법을 생각해 내기 위해서였다. 그것이 바로 양자 기체로, 이는 입자의 새로운 형태였다. 덩어리를 가질 수도 있지만 특정한 운동량을 가진 세포에서는 보스의 카운트 방법이 정확하게 적용되었다. 이 방법으로 셀 수 있는 입자들을 보손 Boson

이라고 불렀다. 이 발견은 인도의 물리학자 덕분이었다.

아인슈타인은 보스의 어원을 씻어 내고 하나의 가정을 만들었다. 보스-아인슈타인 통계에 따르는 입자들은 이상하게 낮은 온도에서 행동했다. 보스가 가스를 특정한 온도 아래로 떨어뜨렸다면, 아인슈타인은 '하나의 부분은 응집되게 만들고 나머지는 이상적인 가스로 포화되게 남겨 두는' 방법을 선택했다. 이를 '보스-아인슈타인 응축'이라고 부른다. 가스 내에 있는 모든 보손들은 같은 상태를 차지하게 된다. 보스-아인슈타인 응축액은 지구의 다른 것과는 명확하게 다른 물질의 종류이다. 그해 12월, 아인슈타인은 파울 에렌퍼스트에게 이렇게 썼다.

"이론은 꽤 괜찮지만 뭔가 더 있을 것 같다네. 1990년대의 콜로라도 볼더에 있는 미국표준기술연구소에서 일하는 물리학자들은 마침내 보스-아인슈타인 응축액을 만드는 것을 계승할 것이네."

그들이 극복한 실험적 도전들은 너무 엄청나서 과학자들은 2001년에 노벨상을 받았다.

1925년 보스-아인슈타인의 연구 바로 후에 물리학자들은 입자들을 세는 다른 방법을 찾아냈다. 그해 파울은 '파울리의 배타원리'를 고안해 냈다. 이것은 2개의 전자가 같은 상태에 있을 수 없다는 것이다. 보스의 박스에서 그것은 각각의 박스에 2개의 입자들만 존재할 수 있다는 것을 의미한다. 하나가 스핀 업 하면 다른 하나는 스핀 다운하는 것이다. 이탈리아계 미국인 물리학자인 엔리코 페르미와 영국의 물리학자 폴 디렉은 이 이론을 지지했다. 그들은 전자들은 전체 입자들 무리의 한 예라고 생각했다. 페르미온으로 알려진 이 입자들은 보손과는 다르게 카운트되었다. 그들이 제시한 페르미온은 모두 전자로서 같은 성질을 가지고 있었고, 그래서 파울리의 배타원리를 따르면서 오직 2개의 페르미온만 동시에 같은 상태를 차지할 수 있었다. 이는 카운팅의 새로운 방법이 되었다. 이것은 페르미-디렉 통계로 불린다.

보손과 페르미온 사이의 이 특유의 차이점은 그들의 고유 스핀에 있다. 빛과 같은 보손은 정수 스핀을 가진다. 0, 1, 2 …처럼 말이다. 전자와 같은 페르미온은 반정수 스핀을 가진다. 어떤 환경에서 페르미온은 함께 모여 보손을 만들어 낼 수 있다. 한 예로 초전도성을 들 수 있다. 리언 쿠퍼는 페르미온인 전자들은 함께 모여서 소위 쿠퍼 쌍 Cooper Pairs 으로 불리는 형태가 될 수 있다고 증명했다. 이러한 쿠퍼 쌍은 보손처럼 행동하고, 아인슈타인은 이를 포화가 이루어진다고 표현했다. 초전도성의 이론적 설명으로, 쿠퍼는 존 바딘, 로버트 슈리퍼와 함께 노벨상을 수상했다.

끝나지 않은 아인슈타인의 물리학

아인슈타인의 마지막 중요한 논문은 1935년에 발표되었다. 이는 미국 저널 《피지컬 리뷰》에 실렸다. 그러나 그는 그 논문의 유일한 저자는 아니었다. 이는 공동 작업한 논문들 중 하나였다. 제목은 질문 형식이었다. '양자역학에 관한 서술을 완벽하게 할 수 있을까?' 이 질문에 대한 완벽한 대답은 없었다. 아인슈타인은 양자역학에서 꽤 오랜 시간 동안 만족하지 못했다. 그리고 그 주제에 관한 많은 토론에 참여했다. 젊은 네이선 로젠, 보리스 포돌스키와 함께 그는 비둘기 사이의 고양이처럼 행동했다. 아인슈타인은 그 논문을 '물리학자들 사이를 휘젓고 다니고 철학적 토론에서 중요한 역할을 해내는' 논문이라고 표현했다.

광전 효과를 설명하기 위해 광양자설을 고집했고, 광자의 운동량을 계산했으며, 입자를 기계적으로 다루던 아인슈타인은 뭔가 이상함을 느꼈다. 1912년 5월, 하인리히 칭거에게 보내는 편지에서 그는 유명한 말을 남겼다.

"양자론이 유명해질수록 양자론이 점점 더 바보처럼 보인다네."

이는 아인슈타인이 비열 계산을 성공한 직후였다. 또한 1924년에는 파울 에렌퍼스트에게 편지를 보내서 양자를 쫓을수록 그것들이 점점 더 숨기만 한다고 적어 보냈다.

1926년, 막스 보른은 양자역학을 설명했다. 다른 사람들이 공유하던 그의 이론은 물리학자들이 이룰 수 있는 최고의 결론을 내린 업적이었다. 파동처럼 행동하는 입자로서의 양자역학 방정식으로 입자가 있을 수 있는 곳과 그것이 가질 수 있는 운동량만 말할 수 있다는 것이, 보른이 내린 양자역학의 결론이었다. 아인슈타인은 보른에게 편지를 썼다.

"하이젠베르크-보른 개념은 우리 모두가 숨 쉴 수 없게 만들었고 깊은 인상을 남겼다네. 모든 이론을 중시하는 사람들에게 말이네."

다음 해, 보른이 양자역학의 개연론에 의한 설명을 포함한 논문을 발표했다. 아인슈타인은 개연성을 원하지 않았다. 그는 확실함을 원했으며 보른에게 다음과 같이 말했다.

"양자역학은 높은 평가를 받을 만하다네. … 그 이론은 많은 것을 만들어 냈어. 그러나 그것은 우리가 이전 것의 비밀에 가까워지게 하는 데는 실패했지. 어떤 경우에도 신은 결코 주사위 놀이를 하지는 않을 걸세."

아인슈타인은 입자와 파동 사이에 명확한 차이점이 없는 것이 무척 당혹스러웠다. 파동들은 무엇일까? 물리학에서 파동이 의미하는 것은 무엇일까? 아인슈타인은 그것들이 선행파 Pilot Wave, 무선 수신 설비의 동작을 감시, 제어하기 위하여 보내는 낮은 레벨의 신호파—옮긴이 로 설명될 수 있을지도 모른다고 생각했다. 그는 '파동-입자'의 이중성에서 설명을 찾았다. 몇몇 새로운 물리학이 두 행동의 측면을 조화시키기 위해 나타날 것이라는 생각과 함께 말이다.

1927년, 베르너 하이젠베르크가 불확정성의 원리를 소개했을 때 상황은 악화됐다. 그는 입자의 위치와 운동량을 정확하게 알 수 없다고 말했다. 측정할 때마다 어떤 불확실함이 존재하기 때문이었다. 수학자들은 피아노에서의 음은 완전히 순수하며 이는 영원히 지속된다는 것을 보여 주었다. 음고의 음질과 음표의 길이에는 균형이 있다. 양자역학에서도 입자가 있는 곳과 어떤 운동량이 그것을 가지고 있는지 사이에도 균형은 있다. 하이젠베르크의 원리는 인과관계의 개념과 함께 더욱 발전했다. 인과 관계는 그 사건을 일어나게 만든 어떤 원인이 있어야만 일어날 수 있다는 것이다. 예를 들어, 물 주전자는 열을 가해야만 끓는다. 아인슈타인에게 인과관계를 포기하는 것은 너무 큰 희생이었다. 새로운 양자역학을 위해 그 희생을 감수할 수 없다고 생각했다. 닐스 보어는 인과관계에 반대했다. 아인슈타인은 보어를 '진정한 천재'라고 묘사했다. 그러나 그 둘은 새로운 양자역학이 의미하는 것에 대해서는 의견이 일치하지 않았다. 두 사람 사이의 일련의 논쟁은 분쟁을 해결할 수 없었다. 아인슈타인은 보어의 설명에서 드러나는 문제를 '생각 실험'을 통해 지적했다. 그 생각 실험 중 하나가 1935년에 발표한 아인슈타인-포돌스키-로젠의 공동 논문이었다. 이 논문으로 EPR 패러독스가 탄생하게 되었다.

로젠은 브루클린 사람이었다. 반면에 포돌스키는 미국으로 이주해 온 러시아 사람이었다. 1934년에서 1935년 사이, 이 젊은 남자들은 아인슈타인이 고등연구소에 도착한 지 얼마 되지 않아 만났다. 3명의 남자는 EPR 패러독스를 공동 연구했다. 처음 로젠이 연구를 떠올렸지만 포돌스키에 의해서 진행되었다. 이 생각은 양자역학 그 자체를 반대하는 논쟁을 위해 사용되었다.

그러나 패러독스는 보어의 생각을 지지하는 사람들에 의해서

흐트러지기 시작했다. EPR 패러독스의 핵심 실험은 간단하다. 종합적인 운동량과 위치를 알기 위해 2개의 입자를 만들어 낸다. 그들을 멀리 떨어뜨린다. 정보가 그들 사이에 교환되지 못할 정도로 멀리 말이다. 그리고 만일 한 입자의 스핀을 측정한다면 즉시 다른 입자의 스핀을 추론할 수 있을 것이다. 한 쌍의 스핀은 실험의 시작 단계에서 바로 측정했기 때문이다. 이는 당신이 두 번째 입자의 정확한 위치와 운동량을 모른다는 주장만 제외하면 아주 적절한 이론이 될 것이다.

아날로그 방법으로, 항상 빨강 양말과 파랑 양말을 신는다고 가정해 보자. 통계적 가연성에 의해서 내 왼쪽 발에 빨강 양말이 신겨 있을 가능성은 50퍼센트가 된다. 보어는 그것이 우리가 알고 있는 사실이라고 말했다. 만일 당신이 지금 양말 벗기는 기계를 사용한다고 가정해 보자. 그 기계가 당신의 오른쪽 발에 있는 양말을 찢어 버리고 멀리 던져 버린다면, 누군가는 당신의 양말을 찾아낼 것이다. 만일 그게 빨간색이라면 그들은 당신을 한 번도 보지 못했을지라도 당신의 왼쪽 발에 파란색 양말이 있다고 확신할 것이다. 만일 우리가 당신의 양말 신는 습관의 통계 수치만을 알길 원한다면, 양말 벗기는 기계는 완전하지 않다는 것을 보여 준다. 절대 양말을 신지 않던 아인슈타인은 이를 보여 줌으로써 단순한 가능성보다 더 많은 것을 알 수 있다고 말한다. 아인슈타인, 포돌스키 그리고 로젠은 양말 벗기는 기계에 지적으로 대응하는 것을 고안해 냈다.

양자역학에게 이것은 수수께끼를 만들어 냈다. 만일 양자역학이 사실이라면 그것은 완전할 수 없다. 그리고 만일 양자역학이 완전하지 않다면 우리가 발견한 이론은 완벽한 것일까? 우리는 통계적 해석에 의존하고 인과관계를 없애는 것이 아니라 완전한 지식을 복구하고 인과관계를 대신하는 이론을 생각해 낼 수 있을까?

EPR 패러독스는 산업의 발전을 야기했다. 양자역학의 많은 다른 해석이 제시되었지만 EPR 패러독스는 딱딱한 실험일 뿐이었다. 프린스턴의 물리학자인 데이비드 봄은 반미활동조사위원회에서 증언을 거부하여 체포되었다. 그러나 곧 석방되어 다른 접근을 시도했다. 아인슈타인의 사상과 비슷하고 아인슈타인이 프린스턴 대학교를 떠난 후 그를 고용하기 위해 노력하던 봄은 소위 숨은 변수가 존재한다는 것을 제안했다. 이것들이 양자역학에 더해졌을 때 일관성 있는 그림이 나타났다. 숨은 변수는 아인슈타인의 선행파와 비슷한 면을 보여 주었다.

그러나 1964년, 존 벨의 연구에 의해 좌절되었다. 과학 철학자들은 그러한 토론에 완전히 지쳐 버렸다. 하나의 입자가 의미하는 것과 그것의 행동에 대해 연구하는 것은 그들에게 더 이상 흥밋거리가 아니었을지도 모른다. 입자의 무리에 관한 보르, 디락, 아인슈타인 그리고 페르미의 연구는 철학자들에게 방법을 제시해 주었다. 물리학의 철학에서 새로운 강조는 많은 입자 체계에 집중되었고, 어떻게 그것들을 카운트하는지에 집중되었다. 새로운 철학적 논쟁은 초기 입자들이 결국은 카운트될 수 있는지 또는 가능하다면 어떤 방법으로 할 수 있는지에 관한 것들이었다. 아마 그들은 제대로 구별하지 못했을지도 모른다.

파티에 갔다고 상상해 보자. 그곳에는 다른 손님들도 있었는데 그들은 모두 한 사람을 복제한 사람들이고, 그들이 계속 여기저기 돌아다니고 있는 상황이다. 파티에 몇 명이 있는지 당신은 정확히 셀 수 있을까?

아인슈타인은 물리학자, 물리학의 역사학자 그리고 물리학의 철학자들 모두 자신의 영역에서에게 양자역학과 일반 상대성 이론의 풀리지 않는 미스터리를 해결하기 위해 노력해 달라고 유언하기도 했다. 양자역학과 일반 상대성 이론의 두 영역은 무려 한 세기 전에 발견되었다. 그는 여전히 우리가 계속 그의 '모든 이론'을 찾도록 만들고 있다.

전설이 된 아인슈타인

앞서 살펴보았듯이 아인슈타인의 삶은 역설의 연속이다. 그는 스스로를 '평화를 위해 힘쓴 자'라고 칭했지만, 정작 루스벨트 대통령에게는 원자 무기 계획을 시작해야 한다고 촉구했다. 이는 제2차 세계대전 동안 원자폭탄을 제조하려는 독일에 대한 두려움 때문이었다.

그는 인도주의자이자 아이와 동물을 사랑하는 사람이었지만, 정작 그의 아내와 아들들에게는 무관심했다. 그는 스스로를 고독하고 외로운 사람이라고 칭했지만, 많은 친구들과 깊은 우정을 나누었다. 또한 많은 사람들과 막대한 양의 서신을 주고받았으며, 다양한 단체들을 지원했다. 그는 유대인적 뿌리와 시오니스트들의 문화적 양상을 자랑스러워했지만, 정작 유대인 전통을 고수하거나 유대교를 신봉하지는 않았다. 그는 전통적 종교 교리와 신을 믿지 않았지만, 법과 스스로 '우주적 종교'라고 부르던 자연의 조화를 깊이 믿는 사람이었다.

어릴 적 아인슈타인은 독일의 권위주의적이고 엄격한 규율을 굉장히 싫어했다. 그러나 그는 독일로 돌아가 수년간 연구를 했으며, 히틀러가 등장하기 전 독일의 과학 공동체에서 제공하는 혜택을 즐겼다.

그는 겸손한 모습을 보여 주었다. 그가 이룬 업적은 어릴 적의 호기심과 보편적인 법칙에 끊임없이 질문하는 모습 덕분이었다고 말했다. 그는 대중 앞에 모습을 드러내는 것을 꺼리는 편이었지만, 자신이 원하는 바를 이루기 위해 언론과의 인터뷰와 그의 명성을 적절히 활용하기도 했다. 20세기 초, 아인슈타인이 쌓은 물리학적 업적은 인간 역사상 유례가 없는 기술적, 과학적 진보를 이끌 수 있었다.

연혁표

알베르트 아인슈타인 일생의 중요한 사건들

1879년 3월 14일 독일 울름에서 유대인 헤르만과 파울리네의 아들로 출생

1880년 아인슈타인의 가족 모두 뮌헨으로 이사

1881년 여동생 마야 출생

1884년 아버지가 보여 준 나침반에 매료되면서 보이지 않는 힘에 대해 관심을 가지기 시작

1885년 가을 가톨릭 학교를 다니면서 교육을 받기 시작. 집에서 유대교에 대해 배우면서 종교에 관심을 갖기 시작했고, 바이올린을 배우기 시작

1888년 뮌헨에 있는 김나지움에 입학

1889년 아인슈타인의 왕성한 지적 호기심을 발견한 친척을 통해서 과학과 기술 분야의 많은 책들을 접할 수 있었고 물리학, 수학, 철학에 흥미를 갖기 시작

1890년 피타고라스 정리를 증명할 수 있게 되었고, 어려운 문제와 퍼즐을 푸는 데 즐거움을 느낌

1891년 고등 수학과 미적분을 스스로 공부함

1892년 수준급의 바이올린 실력을 쌓았고, 계속해서 많은 과학 서적을 탐독

1894년 가족들만 이탈리아로 이사, 그는 불행한 마음을 안고 학교 과정을 마치기 위해 뮌헨에 남게 됨. 그렇지만 결국 1894년 말에 가족에게로 돌아감

1895년 남들보다 2년 일찍 스위스 연방 공과대학교에 들어가기 위해 노력했지만 실패. 입학시험 중 비과학 분야의 실력을 향상시키기 위해 중등학교에서 1년을 보냄

1896년 독일 생활 곳곳에 묻어 있는 엄격함이 싫어 아버지와 상의 후 독일 시민권 포기. 시민권이 없는 상태로 5년을 보냄

10월 취리히 연방 공과대학교에 입학. 세르비아 출신 물리학과 학생 밀레바 마리치를 알게 됨

1899년 스위스 시민권을 신청하고 어머니, 여동생과 함께 여름 방학을 스위스에서 보냄

1900년 취리히 연방 공과대학교를 졸업하고 유럽에서 구직 활동. 동시에 관심이 있는 이론 물리학 문제에 대해 연구

1901년 스위스 시민이 됨. 구직 활동을 하면서 《물리학 연보》에 그의 첫 번째 과학 논문 '모세관 현상에서 얻은 결론'을 제출. 여름에는 빈터투어에 있는 기술학교에서 임시 교사로 일하기 시작했고, 가을에는 사립학교에서 교사로 일하기 시작. 지속적으로 밀레바와 연락을 하고 만남

11월 박사학위 논문을 제출하기 위해 가스내 분자의 힘에 대한 연구 시작

12월 베른의 스위스 특허청에 지원

1902년 1월 밀레바와 혼인하지 않은 상태에서 딸 리제를 출생. 취리히 대학교에서의 박사 논문 포기

6월 베른 특허청 3급 임시직으로 직장 생활 시작

10월 밀라노에서 아버지 헤르만 사망

1903년 6월 6일 베른에서 밀레바와 결혼식을 올리고 결혼 생활 시작

9월 딸 리제를의 출생신고를 했지만, 이것이 아인슈타인의 연방 임명

에 지장을 줄 수 있다는 이유에서 입양 신고였을 가능성도 있음. 밀레바가 부다페스트에 방문해 있는 동안 리제를이 성홍열에 걸렸다는 기록은 남아 있지만, 그후로는 리제를에 대한 언급이 전혀 없음

1904년 5월 14일 베른에서 아들 한스 알베르트 출생

9월 특허청 3급 임시직에서 정규직으로 전환

1905년 '기적의 해' 동안 많은 과학적 업적을 쌓음. 그의 가장 중요한 과학 논문 '빛의 발생과 변화에 관련된 발견에 도움이 되는 견해에 관하여 6월 9일', '액체 속에 떠 있는 작은 입자들의 운동에 관하여 7월 18일', '운동하는 물체의 전기 역학에 관하여 9월 26일' 발표

4월 30일 박사 논문 '분자 운동의 새로운 결정' 발표

1906년 1월 15일 취리히 대학교에서 박사 학위 취득

3월 10일 특허청에서 2급으로 승진

1907년 특허청에서 일하는 동안 베른 대학교와 취리히의 캔턴 학교를 포함한 다른 직장을 구하려고 함

1908년 2월 그는 베른 대학교의 교수가 되었고, 마야는 베른 대학교에서 로맨스어 박사 학위 취득

1909년 5월 7일 취리히 대학교에서 이론 물리학 교수로 임명 10월 15일 효력 발생. 이에 특허청과 베른 대학교를 사직하고, 그의 나이 서른에 제네바 대학교에서 첫 번째 명예 학위 받음

1910년 3월 마야가 파울과 결혼. 아인슈타인의 둘째 아들 에두아르트 출생

10월 하늘이 파란 이유에 대한 논문 완성

1911년 취리히 대학교의 이론 물리학 소장으로 임명 4월 1일 효력 발생. 이에 취리히 대학교를 사임하고 프라하로 이사

10월 29일 처음으로 브뤼셀에서 열리는 솔베이 학회 참석

1912년 이혼한 사촌 엘자와 재회. 취리히 연방 공과대학교에서 이론 물리학 교수제의를 받고 프라하 대학교에서 사임

1913년 9월 두 아들이 밀레바의 고향인 헝가리 노비사드에 위치한 정교회에서 세례를 받음

11월 프러시아 과학 아카데미에 선출되고, 엘자의 고향인 베를린에서도 스카우트 제의를 받음. 그 제의는 베를린 대학교의 연구 교수직을 포함하고 있었는데, 여기에 카이저 연구소의 이사직도 제의 받음. 스위스 연방 공과대학교 사임

1914년 4월 베를린에 그가 먼저 정착하고, 밀레바와 아이들도 곧 왔지만 불행함을 느낀 그녀는 다시 취리히로 돌아감

8월 제1차 세계대전 발발

1915년 본격적으로 정치 활동 시작

11월 일반 상대성 이론의 논리적 구조 완성

1916년 '일반 상대성 이론의 기원' 이 《물리학 연보》에 실림

5월 독일 물리학회 회장이 됨. 양자 이론에 대한 3개의 논문 발표

1917년 2월 우주에 관한 그의 첫 번째 논문을 씀. 위에 생긴 문제와 궤양 때문에

몸이 허약해졌지만, 엘자가 그를 돌보아 줌

10월 1일 카이저 연구소의 이사로서 일을 시작. 제1차 세계대전 후 스위스와 독일에서 이중 국적을 취득

1919년 2월 14일 밀레바와 이혼

5월 29일 일식 때 에딩턴이 아인슈타인의 이론을 실험적으로 증명하면서 명성이 높아짐

6월 2일 엘자와 재혼하면서 의붓딸인 일제, 마르고트와 함께 살기 시작. 그해 말, 친구를 통해 시오니즘에 관심을 가짐

1920년 2월 20일 베를린에서 어머니 파울리네 사망. 반유대주의와 반상대성 이론의 표현이 독일인들 사이에서 점점 커짐. 비과학 분야에 점차적으로 참여하기 시작

1921년 미국 여행. 명예 학위 수여 및 프린스턴 대학교에서 네 차례에 걸쳐 일반 상대성 이론을 강연. '상대성의 의미' 발표. 하임 바이츠만과 히브리 대학교를 대표해서 구제 기금을 모으기 위해 미국에서 강연

1922년 통합된 영역을 주제로 한 그의 첫 번째 논문 완성

10월~12월 일본 여행

11월 1921년 노벨 물리학상 수상 소식을 들음

1923년 팔레스타인과 스페인 방문

1924년 의붓딸 일제가 기자이자 아인슈타인의 전기를 쓴 루돌프 카이저와 결혼

1925년 남아메리카 여행. 간디와 함께 강제 징영에 대한 반대 성명에 서명하고,

열렬한 평화주의자가 됨. 코플리 메달을 받음. 1928년까지 히브리 대학교의 이사회에서 활동

1926년 영국왕립학회에서 골드 메달 수여

1927년 아들 한스가 아인슈타인의 반대에도 불구하고 프리다 크네히트와 결혼

1928년 심장병 발생으로, 몇 달 동안 침대에만 누워 있게 됨

4월 헬렌 뒤카스를 비서 겸 가정부로 고용

1929년 벨기에의 엘리자베스 여왕과 친분을 쌓기 시작

6월 플랑크 메달 받음

1930년 한스와 프리다 사이에서 첫 손주 베른하르트 출생. 의붓딸 마르고트가 마리아노프와 결혼. 세계 무장 해제를 위한 성명에 서명

12월 뉴욕과 쿠바를 방문하고, 캘리포니아 공과대학교에 1931년 3월까지 정착

1931년 5월 강의를 위해 옥스퍼드 방문. 여름에는 베를린의 남서쪽에 위치한 카푸트 별장에서 몇 달을 보냄

12월 패서디나로 다시 출발

1932년 1월~3월 캘리포니아 공과대학교를 다시 방문한 후 베를린으로 귀국. 뉴저지 프린스턴에 위치한 고등연구소 교수직 제안을 수락

12월 미국을 다시 방문

1933년 1월 독일에서 나치가 정권을 잡음. 독일 시민권을 포기하면서 프러시아 과학 아카데미 사임 스위스 국적은 유지. 엘자와 잠시 동안 코크 쉬로 메

르에 거주. 마르고트, 헬렌 그리고 경호원이 그들을 보호하기 위해 함께함

6월 옥스퍼드에서 강연을 하고, 스위스에서 마지막으로 아들 에두아르트에게 방문. 일제의 남편 루돌프 카이저가 베를린에 있는 아인슈타인의 논문을 프랑스로 보내고, 결국 미국으로 가지고 감

10월 초 엘자, 헬렌, 발터 마이어와 함께 유럽을 떠나 10월 7일에 뉴욕 도착. 일제, 마르고트와 그들의 남편들은 유럽에 남음. 지그문트 프로이트와 함께 《왜 전쟁인가?》를 출간. 프린스턴 대학 캠퍼스 고등연구소에서 교수직을 시작

1934년 7월 10일 37살의 나이로 일제가 병으로 파리에서 사망. 마르고트 부부가 프린스턴에 오고 루돌프는 유럽에 남음

1935년 가을 프린스턴의 머서 거리로 이사. 이곳에서 아인슈타인, 마르고트, 마야, 헬렌이 함께 생활함. 프랭클린 메달을 받음

12월 20일 심장과 신장 질환으로 고통받던 엘자 사망

1939년 8월 2일 군에서 원자폭탄을 만들어야 한다고 촉구하는 편지에 서명하여 루스벨트 대통령에게 보냄. 곧이어 유럽에서 제2차 세계대전 발발

1940년 미국 시민권 취득. 사망할 때까지 미국과 스위스 국적 유지. 시민권 문제는 일찍이 의회에서 제기되었지만 아인슈타인은 통례적 절차를 밟아 시민권을 취득하기 위해 기다림

1941년 12월 제2차 세계대전 미국 참전

1943년 미 해군에게 새로운 고성능 폭약 효과에 관해 조언

1944년 1905년에 쓴 특수 상대성 이론 논문의 원문이 600만 달러로 경매에서 낙찰, 전쟁 보급품으로 기부

1945년 제2차 세계대전 종식. 고등연구소에서 사임하고 연금을 받기 시작했지만, 죽을 때까지 연구실을 떠나지는 않음

1946년 마야가 뇌졸중으로 고통받으면서 쉬게 됨. 그는 복부 대동맥에서 가장 큰 동맥이 파열되었다고 진단 받음

1950년 3월 18일 유언을 남김

1951년 6월 프린스턴에서 마야 사망

1952년 이스라엘에서 대통령직을 제안했지만 거절

1954년 용혈성 빈혈이 진행되기 시작

1955년 4월 11일 모든 국가에게 핵무기를 포기하라고 촉구

4월 18일 동맥 경화증으로 오전 1시 15분 사망

부록

아인슈타인의 특별한 뇌

아인슈타인의 시신에서 뇌와 두 눈은 부검 중 제거되었고, 그가 사망한 4월 18일 오후에 나머지 신체는 모두 화장되었다. 그는 재가 되어 뿌려졌다. 아마도 그의 친구인 오토 나탄과 파울 오펜하임이 프린스턴과 멀지 않은 델라웨어 강에 뿌렸을 것이다. 이 소식은 전 세계에 급속도로 퍼졌고, 언론 매체에서는 그의 죽음과 관련된 헌사를 내보냈다.

• • •

아인슈타인 사망 직후, 그의 시신에 대한 소식이 순식간에 퍼졌다. 그의 뇌와 눈은 연구를 위해 보존되었다. 병리학자인 토마스 하비 박사는 당시 아인슈타인의 부검을 담당했다. 그는 허가 없이 아인슈타인의 뇌를 제거해서 그것을 폼알데하이드가 들어 있는 병에 보관했다. 다른 병리학자인 헨리 아브람스 박사는 아인슈타인 사망 당시 주치의였던 딘 박사의 허가와 병원 관리자의 허가를 받고 아인슈타인의 눈을 따로 보관했다. 그러나 이는 결코 흔치 않은 일이었다.

• • •

화장 후, 아인슈타인의 가족은 아인슈타인의 뇌가 제거되었다는 사실을 알고 경악했다. 캐럴라인 에이브러햄 저서 《천재 소유하기》에 따르면 아인슈타인의 시체 부검 당시 오토 나탄도 영안실에 있었으며, 제거 사실에 대해서도 알고 있었다고 한다. 가족은 과학적 연구를 위해서 하비 박사가 아인슈타인 시신의 일부를 보관하는 것에 동의했다.

1985년, 버클리에 있는 캘리포니아 대학교의 마리안 다이아몬드 교수는 의학 저널인 《실험신경학》의 기사에서 아인슈타인은 수학적 사고와 언어적 능력을 통제하는 좌뇌에 평균 이상의 글리아세포 신경 세포가 있다고 보도했다. 1999년 6월, 캐나다 온타리오 주의 맥매스터 대학교 신경과학자 샌드라 위텔슨은 영국 의학 저널 《란셋》에 뇌를 조사한 결과를 발표했다. 위텔슨 팀은 아인슈타인의 전체 뇌를 조사했다. 이는 하비 박사가 1996년에 그들에게 뇌의 일부를 제공한 후의 일이었다. 연구자들은 아인슈타인의 뇌와 사망 당시 평균 정도의 지적 능력을 가진 35명의 남자와 56명의 여자 뇌를 비교했다. 그 결과 그의 뇌는 수학적 사고와 관련된 뇌의 사고 부분 하부 두정엽이 보통 크기에 비해 15퍼센트 정도 더 넓었다. 더군다나 보통 뇌의 앞에서 뒤쪽까지 이어진 홈인 실비우스 열 Sylvian fissure이 아인슈타인의 경우는 이어지지 않았다. 위텔슨은 전자의 경우가 아인슈타인의 지적 능력과 관련이 있다고 이론화했다. 홈이 없는 이유는 처리할 작업을 더욱 쉽게 연결할 수 있도록 신경 세포를 더 많이 허용할 수 있다는 것을 뜻하기 때문이었다. 아인슈타인의 뇌 중 다른 부분들은 평균 크기보다 조금 더 작았다. 전체 뇌의 크기와 무게는 평균 수치보다 조금 더 나갔다.

· · ·

아인슈타인의 뇌를 분석해 온 긴 시간은 마이클 패터니티와 캐럴라인 에이브러햄의 책에 묘사되어 있다. 아인슈타인의 뇌는 현재 프린스턴 의과대학교의 병리학자 엘리어트 크라우스 박사가 관리하고 있다.

더 큰 나를 위한 리더십 05

알베르트 아인슈타인
세상을 위해 거꾸로 생각하라

초판 1쇄 인쇄 2010년 10월 11일
초판 1쇄 발행 2010년 10월 20일

지은이 앨리스 캘럽라이스·트레버 립스콤베
옮긴이 송지현
펴낸이 신원영
펴낸곳 (주)신원문화사

편 집 장경근 김순선 최미임
디자인 송효영
영 업 이정민
총 무 양은선 정하영 윤경란
관 리 조경화 김용권 박윤식
경영지원 윤석원

주 소 서울시 영등포구 당산동 121-245 신원빌딩 3층
전 화 3664-2131~4
팩 스 3664-2130
출판등록 1976년 9월 16일 제5-68호

* 파본은 본사나 서점에서 교환해 드립니다.

ISBN 978-89-359-1545-3 (03840)
ISBN 978-89-359-1535-4 (세트)